Herr Waddington aus Wyck

May Sinclair

Writat

Diese Ausgabe erschien im Jahr 2024

ISBN: **9789359945729**

Herausgegeben von
Writat
E-Mail: info@writat.com

Inhalt

Ich ....- 1 -

II ....- 8 -

III ....- 12 -

IV ....- 20 -

V ....- 39 -

VI ....- 48 -

VII ....- 54 -

VIII ....- 73 -

IX ....- 84 -

X ....- 95 -

XI ....- 101 -

XII ....- 132 -

XIII ....- 145 -

XIV ....- 156 -

XV ....- 167 -

ICH

1

Barbara wünschte, sie würde zurückkommen. In der letzten Stunde war Fanny Waddington immer wieder durch die offene Tür in den Garten ein- und ausgegangen, hatte weiße, rosa und rote Tulpen für die blühenden Lowestoft-Schalen mitgebracht, schwebte über ihnen und streichelte sie mit sich zarte Schmetterlingsfinger, die vor sich hin ein Lied summen.

Das Lied vermischt sich mit der Stores-Liste, die Barbara erstellt hat: „Zwei Dutzend Glashandtücher. Zwölf Pfund Spratts Welpenkekse. Ein Dutzend Herren-Pyjamas aus reiner Seide, extra groß" … „A-hoom – hoom, a -hoom-hoom" (das *Impromptu* von Schubert), und zu den Notizen, die Barbara schrieb: „Mrs. Waddington hat Freude daran, … beizufügen." Fanny Waddington würde immer gerne etwas beilegen…. „Ein ho-om-bumm, bumm, hee." Ein Geräusch, das so leise war, dass es die Stille im Raum kaum störte. Wenn ein Schmetterling summen könnte, würde er wie Fanny Waddington summen.

Barbara Madden war noch keine zwei Tage im Lower Wyck Manor und fühlte sich dort bereits zu Hause; Sie kannte Fannys Salon auswendig, mit den niedrigen Tudor-Fenstern an beiden Enden, deren Gitter mit schweren Pfosten verkleidet waren, und von dem hinteren Zimmer blickte man auf den grünen Garten, der von Mauerblümchen und Tulpen gesäumt war; Von der Vorderseite ging es auf das runde Rasengrundstück und die Sonnenuhr, auf die Auffahrt und das Gebüsch dahinter, den breiten Weg hinunter, der durch das Grundstück in die freien Bereiche des Parks führte. Ihr gefielen die Inneneinrichtung, der persische Teppich, der zu grauen, rehbraunen und altrosa Flecken verblasst war, die Möbel aus portweinfarbenem Mahagoni, die Tische mit den Messingklauen ihrer Beine, die Gitterschränke und Bücherregale, die Chintzvorhänge und Stuhlbezüge , allesamt rote Dahlien und puderblaue Papageien auf cremefarbenem Grund. Aber wenn Fanny nicht da war, spürte man, wie der Raum von der Leere schmerzte, die sie hinterließ.

Barbara tat weh. Sie ertappte sich dabei, wie sie auf Fanny Waddingtons Füße auf dem gepflasterten Weg und ihr Summen lauschte. Während sie wartete, betrachtete sie das Bild über der Kommode in der Nische des Kamins, das Ölporträt von Horatio Bysshe Waddington, Fannys Ehemann.

Er saß, mit seiner gespreizten Breite und gefalteten Höhe schwerfällig, auf einem der braunen Lederstühle seiner Bibliothek, gekleidet in einen Tweedmantel, kittfarbene Reithosen, eine braune Weste und eine graublaue Krawatte. Das hübsche, rosige Gesicht war in edler Pose über den steifen weißen Kragen gehoben; unter dem struppigen schwarzen Schnurrbart konnte man die volle, leicht herabhängende Unterlippe erkennen. Der dicke, abgerundete Vorsprung der römischen Nase, die leicht hervortretenden Augen und die fast unmerkliche Linie, die von jedem Nasenloch über die lange Wölbung der Wangen herabhing, strahlten Feierlichkeit aus. Diese Gestalt, deren große Schenkel übereinander gekreuzt waren, wirkte außerordentlich solide vor dem rauchigen Hintergrund, auf dem das gestutzte schwarze Haar ein wässriges Licht erzeugte. Seine Augen blickten auf nichts Bestimmtes. Horatio Bysshe Waddington schien in feierliche Gedanken versunken zu sein.

Das Porträt seiner Frau hing über dem Kartentisch in der anderen Nische.

Barbara hoffte, dass er nett sein würde; Sie hoffte, dass er interessant sein würde, da sie seine Sekretärin sein musste. Aber natürlich wäre er es. Jemand, der so bezaubernd ist wie Fanny, hätte ihn niemals heiraten können, wenn er es nicht gewesen wäre. Sie fragte sich, wie sie, Barbara Madden, ihre Doppelrolle als Sekretärin für ihn und Begleiterin für sie spielen würde. Sie war zuvor Sekretärin anderer Männer gewesen; Während des ganzen Krieges war sie die Sekretärin von irgendjemandem gewesen, aber sie hatte nie die Gefährtin ihrer Frauen sein müssen. Vielleicht war es gut, dass Fanny, wie sie sie immer wieder erinnerte, sie zuerst „gesichert" hatte. Sie war froh, dass er nicht da war, als sie ankam, und auch erst übermorgen da sein würde (er hatte ihnen am Morgen telegraphiert, um es ihnen zu sagen); damit sie Fanny noch zwei Tage für sich hatte.

2

„Na, was denkst du über ihn?"

Fanny war ins Zimmer zurückgekommen; sie schwebte hinter ihr.

„Ich – ich finde, er sieht wirklich gut aus."

„Nun ja, das wurde vor siebzehn Jahren gemalt. Er war damals jung."

„Hat er sich seitdem sehr verändert?"

„Meine Güte, nein", sagte Fanny. „Er hat sich überhaupt nicht verändert."

„Das hast du nicht mehr, glaube ich."

„Oh, *ich* – in siebzehn Jahren!"

Nach siebzehn Jahren war sie ihrem Porträt immer noch absurd ähnlich, mit ihrem leichten, schlanken Körper, bereit für einen ihrer Flüge, ihren schnellen Bewegungen eines Schmetterlings und eines Vogels, mit ihrem kleinen weißen Gesicht, der Terrier-Nase, die über die Schatten der Mottenflügel gehoben war von ihren Nasenlöchern, ihren dunkelblauen

Augen, die einen anstarrten, dicht unter den niedrigen schwarzen Augenbrauen, ihrem braunen Haar, das in zwei Sicheln vom Scheitel ihrer Stirn absprang und bis zur nach hinten gebogenen Kurve des Chignons reichte, ein Profil von Alpenveilchen. Und ihr Mund, die feinen Lippen, die durch ihr bezauberndes Lächeln noch feiner gezeichnet wurden. All diese Merkmale bildeten eine so seltsame, sensible Einheit, dass ihr Mund einen ansah und ihre Augen Dinge sagten. Egal wie lange sie lebte, sie würde immer jung bleiben.

„Oh, mein liebes Kind", sagte sie, „du bist deiner Mutter so ähnlich."

„Tatsächlich? Hatten Sie Angst, dass ich es nicht tun würde?"

„Ein bisschen, nur ein bisschen Angst. Ich dachte, du wärst modern."

„Das bin ich. Das war auch meine Mutter."

„Nicht, als ich sie kannte."

„Danach dann." Ein plötzlicher Gedanke kam Barbara. „Mrs. Waddington, wenn Mutter Ihre beste Freundin war, warum haben Sie mich die ganze Zeit nicht gekannt?"

„Deine Mutter und ich haben uns aus den Augen verloren, bevor du geboren wurdest."

„Mutter wollte nicht."

„Ich auch nicht."

„Mutter hätte es gehasst, wenn du das gedacht hättest."

„Das habe ich nie gedacht. Sie muss gewusst haben, dass ich es nicht getan habe."

"Warum dann-"

„Haben wir den Überblick verloren?"

„Ja, warum? Die Leute tun es nicht, wenn sie es verhindern können, wenn sie sich genug darum kümmern. Und Mutter hat sich darum gekümmert."

„Du bist ein hartnäckiges kleines Ding, nicht wahr? Versuchst du so zu verstehen, dass es mir egal war?"

„Ich versuche, dir klarzumachen, dass Mutter es getan hat."

„Nun, meine Liebe, es war uns beiden wichtig, aber wir *konnten nichts* dagegen tun. Wir haben geheiratet und unsere Ehemänner haben sich nicht verstanden."

„Nicht wahr? Und Papa war so nett. Wussten Sie nicht, wie nett er war?"

„Oh ja. Ich wusste es. Mein Mann war auch nett, Barbara; auch wenn du das vielleicht nicht glaubst.“

„Oh, aber das tue ich. Ich bin sicher, dass er es ist. Nur habe ich ihn noch nicht gesehen.“

„So schön. Aber“, sagte Fanny und verfolgte ihren eigenen Gedanken, „er hat nie in seinem Leben einen Witz gemacht, und dein Vater hat nie etwas anderes *gemacht* .“

„Papa hat keine Witze gemacht. Sie kamen zu ihm.“

„Ich habe sie kommen sehen. Er hat nie einen von ihnen weggeschickt, egal wie ungezogen sie waren oder wie teuer sie waren. Ich habe seine Witze immer geliebt ... Aber Horatio tat das nicht. Es gefiel ihm nicht, dass ich sie vergötterte, nun siehst du-"

„Ich verstehe. Ich frage mich“, sagte Barbara und blickte wieder auf das Porträt, „worüber er nachdenkt?“

„Ich habe mich immer gefragt.“

„Aber weißt du es jetzt?“

„Ja, ich weiß es jetzt“, sagte Fanny.

„Was passiert“, sagte Barbara, „wenn *ich* Witze mache?“

„Nichts. Er wird sie nie sehen.“

„Wenn er Papas gesehen hätte …“

„Oh, aber das hat er nicht. Das war ich.“

Barbara war nachdenklich. „Ich vermute“, sagte sie, „Sie werden mich nicht lange   behalten.
Angenommen, ich kann die Arbeit nicht machen?“

"Die *Arbeit* ?" Fannys Augen waren fragend und ein wenig überrascht, als würde sie sagen: „Wer hat Arbeit gesagt? Welche Arbeit?“

„Nun, Mr. Waddingtons Arbeit. Ich muss ihm doch bei seinem Buch helfen, nicht wahr?“

„Oh, sein Buch, ja. *Wenn* er es schreibt. Das tut er nicht immer. Sieht er aus“, sagte Fanny, „wie ein Mann, der immer ein Buch schreiben würde?“

„Nein. Das kann ich nicht genau sagen.“ (Wie *sah* er aus?)

„Na dann wird alles gut. Ich meine, *wir* werden es schaffen.“

„Ich habe mich nur gefragt, ob ich wirklich tun kann, was er will.“

„Wenn Ralph könnte", sagte Fanny, „dann kannst du es."

„Wer ist Ralph?"

„Ralph ist mein Cousin. Er *war* Horatios Sekretär."

" *War* ." Barbara dachte darüber nach. „Hat *er* denn Witze gemacht?"

„Viele. Aber das war nicht der Grund, warum er gegangen ist... Es war auch schrecklich schade, denn es geht ihm schrecklich schlecht."

„Wenn es ihm schlecht geht", sagte Barbara, „könnte ich den Gedanken nicht ertragen, dass ich ihn um den Job gebracht habe."

„Das hast du nicht. Er musste gehen."

Fanny wandte sich wieder ihren Blumen zu und Barbara ihrer Liste mit den Geschäften.

„Bist du sicher", sagte Fanny plötzlich, „dass du ‚gestreift' geschrieben hast?"

„Gestreift? Der Pyjama? Nein, habe ich nicht."

„Dann, um Himmels willen, sag es mal. Angenommen, sie würden diese schrecklichen futuristischen Dinger schicken, dann würde er mich in Angst und Schrecken versetzen. Kannst du nicht sehen, wie Horatio aus seiner Umkleidekabine kommt, ganz magentafarbene Kleckse und gegabelte Blitze? ?"

„Ich habe ihn noch gar nicht gesehen", sagte Barbara.

„Na, warte mal... Nervt dich mein Summen?"

„Kein bisschen. Ich mag es. Es ist so ein fröhlicher Klang."

„Ich mache es immer", sagte Fanny, „wenn ich glücklich bin."

Man hörte Füße, Füße in Stiefeln mit schweren Sohlen, das Klappern auf der Auffahrt, die das Grasgrundstück und die Sonnenuhr umrundete; die eifrigen Füße eines jungen Mannes. Fanny drehte den Kopf und lauschte.

„Da *ist* Ralph", sagte sie. „Komm rein, Ralph!"

Der junge Mann stand in der niedrigen, schmalen Türöffnung und füllte sie mit seiner schlanken Größe und Breite aus. Er schaute vorsichtig an Fanny vorbei in die hintere Ecke des Raumes, und als seine Augen Barbara an ihrer Kommode fanden, lächelten sie.

„Oh, *komm* rein", sagte Fanny. „Er ist nicht hier. Er wird erst am Freitag sein. Das ist Ralph Bevan, Barbara; und das ist Barbara Madden, Ralph."

Er verneigte sich und lächelte immer noch, als würde er in ihrer Anwesenheit dort etwas unbändig Amüsantes sehen.

„Ja", sagte Fanny zu dem Lächeln. „Ihr Nachfolger."

„Ich gratuliere Ihnen, Miss Madden."

„Sei nicht ironisch. Sie hat nur gesagt, dass sie den Gedanken nicht ertragen kann, dass sie dich um deinen Job gebracht hat."

„Na ja, das konnte ich nicht", sagte Barbara.

„Das ist sehr nett von dir. Aber du hast mich um nichts gebracht. Es war die Tat Gottes."

„Es war Horatios Tat. Nicht, dass Miss Madden an seine Gerechtigkeit und seine Gnade denken wollte."

„Ich weiß nichts über seine Gerechtigkeit", sagte Ralph. „Aber er war absolut gnädig, als er mich rausschmiss."

„Ist es dann so furchtbar schwer?" sagte Barbara.

„Vielleicht finden Sie es nicht so."

„Oh, aber ich werde auch Mrs. Waddingtons Begleiterin sein."

„Dann wird es dir gut gehen. Sie würden *mich nicht* so sein lassen."

„Er meint, dass du in Sicherheit bist, Liebes. Du wirst nicht rausgeschmissen, was auch immer passiert."

„Was für eine Art Sekretärin bin ich?"

„Ja. Sie kann vernünftigerweise jede Art sein, die sie will, nicht wahr?"

„Sie kann sowieso nicht schlechter sein als ich."

Barbara war sich bewusst, dass er sie angeschaut hatte, einen langen Blick, halb nachdenklich, halb amüsiert, als wollte er etwas anderes sagen, etwas, das ihr ein seltsames Licht auf sich selbst werfen würde, und hatte es sich anders überlegt.

Fanny Waddington protestierte. „Mein lieber Junge, es lag nicht an Inkompetenz. Sie möchte einfach unbedingt wissen, was du getan *hast* ."

„Du kannst es ihr sagen."

„Er wollte Horatios Buch für ihn schreiben, und Horatio ließ es nicht zu. Das war alles."

„Na ja, *ich* werde es nicht schreiben wollen", sagte Barbara.

„Wir dachten, das würdest du vielleicht nicht tun", sagte Fanny.

Aber Barbara hatte sich an ihr Büro gewandt und scheinbar eine diskrete Beschäftigung mit ihrer Liste. Und plötzlich ging Ralph Bevan mit Fanny in den Garten, um weitere Tulpen zu pflücken.

II

1

Sie *wollte* unbedingt wissen, was er getan hatte, aber jetzt, nachdem Ralph an diesem ersten Tag zum Mittagessen, Tee und Abendessen geblieben war, nachdem er den ganzen gestrigen Tag im Manor verbracht hatte und nachdem er heute um zehn Uhr aufgetaucht war … Um 17 Uhr morgens glaubte Barbara, die Geschichte verstanden zu haben, obwohl sie sehr diskret vorgegangen waren und Fanny die halbe Zeit darauf bestanden hatte, „Tono-Bungay" laut vorzulesen.

Ralph war natürlich in seine Cousine Fanny verliebt. Sie musste zwar mindestens zehn Jahre älter sein als er, aber das spielte keine Rolle. Und natürlich war es ziemlich ungezogen von ihm, aber andererseits konnte er höchstwahrscheinlich nichts dagegen tun. Es war ihm gerade gekommen, als er nicht nachdachte; und wer könnte anders, als in Fanny verliebt zu sein? Man könnte ganz unschuldig und hoffnungslos in Menschen verliebt sein. Es gab keine Sünde, wo es keine Hoffnung gab.

Und vielleicht war Fanny unschuldig, ganz unschuldig, in ihn verliebt; oder, wenn nicht, dann dachte Horatio, dass sie es war, was im Großen und Ganzen auf das Gleiche hinauslief; so dass der arme Ralph trotzdem gehen musste. Barbara fand, dass die Erklärung, die sie gegeben hatten, eher dürftig war und ihrer bewundernswerten Intelligenz nicht ganz würdig war.

Es war Freitag, Barbaras fünfter Tag. Sie ging mit Ralph Bevan durch den Park der Waddingtons nach Hause, die Hauptstraße entlang, die von Wyck-on-the-Hill nach Lower Wyck Manor führte.

Es wäre nicht überraschend, dachte sie, wenn Fanny in ihre Cousine verliebt wäre; Er war, wie sie es selbst ausdrückte, so eindeutig „verliebbar". Sie konnte sehen, wie Fanny sich zunächst seinem plötzlichen Lachen, seinem schnellen, entzückten Verstand, seiner unschuldigen, einnehmenden Offenheit hingab. Er würde, dachte sie, unendlich amüsant und unendlich interessant sein, weil er so interessiert und so amüsiert war. Etwas gefiel ihr in der Art, wie er ging, ohne Hut, den Kopf zurückgeworfen, die Schultern gestreckt, die Hände in den Manteltaschen vergraben, ohne Gesten zu gebärden; Etwas in der Art, wie er sich umdrehte, um ihr mit seinem Lachen entgegenzublicken. Er hatte Fannys Terrier-Nase mit der Spur eines Knicks darin; sein dunkles Haar wuchs in Sichelform an jeder Schläfe nach; Es lag nicht gerade und glatt wie das anderer Leute, sondern sprang auf, zusammengerollt aus dem Schnittgut. Seine Augen waren seine eigenen, gesprenkelten Augen, grün und grau, schwarz und braun, funkelnd; Das galt auch für seinen Mund, der weder zu dünn noch zu dick war —

Entschlossenheit spiegelte sich in der hervortretenden Kurve seiner Unterlippe wider – und sein Kinn, das nur eine Spur zu groß dafür, eine Spur zu groß für sein Gesicht war. Seine Wangen waren sonnenverbrannt, und ein kleiner Schauer ockerfarbener Sommersprossen breitete sich durch den Sonnenbrand aus und bedeckte die Nasenhänge. Sie wollte ihn zeichnen.

„Geht Mrs. Waddington nie spazieren?" Sie sagte.

„Fanny? Nein. Sie ist zu faul."

"Faul?"

„Zu aktiv, wenn Sie so wollen, sonst … Wie lange kennen Sie sie schon?"

„Nur fünf Tage."

"Fünf *Tage* ?"

„Ja, aber wissen Sie, vor Jahren war sie die beste Freundin meiner Mutter. So wurde ich ihre Sekretärin. Als sie meinen Namen in der Anzeige sah, dachte sie, dass ich es sein müsste. Und das war ich. Das hatten sie nicht." Ich glaube, mein Vater und Mr. Waddington haben sich jahrelang nicht verstanden.

„Du hast ihn noch nicht gesehen?"

„Nein. Es scheint ein Geheimnis um ihn zu geben."

"Geheimnis?"

„Ja. Was ist? Oder darfst du es nicht sagen?"

„Das verrate ich *nicht* . Das wäre nicht nett."

„Dann tun Sie es nicht – tun Sie es nicht. Ich wusste nicht, dass es so etwas ist."

Ralph lachte. „Ist es nicht. Ich meinte, es wäre nicht nett zu dir. Ich möchte ihn nicht für dich verwöhnen."

„Dann *ist da* noch – sagen Sie mir eins: Soll ich mit ihm klarkommen?"

das nicht ."

„Ich meine, wird es furchtbar schwierig sein, mit ihm zu arbeiten?"

„Weil er mich gefeuert hat? Nein. Du darfst nur nicht zugeben, dass du es besser weißt als er. Und wenn du deinen Job behalten willst, darfst du ihm nicht widersprechen."

„Jetzt hast du in mir den Wunsch geweckt, ihm zu widersprechen. Was auch immer er sagt, ich muss das andere sagen, ob ich ihm zustimme oder nicht."

„Glaubst du nicht, du könntest etwas Zeit lassen? Ihr zuliebe."

„Haben *Sie* auf Zeit verzichtet?"

„Eher. Ich war so sanftmütig und unterwürfig, wie ich nur konnte."

„Wie du wusstest wie. Glaubst du, ich werde es besser wissen?"

„Ja, du bist eine Frau. Du kannst auf seiner rechten Seite stehen. Willst du es wegen Fanny versuchen? hat eine sehr schlechte Zeit mit Waddington.

„Da ist es. Ich weiß – ich weiß – ich *weiß*, dass ich ihn hassen werde."

„Oh nein, das bist du nicht. Du kannst Waddington nicht *hassen* ."

„ *Du* nicht?"

„Oh Gott, nein. Ich hätte nichts gegen ihn, der arme Alte, wenn er nicht Fannys Ehemann wäre."

Er hatte es fast so gut wie besessen, sie fast in den Besitz ihres Geheimnisses gebracht. Sie betrachtete es – sein Geheimnis, Fannys Geheimnis – als vollkommene Unschuld ihrerseits, völlige Ritterlichkeit seinerseits; zart und hoffnungslos und rein.

2

Sie waren an dem weißen Tor angekommen, das zwischen den Büschen und dem Rasengrundstück mit dem gelbgrauen Steinhaus dahinter führte.

Es war nett, dachte sie, dass Fanny Mr. Bevan dazu gebracht hatte, sie auf diese langen Spaziergänge mitzunehmen, wenn sie nicht mit ihnen gehen konnte; Aber Barbara hatte die ganze Zeit das Gefühl, dass sie sich bei dem jungen Mann dafür entschuldigen sollte, dass sie nicht Fanny war, vor allem, da Mr. Waddington heute mit dem Zug um 15.40 Uhr zurückkam und dieser Nachmittag für Gott weiß wie lange ihr letzter sein würde. Und während sie redeten – über Ralphs Leben vor dem Krieg und die Jobs, die er dadurch verloren hatte (er war Journalist gewesen), und über Barbaras Job im Kriegsministerium und über Luftangriffe und die Spiele, an denen sie beide teilnahmen, und ihre Lieblingsautoren und das Zimmer, das er im White Hart Inn in Wyck hatte – während sie fließend und mit der Leichtigkeit alter Bekannter, fast wie alter Freunde, redeten, bewunderte Barbara die Schönheit von Mr. Bevans Manieren; man hätte annehmen können, dass er, anstatt zu leiden, wie er leiden muss, Qualen der Ungeduld und Verärgerung, noch nie in seinem Leben so sehr genossen hatte wie dieses Abenteuer, das gerade zu Ende ging.

Er hatte ihr das Tor geöffnet und stand nun mit dem Rücken dazu, streckte die Hand aus und sagte „Lebe wohl."

„Kommst du nicht rein?" Sie sagte. „Mrs. Waddington erwartet Sie zum Tee."

„Nein", sagte er, „das tut sie nicht. Sie weiß, dass ich nicht kommen kann, wenn er da ist."

Er stoppte. „Übrigens, sein Buch ist schrecklich durcheinander. Ich hatte keine Zeit, viel daran zu machen, bevor ich ging. Wenn du es nicht richtig hinbekommst, musst du zu mir kommen und ich werde dir helfen." "

„Das ist sehr gut von dir."

„Eher nicht. Es *war* mein Job, wissen Sie."

Er ging rückwärts durch das Tor und salutierte dabei. Und nun hatte er sich umgedreht und rannte mit schnellen, athletischen Schritten den Grasrand des Parks hinauf.

III

1

„Tee ist in der Bibliothek, Miss."

Diese Ankündigung, gepaart mit Partridges außergewöhnlicher Bedeutungssteigerung, hätte ihr verraten, dass der Meister zurückgekehrt war, selbst wenn sie nicht durch die halboffene Tür der Garderobe Mr. Waddingtons Mantel gesehen hätte, der an den Schultern hing und darüber hing an seinem grauen Schlapphut.

Mit einer schnellen, verstohlenen Bewegung schloss der Butler die Tür zu diesen Heiligtümern; und sie bemerkte die gedämpfte Stille seiner Schritte, als er sie durch den dunklen, mit Eichenholz getäfelten Korridor, durch den Rauchraum und in die Bibliothek dahinter führte. Sie erhaschte auch einen überraschenden Anblick ihres eigenen Gesichts im Glas über dem Kaminsims der Räucherkammer, ihre dunklen Augen leuchteten, die kühle, vom Wind gepeitschte Röte auf ihren jungen Wangen, der gelockte Mund voller blühender Geranienrot auf Rosenweiß.

Diese Barbara mit dem Spiegel lächelte sie im Vorbeigehen mit so fröhlicher, unverantwortlicher Belustigung an, dass es ihr fast den Atem raubte. Sein Ursprung wurde ihr klar, als ihr Ralph Bevans Worte in den Sinn kamen: „Ich möchte ihn nicht für dich verwöhnen." Sie sah eine mögliche Intimität voraus, in der Horatio Bysshe Waddington das einzigartige, wenn auch inoffizielle Band zwischen ihnen werden würde. Sie war sich bewusst, dass es ihr Freude machte, einen heimlichen Scherz mit Ralph Bevan zu teilen.

Sie fand Fanny hinter ihrem Teetisch in dem niedrigen Raum, düster mit seiner Eichenvertäfelung über den langen Reihen der Bücherregale, wo Fannys flatterndes Lächeln für Bewegung und eine Art Licht sorgte.

Ihr Mann saß ihr gegenüber in seinem braunen Ledersessel und in der wunderbaren Pose seines Porträts; Nur die Nüchternheit seines marineblauen Serges hatte es gemildert und ihm eine künstliche Schlankheit verliehen. Er hatte sie nicht hereinkommen sehen. Er saß da in Unschuld und Ahnungslosigkeit; und danach löste es in ihr einen leichten Anflug von Reue aus, als sie sich daran erinnerte, wie unschuldig und ahnungslos er ihr damals vorgekommen war.

„Das ist mein Mann, Barbara. Horatio, Sie kennen Miss Madden noch nicht."

Seine Augen traten mit der erschrockenen Unschuld eines überraschten Wesens hervor. Er hatte gerade sein Gesicht mit dem triefenden Schnurrbart von der Teetasse gehoben, und obwohl er diese Unbeholfenheit mit einer unverhohlenen Bewegung seines Taschentuchs überspielte, konnte man sehen, dass er empfindlich war; Er hasste es, dass du ihn bei irgendeiner Geste erwischt hast, die nicht gerade edel war. Alle seine Gesten und seine Haltung waren edel. Er war edel, als er sich langsam erhob, seine große Größe entfaltete und durch eine Bewegung seiner Schultern seine große Breite festigte. Er sah großartig auf sie herab und streckte seine Hand aus; es schloss sich mit einem großen, freundlichen Verschluss um sie.

„Das ist also meine Sekretärin, oder?"

„Ja. Und vergessen Sie nicht, dass sie sowohl meine Begleiterin als auch Ihre Sekretärin ist."

„Ich vergesse nie etwas, woran ich mich erinnern soll." (Er sagte nur „nevah" und „rememba"; er verneigte sich, als er es auf sehr höfliche Weise sagte.)

Barbara bemerkte, dass sein schwarzes Haar und sein Schnurrbart leicht ergraut waren, dass sich um seine Augenlider loses Fleisch befand, dass sein Kinn sich verdoppelt hatte und dass seine Wangen vom Knochen herabhingen, ansonsten sah er genau wie auf seinem Porträt aus; Diese Veränderungen ließen ihn eher unbestechlich würdevoller und feierlicher aussehen. Er war auf den Beinen geblieben (denn seine Erziehung war perfekt), ging zwischen dem Teetisch und Barbara hin und her und brachte ihr Tee, Milch und Zucker und Dinge zu essen. Im Großen und Ganzen war er so einfach, so freundlich und unheimlich, dass Barbara nur annehmen konnte, dass Ralph sich über sie, ihr Staunen, ihre Neugier lustig gemacht hatte.

„Meine Liebe, was hast du für eine Farbe!"

Fanny legte ihre Hände an ihre eigenen Wangen, um die Aufmerksamkeit auf Barbaras zu lenken. „Du *entwickelst* dich zu einem Landmädchen, nicht wahr? Du hättest ihr weißes Gesicht sehen sollen, als sie kam, Horatio."

„Was hat sie mit sich selbst gemacht?" Er hatte sich wieder in seinen Stuhl und seine Haltung eingelebt.

„Sie ist mit Ralph spazieren gegangen."

„Mit Ralph? Ist *er* noch hier?"

„Warum sollte er das nicht sein?"

Mr. Waddington zuckte mit seinen gewaltigen Schultern. „Es ist eine Frage des Geschmacks. Wenn er nach seinem Verhalten *gerne* hier herumhängt …"

„Armer Junge! Was hat er getan? ‚Verhalten' lässt es klingen, als wäre es etwas Schreckliches gewesen."

„Wir müssen nicht näher darauf eingehen, denke ich."

„Aber du *gehst* ständig darauf ein, Liebling. Willst du es für immer mit ihm aufnehmen?“

„Ich halte nichts aufrecht. Was Ralph Bevan tut, geht mich nichts an. Da es mir keine Unannehmlichkeiten bereiten soll – da Miss Madden mir so charmant zu Hilfe gekommen ist – werde ich mir keinen weiteren Gedanken darüber machen.“

Er wandte sich an Barbara, um das Thema zu wechseln. „Hatten Sie Schwierigkeiten“ (seine Stimme war gemessen und wichtig) „den Weg hierher zu finden?“

"Überhaupt keine."

„Ah, dieser Zug um halb eins ist ausgezeichnet. Ausgezeichnet. Aber wenn Sie dem Wachmann nicht gesagt hätten, er solle am Hill anhalten, wären Sie nach Cheltenham weitergefahren worden. Was für Sie sehr unangenehm gewesen wäre. Wirklich sehr unangenehm.“

„Mein lieber Horatio, was hast du gedacht, was sie tun *würde* ?“

„Meine liebe Fanny, es gibt viele Dinge, die sie getan haben könnte. Sie könnte in Paddington in den falschen Bus gestiegen und nach Worcester weitergefahren worden sein.“

„Und das“, sagte Barbara, „wäre viel schlimmer gewesen als Cheltenham.“

„Der bloße Gedanke daran“, sagte Fanny, „lässt mich schaudern. Aber Gott sei   Dank,
Barbara, du hast nichts davon getan.“

Mr. Waddington bewegte die Beine so, wie ein großer Hund seine Pfoten verschiebt, wenn man über ihn lacht; Je mehr Fanny lachte, desto würdevoller und feierlicher wurde er.

„Du hast mir noch nicht erzählt, Horatio, was du in London gemacht hast.“

„Ich wollte es Ihnen gerade sagen, als Miss Madden – so entzückend – hereinkam.“

Daraufhin hielt Barbara es für diskret, sich zu entlassen, aber Fanny rief sie zurück. „Warum rennst du weg? Er hat nichts in London getan, von dem er nicht möchte, dass du davon erfährst.“

„Im Gegenteil, ich möchte besonders, dass Miss Madden davon erfährt. Ich gründe eine Zweigstelle der National League of Liberty in Wyck. Haben Sie vielleicht schon davon gehört?“

„Ja. Ich habe davon *gehört . Ich habe sogar den Prospekt gesehen.* “

„Gut. Nun, Fanny, ich habe gestern mit Sir Maurice Gedge zu Mittag gegessen, und er ist begeistert wie Senf. Er stimmt mir zu, dass die Liga nichts nützen wird, überhaupt nichts, bis sie in den Provinzen stark vertreten ist. Er will Ich soll sofort anfangen, sobald ich mein Komitee bekommen kann.

„Meine Liebe, wenn du zuerst ein Komitee haben musst, wirst du nie anfangen.“

„Es kommt ganz darauf an, wen ich bekomme. Und es wird *mein* Komitee sein. Sir Maurice hat das sehr nachdrücklich zum Ausdruck gebracht. Er stimmt mit mir überein, dass man es selbst tun muss, wenn man möchte, dass etwas erledigt wird, und zwar gut. Das kann nur passieren.“ Sei *ein* treibender Geist. Dem Komitee bleibt nichts anderes übrig, als meine Ideen umzusetzen.

„Dann stellen Sie sicher, dass Sie ein Komitee bekommen, das kein eigenes hat.“

„Das wird nicht schwierig sein“, sagte Mr. Waddington, „in Wyck … Das erste ist der Prospekt. Da kommen Sie ins Spiel, Miss Madden.“

„Du meinst, als Erstes erstellt Barbara den Prospekt.“

„Unter meiner Aufsicht.“

„Das nächste“, sagte Fanny, „ist, Ihren Prospekt vor Ihrem Ausschuss zu verbergen, bis er gedruckt ist. Sie kommen mit Ihrem Prospekt zu Ihrem Ausschuss. Sie bieten ihn nicht zur Diskussion an.“

„Angenommen“, sagte Barbara, „sie bestehen darauf, darüber zu diskutieren?“

„Das werden sie nicht tun“, sagte Fanny, „sobald es gedruckt ist, besonders wenn es bezahlt ist. Sie müssen Pyecraft dazu bringen, seine Rechnung sofort einzusenden. Und wenn sie *anfangen* zu diskutieren, können Sie sie mit Datum und Ort vertrösten.“ Das Treffen und der Wortlaut der Poster werden ihnen Gesprächsstoff geben.

„Nun, ich denke, unter diesen Umständen könnten sie kaum jemand anderen ernennen.“

„Ich weiß es nicht. Jemand könnte Sir John Corbett vorschlagen.“

Mr. Waddingtons Gesicht sackte vor Bestürzung zusammen, als Fanny ihm diese unangenehme Möglichkeit vorstellte.

„Ich glaube nicht, dass Sir John sich darum kümmern würde. Ich werde es ihm selbst vorschlagen; aber ich glaube nicht –“

Schließlich war Sir John Corbett ein fauler Mann.

„Wenn Sie Sir John geweckt haben, wenn Sie ihn jemals *wecken* , müssen Sie alle Städte und Dörfer im Umkreis von zwanzig Meilen abrunden. Schade, dass Sie Ralph nicht haben können; er hätte sie für Sie abgesucht." in kürzester Zeit auf seinem Motorrad."

„Ich bin durchaus in der Lage, sie alle selbst zusammenzufassen, danke."

„Nun, mein Lieber", sagte Fanny versöhnlich, „es wird dich die nächsten sechs Monate beschäftigen, und das wird schön sein. Dann wirst du den Krieg doch nicht so sehr vermissen, oder?"

„ *Den Krieg vermissen* ?"

„Ja, das vermisst du wirklich, Liebling. Er war ein besonderer Polizist, Barbara; und er saß auf Tribunalen; und er fuhr sein Auto wie verrückt im Staatsdienst. Er hatte kein Ende einer Zeit. Es hat keinen Sinn, was du sagst Es hat dir keinen Spaß gemacht, Horatio, denn das hat dir Spaß gemacht.

„Ich war wie jeder Soldat froh, meinem Land dienen zu können, aber ich muss sagen, dass mir der Krieg Spaß gemacht hat …"

„Wenn es keinen Krieg gegeben hätte, gäbe es keinen Dienst, über den man sich freuen könnte."

„Meine liebe Fanny, das ist ein völlig schrecklicher Vorschlag. Wollen Sie damit sagen, dass ich diese berüchtigte Tragödie herbeigeführt hätte, dass ich Tausende und Abertausende unserer Jungs in den Tod geschickt hätte, um mir einen Job zu suchen? Wenn Einen Moment lang dachte ich, dass du es ernst meinst …"

„Du möchtest nicht, dass ich etwas anderes bin, Liebling."

„Ich mag es ganz sicher nicht, wenn Sie über solche Themen Witze machen."

„Ach, komm", sagte Fanny, „wir alle hatten Freude an unserer Arbeit im Krieg, außer dem armen Ralph, der als erstes vergast wurde und *dann* bei einer Granatenexplosion eine Gehirnerschütterung erlitt."

„Oh, hat er das?", sagte Barbara.

„Das hat er. Und glauben Sie nicht, Horatio, dass Sie ihm vergeben könnten, wenn Sie bedenken, was für eine miese Zeit er hinter sich hat, dass er durch den Krieg eine lukrative Stelle verloren hat und dass Sie ihn um seine Sekretärsstelle gebracht haben?"

„Natürlich", sagte Horatio, „ich vergebe ihm."

Er war gerade aufgestanden und hatte die Tür erreicht, als Fanny ihn zurückrief.

„Und ich kann ihm schreiben und ihn bitten, morgen Abend zum Essen zu kommen, nicht wahr? Ich möchte ganz sicher sein, dass er tatsächlich *isst* .“

„Ich habe nie gesagt oder angedeutet“, sagte Horatio, „dass er nicht zum Essen kommen sollte.“

Damit verließ er sie.

„Das Schöne an Horatio“, sagte Fanny, „ist, dass er niemals einen Groll gegen Menschen hegt, egal, was er ihnen angetan hat. Ich habe keinen Zweifel, dass Ralph übermäßig provoziert und ihn ins Unrecht gebracht hat, und doch Obwohl er im Unrecht war und weiß, dass er darin war, ärgert er sich nicht darüber.

2

Barbara fragte sich, wie und wo sie ihre Abende verbringen sollte, nachdem Fannys Mann nach Hause gekommen war. Sekretärin von Mr. Waddington und Begleiterin von Fanny zu sein, hieße nicht, gleichzeitig Begleiterin beider zu sein. Als Horatio nach dem Kaffee im Wohnzimmer erschien, fragte sie, ob sie im Morgenzimmer sitzen und Briefe schreiben dürfe.

„Willst du im Morgenzimmer sitzen?“ sagte Fanny.

„Nun, ich sollte diese Briefe schreiben.“

„In der Bibliothek brennt es. Du kannst dort schreiben. Kann sie nicht, Horatio?“

Mr. Waddington blickte mit demselben gütigen Gesichtsausdruck auf, den er hatte, als er vor dem Abendessen Barbara allein im Salon getroffen hatte, ein Blick, der so auf ihren Hals und ihre Schultern gerichtet war, dass er ihr verriet, wie gut ihr ihr tief ausgeschnittenes Abendkleid stand.

„Sie soll sitzen, wo immer sie will. Die Bibliothek gehört ihr, wann immer sie sie nutzen möchte.“

Barbara dachte, ihr würde die Bibliothek lieber gefallen. Als sie ging, konnte sie nicht umhin, einen flehenden Gesichtsausdruck von Fanny zu sehen, der sie bei sich gehalten hätte. Sie dachte: Sie will nicht mit ihm allein sein.

Sie hielt es für besser, diesen Blick zu ignorieren.

Sie war ungefähr eine Stunde in der Bibliothek gewesen; Sie hatte ihre Briefe geschrieben, sich ein Buch ausgesucht, es sich in dem großen Ledersessel gemütlich gemacht und gerade gelesen, als Mr. Waddington hereinkam. Er beachtete sie zunächst nicht, setzte sich aber mit dem Rücken zu ihr an den Schreibtisch . Er würde natürlich wollen, dass sie ging. Sie entspannte sich und ging leise zur Tür.

Mr. Waddington blickte auf.

„Du brauchst nicht zu gehen“, sagte er.

Etwas in seinem Gesicht ließ sie fragen, ob sie bleiben sollte. Sie erinnerte sich, dass sie Mrs. Waddingtons Begleiterin war.

„Mrs. Waddington will mich vielleicht.“

„Mrs. Waddington ist zu Bett gegangen … Gehen Sie nicht – es sei denn, Sie sind müde. Ich bringe meine Gedanken zu Papier und möchte Sie vielleicht.“

Sie erinnerte sich, dass sie Mr. Waddingtons Sekretärin war.

Sie ging zu ihrem Stuhl zurück. Es war nur sein Gesicht, das sie zum Staunen gebracht hatte. Sein großer Rücken, der sich seiner Aufgabe widmete, wirkte dort wie ein anderer Mensch; vertieft und unbewegt begleitete es sie. Von Zeit zu Zeit hörte sie das kurze Kratzen seines Stifts, während er einen Gedanken niederschrieb. Es war zehn Uhr.

Als die halbe Stunde schlug, stieß Mr. Waddington ein lautes „Ha!“ aus. vor Verärgerung und stand auf.

„Es hat keinen Zweck“, sagte er. „Ich bin heute Abend nicht in Form. Ich nehme an, es liegt an der Reise.“

Er kam zum Kamin und ließ sich schwerfällig auf den Stuhl gegenüber nieder.
Barbara war sich seines Blickes bewusst, während er sie überlegte und schätzte.

„Meine Frau erzählt mir, dass sie eine wundervolle Zeit mit Ihnen hatte.“

„Ich hatte eine wundervolle Zeit mit ihr.“

„Ich freue mich. Meine Frau ist eine sehr entzückende Frau; aber wissen Sie, man darf nicht alles, was sie sagt, zu ernst nehmen.“

„Das werde ich nicht. Ich bin selbst kein sehr ernster Mensch.“

„Sag das nicht. Sag das nicht.“

„Sehr gut. Ich denke, wenn du mich nicht willst, sage ich gute Nacht.“

"Ernsthaft?"

"Ernsthaft."

Er war aufgestanden, als sie aufstand, und ging, um ihr die Tür zu öffnen. Er begleitete sie durch den Rauchraum und stand dort an der anderen Tür und streckte gütig und überaus feierlich seine Hand aus.

„Dann gute Nacht“, sagte er.

Sie sagte sich, dass sie mit seinem armen alten Gesicht falsch lag, ganz falsch. Da war nichts drin, nichts als diese ernste und abenteuerlose Güte. Seine Stimmung war ihrer Meinung nach rein väterlich gewesen. Auch väterlich und kindlich; erbärmlich, wenn man so darüber nachdenkt, wie er sich an ihre Gegenwart, ihre Kameradschaft klammert. „Es muss mein kleiner böser Verstand gewesen sein", dachte sie.

3

Als sie den Flur entlangging, fiel ihr ein, dass sie ihre Strickwaren im Wohnzimmer gelassen hatte. Sie drehte sich um, um es zu holen, und fand Fanny immer noch da, hellwach, die Füße auf dem Kotflügel, und las „Tono-Bungay".

„Oh, Mrs. Waddington, ich dachte, Sie wären zu Bett gegangen."

„Ich auch, Liebes. Aber ich habe meine Meinung geändert, als ich mit Wells allein war. Er ist zu himmlisch, um es in Worte zu fassen."

Dann sah Barbara es blitzschnell. Sie wusste, wofür sie, die Begleiterin und Sekretärin, da war. Sie war da, um ihn von sich fernzuhalten, damit Fanny mehr Zeit hatte, allein zu sein.

Sie hat alles gesehen.

„Tono-Bungay"", sagte sie. „Haben *Sie* mich deshalb mit Mr. Bevan losgeschickt
?"

„Das war es. Wie klug von dir, Barbara."

IV

Mr. Waddington schloss Miss Madden langsam und sanft die Tür, damit ihr die Aktion nicht abweisend vorkam. Dann schaltete er das Licht am Kaminsims ein und stand da und betrachtete sich selbst im Glas. Er wollte genau wissen, wie sich sein Gesicht Miss Madden präsentiert hatte. Es würde nicht ganz so sein, wie es ihm vorkam; denn das Glas war, anders als die klaren Augen des jungen Mädchens, ein übertreibendes und verzerrendes Medium; ihm war aufgefallen, dass das Gesicht seiner Frau in der Rauchglasscheibe gut zehn Jahre älter aussah als das Gesicht, das er kannte; Er kam daher zu dem Schluss, dass dieser schwache grünliche Farbton und diese leicht schiefe Grimasse des älteren Mannes keine wahrheitsgetreue Wiedergabe seines Teints und seines Lächelns waren. Und da (trotz dieser Mängel, die man auf das Glas zurückführen könnte) das Gesicht, das Mr. Waddington sah, immer noch das Gesicht eines gutaussehenden Mannes war, bildete er sich eine sehr positive Meinung über das Gesicht, das Miss Madden gesehen hatte. Gutaussehend, und wenn nicht in seiner ersten Jugend, dann doch in seiner zweiten. Erfahrung ist an sich eine Faszination, und wenn ein Mann überhaupt Charme hat, sollte seine zweite Jugend bezaubernder und unwiderstehlicher faszinierend sein als seine erste.

Und das Kind war sich seiner bewusst geworden. Sie hatte Unbehagen und ein Gefühl der Gefahr verraten, als sie mit ihm allein war. Er erinnerte sich an ihren ersten vorsichtigen Flug, ihr Zögern. Am liebsten hätte er sie noch eine Weile bei sich behalten, mit ihr über seine Liga gesprochen und durch ein paar kluge Fragen ihre Fähigkeiten auf die Probe gestellt.

Besser nicht. Besser nicht. Das Kind war weise und hatte Recht. Ihre Weisheit und Aufrichtigkeit gefielen Herrn Waddington, noch mehr aber der Gedanke, dass sie ihn für gefährlich gehalten hatte.

Er ging zurück in seine Bibliothek, setzte sich wieder auf seinen Stuhl und meditierte: Dieses Experiment von Fanny jetzt; Er fragte sich, wie es ausgehen würde, besonders wenn Fanny das Mädchen, Frank Maddens Tochter, wirklich adoptieren wollte. Dieser freche Gesellschaftskomiker war zu Lebzeiten Herrn Waddington so anstößig gewesen, dass die Idee, seine Tochter jetzt, da er tot war, zu behalten, etwas Verlockendes hatte, da das exquisite kleine Ding in allem, was Essen und Kleider betraf, von ihm abhängig war und Taschengeld. Aber zweifellos war es klug gewesen, ihr das Sekretariatsamt zu übertragen, bevor sie sich zu dem unwiederbringlichen Schritt entschlossen; Dadurch wurde sie in einer Beziehung auf die Probe gestellt, die leicht beendet werden konnte, wenn sie sich zufällig als peinlich erweisen sollte.

Aber die Beziehung an sich war, wie Mr. Waddington es ausdrückte, ein wenig schwierig und heikel. Es ging um eine Intimität, eine engere Intimität als eine Adoption: Sie jederzeit in seiner Bibliothek zu haben, um mit ihm zu arbeiten; und immer dieses kleine unruhige Bewusstsein von ihr.

Nun ja, er hatte heute Abend den Ton für ihren künftigen Verkehr vorgegeben; Er hatte sie auf die sanfteste Art und Weise sehen lassen. Im Nachhinein kam es ihm so vor, als hätte er vollkommenes Taktgefühl bewiesen und sich mit der Miene von Fröhlichkeit und leichtem Geplänkel von ihr verabschiedet, die sein eigener Selbsterhaltungstrieb so glücklich nahelegte. Dennoch lächelte er, als er sich an ihren Blick erinnerte, als sie von ihm immer weiter rückwärts zur Tür ging; es machte ihn sehr zärtlich und ritterlich; auch tugendhaft, als hätte er irgendwie einen unvorhergesehenen und verderblichen Impuls überwunden. Und die ganze Zeit über hatte er keinen Impuls gehabt außer dem Verlangen, mit einem intelligenten und attraktiven Fremden zu reden, über seine Liga zu reden.

Mr. Waddington ging zu Bett und dachte darüber nach. Er weckte sogar seine Frau aus dem Schlaf mit der Bitte, sie würde ihn daran erinnern, morgens als erstes bei Underwoods vorbeizuschauen.

2

Sobald er wach war, dachte er an Underwoods. Underwoods war wichtig. Er musste die Grafschaft zusammensuchen, und das konnte er nicht tun, ohne vorher Sir John Corbett aus Underwoods zu konsultieren. Der Form halber, natürlich nur der Form halber, müsste er ihn um Rat fragen.

Aber je mehr er darüber nachdachte, desto weniger gefiel ihm der Gedanke, irgendjemanden zu Rate zu ziehen. Er hatte verzweifelte Angst davor, dass ihm sein Plan, seine Liga, genommen werden würde, wenn er einmal anfing, Leute hineinzulassen; und dass das Richtige, das Anmutige, das, wozu ihn all seine Instinkte und Traditionen drängen würden, darin bestehen würde, bescheiden zurückzutreten und zuzusehen, wie es vor sich geht. Wahrscheinlich in die Hände von Sir John Corbett. Und er konnte es nicht. Er konnte es nicht. Dennoch war klar, dass die Liga, nur weil sie eine Liga war, Mitglieder haben musste; Selbst wenn er bereit gewesen wäre, alle Mittel selbst beizusteuern und das gesamte Geschäft im Alleingang weiterzuführen, könnte es nicht nur aus Mr. Waddington of Wyck bestehen. Sein Problem war subtil und schwierig: Wie konnte er sich auf einzigartige und unauflösliche Weise mit der Liga identifizieren und gleichzeitig die notwendigen Unterstützer für sich gewinnen? Wie kann man jedes Detail seiner komplizierten Funktionsweise kontrollieren (es gäbe endlose Räder innerhalb der Räder) und gleichzeitig dem unvermeidlichen Ausschuss die entsprechenden Befugnisse verleihen? Wenn er es nicht ganz so grob formulierte wie Fanny in ihrer unangenehmen Ironie, löste sich sein Problem wie folgt auf: Wie kann man die Arbeit aufteilen und trotzdem den ganzen Kredit einheimsen?

Der Anblick des Umschlags, der in vertrauter Handschrift adressiert auf dem Frühstückstisch auf ihn wartete, bewahrte ihn vor dem unmittelbaren Druck.

„Mrs. Levitt –" Seine Gefühle verrieten Barbara in einem seltsamen, verstohlenen, aber dennoch triumphierenden Lächeln.

"Wieder?" sagte Fanny. (Die Frau und ihre Briefe hatten kein Ende.)

Frau Levitt bat Herrn Waddington, sie an diesem Morgen um elf Uhr zu besuchen. Es gab eine Angelegenheit, zu der sie ihn um Rat fragen wollte. Die Kürze der Notiz verriet ihr Vertrauen in seine Nachgiebigkeit, ein Vertrauen, das wiederum eine gewisse Intimität implizierte. Herr Waddington las es laut vor, um zu zeigen, wie harmlos und offen sein Umgang mit Frau Levitt war.

„Gibt es eine Angelegenheit, zu der sie Sie nicht konsultiert hat?"

„Es scheint einen gegeben zu haben. Und wie Sie sehen, repariert sie das Versäumnis."

Eine leichte Miene, eine leichte Miene, um Mrs. Levitt zu entführen. Die leichte Luft, die Barbara mitgerissen hatte, die Barbara in der Nacht zuvor dazu gebracht hatte, sich davonzutragen. (Es hatte gut getan. Heute Morgen war das junge Mädchen wieder völlig entspannt und unschuldig bewusstlos.)

„Und ich nehme an, du gehst?" Sagte Fanny.

„Ich schätze, ich muss gehen."

„Dann werde ich Barbara den ganzen Morgen für mich allein haben?"

„Du wirst Barbara den ganzen Tag für dich haben."

Auf diese Weise versuchte er zum Wohle Barbaras scherzhaft zum Ausdruck zu bringen, wie gleichgültig es ihr gegenüber war, sie zu haben. Dennoch machte es ihm Freude, ihren Namen so auszusprechen: „Barbara."

Er war sich nicht sicher, ob er Mrs. Levitt besuchen wollte, da all diese Angelegenheiten der Liga an ihm vorüber waren. Es bedeutete, Sir John abzuschrecken. Man könnte Sir John *und Mrs. Levitt* nicht an einem Morgen erledigen. Außerdem glaubte er zu wissen, was Mrs. Levitt wollte, und sagte sich, dass er dieses Mal gezwungen sein würde, sie ausnahmsweise abzulehnen.

Aber es lag nicht an ihm, sich zu weigern, sie zu besuchen. Also ging er.

Als er die Parkauffahrt in die Stadt hinaufging, erinnerte er sich mit ausgesprochen angenehmen Gefühlen an die erste Begegnung mit Mrs.

Levitt, an die Vision der klugen kleinen Dame, die dort am inneren Tor gestanden hatte, dem Tor, das vom Park hineinführte das Gelände und wartete mit freudiger Zuversicht auf seine Annäherung. Er erinnerte sich an ihr Lächeln, die milchweißen Zähne in einem elfenbeinweißen Gesicht und an ihren offenen Angriff: „Verzeihen Sie, wenn ich Hausfriedensbruch begehe. Sie sagten mir, es gäbe Vorfahrt." Er erinnerte sich an ihre charmante Zurückhaltung, die naive Ehrfurcht vor seinem „Gelände", die ihn gezwungen hatte, sie persönlich durch dieses Gelände zu begleiten; ihre bewundernde Haltung, als das Herrenhaus aus seiner Bucht zwischen den Buchen auf sie zustürmte; das Interesse, das sie an seinem Datum und seiner Architektur gezeigt hatte; und wie er, nachdem er das angenehme Interview geführt hatte, mit ihr den ganzen Weg bis zum entfernteren Tor gegangen war, das in das Dorf Lower Wyck führte; und wie sie ihn dort mit ihrem „Sie müssen Mr. Waddington of Wyck sein" herausgefordert und sein Eingeständnis mit „Ich bin Mrs. Levitt" gekrönt hatte. Darauf hatte er geantwortet, dass er erfreut sei.

Und das Mal danach – Partridge hatte sie diskret in die Bibliothek geführt –, als sie angerufen hatte, um ihn zu bitten, die Freistellung für ihren Sohn Toby zu erwirken; ihre schwarzen Augen, hell und groß hinter Tränen; und ihr Schrei: „Ich bin eine Kriegswitwe, Mr. Waddington, und er ist mein einziges Kind." die Schmeichelei ihres Glaubens, dass er, Mr. Waddington of Wyck, die Hauptmacht auf dem Tribunal hatte (und es wäre in der Tat töricht gewesen, so zu tun, als hätte er keine Macht, als könnte er es nicht „durchführen", wenn er wollte). Und das dritte Mal, nachdem er „es geschafft" hatte und sie gekommen war, um ihm zu danken. Wieder Tränen; der Druck einer dicken, elfenbeinweißen Hand; eine prickelnde, köstliche Erinnerung.

Danach seine unermüdlichen Bemühungen, einen Kriegsjob für Toby zu bekommen. Es hatte Schwierigkeiten gegeben, die viele Besuche bei Mrs. Levitt in dem kleinen Haus am Marktplatz von Wyck-on-the-Hill zur Folge hatten; aber am Ende hatte er die gleiche berauschende Erfahrung seiner Macht gemacht, als Mr. Waddington von Wyck alle Hindernisse niederschlug.

Und als Toby dieses Jahr endgültig demobilisiert wurde, war es nur natürlich, dass sie erneut auf Mr. Waddingtons Einfluss zurückgriff, um ihm einen dauerhaften Friedensjob zu verschaffen. Er hatte es verstanden; und das bedeutete mehr Besuche und mehr Dankbarkeit; Bis hierher war er durch das unzerbrechliche Band seiner Wohltätigkeit mit Mrs. Levitt verbunden. Er hing sogar an ihrem Sohn Toby, dessen Fortbestehen, ganz zu schweigen von seiner Tätigkeit in Mr. Bostocks Bank in Wyck, eine ständige Hommage an seine Macht war. Mr. Waddington empfand keineswegs die gleiche Selbstgefälligkeit, als er an seinen eigenen Sohn Horace dachte; Aber dann waren Horaces Existenz und sein Wirken keine Hommage, sondern eine Bedrohung, eine ständige Gefahr, nicht nur für seine Macht, sondern auch für seine Faszination, sein Selbstbewusstsein als noch junge, immer noch brillante und wirkungsvolle Persönlichkeit. (Horace hat den beklagenswerten Mangel an Ernsthaftigkeit von seiner Mutter geerbt.) Und in der Gesellschaft von Mrs. Levitt war sich Mr. Waddington seiner Jugend, seiner Brillanz und Wirkung am meisten bewusst. Mit einem angenehmen Gefühl der Vorfreude kletterte er die Hänge der Sheep Street und Park Street hinauf und so auf den Platz.

Das von Efeu umhüllte Haus versteckte sich diskret in der hinteren Ecke hinter den beiden hohen Ulmen im Grünen. Mrs. Trinder, die Wirtin, neigte den Kopf zur Seite und lächelte, was ihn als Mr. Waddington of Wyck und Mrs. Levitts Wohltäter erkannte.

Und während er in dem niedrigen, durch Pfosten verdunkelten Raum wartete, erinnerte er sich daran, dass er gekommen war, um ihre Bitte abzulehnen. Wenn sie, wie er vermutete, das Cottage der Ballingers wollte. Natürlich mussten die Ballingers im Juni kündigen, aber er konnte die Ballingers nicht einfach rausschmeißen, wenn sie bleiben wollten, da es an dem Ort kein anständiges Haus gab, in das er sie hätte abgeben können. Er musste dies Frau Levitt sehr deutlich machen.

Nicht, dass er Ballinger gebilligt hätte. Der Kerl, einer seiner besten Landarbeiter, hatte sich schändlich verhalten, zunächst einen absurden Lohn gefordert und dann, nur weil Mr. Waddington sich geweigert hatte, sich einschüchtern zu lassen, seinen Dienst für Colonel Grainger aufgegeben. Colonel Grainger hatte sich berüchtigt verhalten, indem er die Foss Bank mit dem Geld kaufte, das er mit Sprengstoff verdient hatte, und dann seinen verdammten Sozialismus im ganzen Land verbreiten ließ. Wohlgemerkt nichts von den örtlichen Verhältnissen wissend, tatsächlich die Löhne erhöhend, ohne irgendjemanden zu konsultieren, und die Landarbeiter weit und breit verärgert. Zu einer Zeit, als der Wohlstand des gesamten Landes von den Bauern abhing. Dennoch war Mr. Waddington nicht der Mann, der sich kleinlich an seinen Untergebenen rächt. Er machte Ballinger keine Vorwürfe; er gab Colonel Grainger die Schuld. Er möchte, dass Grainger vom ganzen Landkreis boykottiert wird.

Die Tür öffnete sich. Er schritt vorwärts und streckte plötzlich eine leidenschaftliche Hand einer Dame entgegen, die nicht Mrs. Levitt war. Er näherte sich und verwandelte seine Geste in eine Verbeugung, die eher unnötig feierlich war; aber er konnte diesen ganzen Eifer nicht sofort vernichten.

„Ich bin Mrs. Levitts Schwester, Mrs. Rickards. Mr. Waddington, nicht wahr?
Ich werde Elise sagen, dass Sie hier sind. Ich weiß, dass sie sich freuen wird,
Sie zu sehen. Sie war sehr verärgert.“

Sie blieb lange genug vor ihm stehen, um ihm eine vorspringende Büste,
weißes Serge, Eleganz, purpurfarbenes Kupferhaar, die weiße Krempe eines
gekämmten Panamas, Augenbrauen, ein geschminktes Lächeln und den
Geruch von Iriswurzel bewusst zu werden. Bevor er den Zusammenhang mit
Mrs. Levitt begreifen konnte, war diese erstaunliche Gestalt verschwunden
und machte auf der Treppe draußen einem Klatschen der Absätze und einem
verstohlenen, schlurfenden Lachen Platz. Ein schrilleres Lachen – das muss
Mrs. Rickards sein – ein langes Sh-sh-sh! Dann ertönte das Knallen der
Haustür, die den Rückzugsort der Dame verdeckte, und Mrs. Levitt kam
herein, ihre Fröhlichkeit unter einem winzigen Taschentuch erstickend.

Er hat es dann aufgenommen. Sie waren Schwestern, Mrs. Rickards und Elise
Levitt. Elise hatte, wenn man kritisch sein wollte, die gleichen Mängel: kurze
Beine, lockere Hüften; die gleichen Übertreibungen: die herabfallenden
Brüste, die von den Schäften ihrer Korsetts gestützt werden. Nicht Mr.
Waddingtons Geschmack. Und doch – und doch hatte Elise aus den
schwarzen Augen und den milchweißen Zähnen im elfenbeinweißen Gesicht
eine bezaubernde und schöne Wirkung erzielt. Das Spiel der schwarzen
Augenbrauen lenkte Sie von der pferdeartigen Biegung der Nase ab, die
zwischen ihnen hervorsprang; Die Bewegungen ihres Mundes, das weiße
Aufblitzen ihres Lächelns ließen die Dünnheit und Härte und die leichte
Schwere ihres Kiefers vergessen. Etwas Fremdes an ihr. Etwas
Französisches. Pikant. Und dann ihre Kleidung. Mrs. Levitt trug einen
Mantel und einen Rock, den weißen Serge ihrer Schwester mit einem
Kontrast, einem grauen Streifen oder so etwas; klare Geradlinigkeit, die ihren
Überschwang versteifte und abmilderte. Ein Juwel, ein Stück Gold, und sie
hätte vulgär sein können. Aber nein. Er dachte: Sie weiß, was zu ihr wird.
Makellose Reinheit weißer Handschuhe, weißer Schuhe, weißer Panama; und
die schwarzen Spitzen des Bandes, ihrer Augenbrauen, ihrer Augen und
Haare. Schließlich war es die Art von Frau, mit der Mr. Waddington gern
spazieren ging. Sie gab ihm das Gefühl, schlank zu sein.

„Mein *lieber* Mr. Waddington, wie gut von Ihnen!“

„Meine liebe Frau Levitt – ich freue mich immer, wenn es möglich ist, etwas
zu tun.“

Als sie ihn mit ihren strahlenden Augen bedeckte, spannte er seine Schultern
und blieb standhaft, während sein Geist sich gegen Überredung wehrte.
Wenn es das Cottage der Ballingers wäre –

„Ich schäme mich wirklich. Ich scheine nie nach dir zu schicken, es sei denn, ich stecke in Schwierigkeiten."

„Ist das nicht die richtige Zeit?" Seine Stimme wurde dicker. „Solange du uns schickst
_"

Er dachte: Dann ist es nicht das Cottage der Ballingers.

„Es ist deine eigene Schuld. Du warst immer so gut, so nett. Zu meinem armen
Toby."

„Hat das hoffentlich nichts mit Toby zu tun?"

„Oh nein. Nein. Und doch ist es in gewisser Weise so. Ich fürchte, Mr. Waddington, dass ich vielleicht gehen muss."

„Um zu gehen? Wyck verlassen?"

„Geh weg, lieber Wyck."

"Nicht ernsthaft?"

Darauf war er nicht vorbereitet. Die Idee traf ihn an einer Stelle, die er nicht für zart gehalten hatte.

„Ganz im Ernst."

„Meine Güte. Das ist sehr beunruhigend. Wirklich sehr beunruhigend. Aber Sie würden einen solchen Schritt nicht tun, ohne Ihre Freunde zu konsultieren?"

„Ich *berate* Sie."

„Ja, ja. Aber hast du es dir gut überlegt?"

„Denken nützt nichts. Ich werde es tun müssen, es sei denn, es lässt sich etwas tun."

Er dachte: „Finanzielle Schwierigkeiten. Schulden. Eine teure Dame. Es sei denn, dass etwas getan werden könnte?" Er wusste nicht, dass er genau dazu bereit war. Aber seine Zunge antwortete ihm zum Trotz.

„Es muss etwas getan werden. Wir können Sie nicht so gehen lassen, meine liebe Dame."

„Das ist es. Ich weiß nicht, wie ich gehen *kann* , solange der liebe Toby hier ist.   Noch   nicht,   wie
ich bleiben soll."

„Willst du mir nicht sagen, was das Problem ist?"

„Das Problem ist, dass Mrs. Trinders Sohn gerade demobilisiert wurde und sie unsere Zimmer für seine Frau und seine Familie haben möchte."

„Kommen Sie – wir finden sicher noch andere Zimmer."

„Alle besten sind vergeben. Es gibt nichts mehr, in dem ich leben möchte … Außerdem möchte ich keine Zimmer, Mr. Waddington, sondern ein Haus."

Es war natürlich das Cottage der Ballingers. Aber sie konnte es nicht haben. Sie konnte es nicht haben.

„Es würde mir nichts ausmachen, wie klein es wäre. Wenn ich nur ein kleines eigenes Zuhause hätte. Sie wissen nicht, Herr Waddington, was es heißt, ohne ein eigenes Zuhause zu sein. Ich hatte keins." Seit Jahren zu Hause. Fünf Jahre nicht.

„Ich fürchte", sagte Mr. Waddington, „derzeit gibt es in Wyck kein Haus für Sie."

Er grübelte ernsthaft, als ob er versuchte, aus dem Nichts ein Haus und ein Zuhause für sie zu erschaffen.

„Nein. Aber ich verstehe, dass die Ballingers im Juni abreisen werden. Sie sagten, wenn Sie ein Haus hätten, sollte ich es jederzeit haben."

„Ich sagte ein Haus, Frau Levitt, kein Häuschen."

„Mir ist das egal. Das Cottage der Ballingers könnte in ein entzückendes kleines Haus verwandelt werden."

„Das könnte es. Wenn man ein paar hundert Pfund dafür ausgibt."

„Nun, Sie würden Ihre Immobilie verbessern, nicht wahr? Und Sie würden sie durch die höhere Miete zurückbekommen."

„Ich denke nicht daran, etwas zurückzubekommen. Und nichts würde mir besser gefallen. Nur, wissen Sie, ich kann Ballinger nicht gut rausschmeißen, solange er sich benimmt."

„Ich würde nicht zulassen, dass er um alles in der Welt rausgeschmissen wird … Aber glauben Sie, dass Ballinger sich benommen *hat*?"

„Nun, er hat mir vielleicht einen bösen Streich gespielt, als er zu Grainger ging; aber wenn Grainger es sich leisten kann, für ihn zu bezahlen, habe ich kein Recht, Einwände dagegen zu erheben, dass er gekauft wird. Das ist kein Grund, den Mann rauszuwerfen." ."

„Ich verstehe nicht, wie er von Ihnen erwarten kann, dass Sie ihm einen guten Mieter verweigern."

„Das muss ich, wenn ich kein gutes Haus habe, in dem ich ihn unterbringen kann.“

„Er erwartet es nicht, Mr. Waddington. Haben Sie ihm nicht im Dezember Bescheid gegeben?“

„Eine reine Formsache. Er weiß, dass er bleiben kann, wenn es keinen anderen Ort gibt, an den er gehen kann.“

„Warum“, sagte Mrs. Levitt, „behauptet er dann, dass er Sie herausfordert, die Hütte über seinem Kopf zu lassen?“

„Tut er das? Sagt er das?“

„Er sagt, er wird dich auszahlen. Er wird dich vorladen. Er war äußerst beleidigend.“

Mr. Waddingtons Gesicht schwoll förmlich an von der cholerischen Röte, die seine geniale Einfältigkeit übertönte.

„Anscheinend hat ihm jemand gesagt, dass Sie das Cottage renovieren und für mehr Miete vermieten würden.“

„Ich weiß nicht, wer diese Geschichte hätte verbreiten können.“

„Ich versichere Ihnen, Mr. Waddington, ich war es nicht!“

„Meine liebe Mrs. Levitt, natürlich … Ich werde nicht sagen, dass ich nicht daran gedacht habe und dass ich es nicht getan hätte, wenn ich Ballinger hätte loswerden können …“ Er meditierte.

„Ich verstehe nicht, warum ich ihn nicht loswerden sollte. Wenn er mich herausfordert, der Schurke, verlangt er einfach danach. Und er soll es haben.“

„Oh, aber um Himmels willen würde ich ihn nicht auf die Straße bringen lassen. Mit seiner Frau und seinen Babys.“

„Meine liebe Dame, ich werde sie nicht auf die Straße bringen. Das sollte mir nicht erlaubt sein. In Lower Wyck gibt es ein Cottage, in das sie gehen können. Das, das er hatte, als er zum ersten Mal zu mir kam.“

Er fragte sich, warum er nicht schon früher daran gedacht hatte. So wie es aussah, war es kein anständiges Häuschen; aber wenn er bereit wäre, etwa fünfzig Pfund dafür auszugeben, könnte es bewohnbar gemacht werden; und laut George *war er* darauf vorbereitet, Ballinger eine Lektion zu erteilen. Denn das bedeutete, dass Ballinger jeden Tag eine zusätzliche Meile bergauf zu seiner Arbeit laufen musste. Geben Sie ihm recht, dem frechen Schlingel.

„Armes Ding, er wird seinen schönen Garten nicht haben“, sagte Frau Levitt.

„Das wird er nicht. Ballinger muss lernen“, sagte Mr. Waddington mit richterlicher Strenge, „dass er nicht alles haben kann. Er kann auf keinen Fall beides haben. Mich beschimpfen und bedrohen und Gefälligkeiten erwarten. Er könnte gehen … an Colonel Grainger.

„Wenn es wirklich passieren *muss* “, sagte Frau Levitt, „meinen Sie damit, dass ich das Haus haben darf?“

„Ich werde mich sehr freuen, einen so charmanten Mieter zu haben.“

„Nun, ich werde dich nicht bedrohen und beschimpfen und dich nicht mit jedem bösen Schimpf beschimpfen, den es nur gibt. Und das wirst du auch nicht, du wirst mich *nicht* hinauswerfen, wenn mein Mietvertrag abgelaufen ist?“

Er verneigte sich über die Hand, die sie ihm reichte.

„Du sollst niemals rausgeworfen werden, solange du bleiben willst.“

Um zwölf Uhr hatten sie die Einzelheiten geklärt; Herr Waddington sollte ein Badezimmer einbauen; die beiden Räume im Erdgeschoss zu einem zusammenzufassen; ein neues Wohnzimmer mit einem Schlafzimmer darüber zu bauen; und den gesamten Bereich in Cremeweiß zu streichen und zu temperieren. Und es sollte das Weiße Haus heißen. Als sie damit fertig waren, war Ballingers Cottage das Haus geworden, von dem Mrs. Levitt ihr ganzes Leben lang geträumt hatte, und nicht unähnlich dem Haus, von dem Mr. Waddington in diesem Moment geträumt hatte (während er das Badezimmer plante); das kleine Bijou-Haus, in dem eine entzückende, aber nicht allzu streng moralische Dame … Er hielt mit einem geistigen Ruck inne, beschämt. Er hatte keinen Grund anzunehmen, dass Elise eine solche Dame war oder werden würde.

Und die arme, unschuldige Frau sagte: „Nur eines, Mr. Waddington, die Miete?“

(Kein irdischer Grund.) „Darüber können wir ein anderes Mal reden. Ich werde nicht hart zu dir sein.“

Nein. Er würde nicht hart zu ihr sein. Aber in diesem anderen Fall hätte es überhaupt keine Miete gegeben.

Als er das Haus verließ, konnte er sehen, wie Mrs. Rickards über den Platz darauf zueilte.

„Sie watschelt wie eine Ente“, dachte er. Die Bewegung deutete auf eine plebejische Aufregung und Neugier hin, die ihm missfiel. Er erinnerte sich an ihr Gesicht. Ihr außergewöhnliches Gesicht. „Genug“, dachte er, „um mir das alles in den Kopf zu setzen. Arme Elise.“

Er dachte gern an sie. Es ließ ihn das empfinden, was er letzte Nacht wegen Barbara Madden empfunden hatte – tugendhaft –, als hätte er gekämpft und eine ungestüme Leidenschaft besiegt. Er war so berührt von seiner eigenen schönen Entsagung, dass er, als er Fanny im Garten arbeiten sah, eine plötzliche Zärtlichkeit für sie als Ursache dafür verspürte. Sie blickte von ihrem Stiefmütterchenbett zu ihm auf und lachte. „Warum suchst du so sentimental, altes Ding?"

3

Nachdem Mrs. Levitts Angelegenheit geklärt war, konnte er nun seine ganze Zeit den ernsten Angelegenheiten des Tages widmen.

Er war außerordentlich darauf bedacht, es hinter sich zu bringen. Nichts könnte beunruhigender sein als Fannys Andeutung, dass der Name von Sir John Corbett in seinem Ausschuss möglicherweise mehr Gewicht hätte als sein eigener. Die Waddingtons of Wyck hatten Vorfahren. Waddingtons besaß Lower Wyck Manor zehn Generationen lang, während Sir John Corbetts Vater Underwoods gekauft und es irgendwann in den siebziger Jahren wieder aufgebaut hatte. Andererseits war Sir John der größte und reichste Grundbesitzer des Ortes. Er könnte Wyck-on-the-Hill morgen aufkaufen und von der Transaktion profitieren. Er vertrat daher das größere Eigeninteresse. Und da das gesamte Ziel der Liga die Wahrung der Eigeninteressen war, mit anderen Worten, der Freiheit, jener britischen Freiheit, die mit Recht und Ordnung, mit Privateigentum im Allgemeinen und Landbesitz im Besonderen verbunden ist ; Da das Prinzip seines Wesens darin bestand, genau eine Institution wie Sir John selbst zu erhalten, konnte das Komitee des Wyck-Zweigs der Liga kaum umhin, ihn als seinen Präsidenten einzuladen. Es war nicht mit der Wimper zu zucken, dass Sir John die richtige Person war, und Fanny hatte auch nicht mit der Wimper gezuckt. Die meisten von Fannys Vorschlägen enthielten einen starken, aber unangenehmen Anteil an gesundem Menschenverstand.

Doch je mehr er sich für die Liga interessierte, je leidenschaftlicher er sich in die Gründungsgründung stürzte, desto abscheulicher wurde für Mr. Waddington der Gedanke, dass der Hauptposten darin, die Präsidentschaft, über ihn hinweg an Sir übergehen würde John.

Seine einzige Hoffnung bestand in Sir Johns bekannter Trägheit und Verantwortungslosigkeit. Sir John war die erschöpfte Reaktion der Bemühungen eines Selfmade-Großvaters und eines energieverschwenderischen Vaters; Er hatte seit seiner Kindheit alles für sich tun lassen und konnte oder wollte nun nichts mehr für sich oder andere Menschen tun. Man konnte sich nicht vorstellen, dass er sich aktiv an der Leitung der Liga beteiligte, und Mr. Waddington konnte sich nicht vorstellen, die ganze Arbeit zu erledigen und den ganzen Ruhm an Sir John zu übergeben. Dennoch stand zwischen Mr. Waddington und dem Ruhm nur diese träge Figur von Sir John, und sobald Sir John aus dem Rennen war, konnte er ohne Unbescheidenheit auf das einstimmige Votum jedes Ausschusses zählen, den er in Wyck gebildet hatte.

Es war möglich, dass selbst ein Sir John Corbett einem Waddington of Wyck nicht wirklich überlegen wäre, aber Mr. Waddington ging kein Risiko ein. Was er tun musste, war, Sir John die Präsidentschaft so vorzuschlagen, dass er sie mit Sicherheit ablehnen würde.

Er hatte das Glück, Sir John zur Teezeit allein in seiner Bibliothek anzutreffen, wo er heißen Buttertoast aß.

Für Mr. Waddington lag Hoffnung in Sir Johns Haltung, wie er sich zurücklehnte und seinen kleinen runden Bauch pflegte, Hoffnung im heißen, butterigen Glanz seiner Wangen, in seinem breiten Mund, der träge unter dem hervorstehenden grauen Schnurrbart lag, und in seinem Kratzen kleine Beine, als er sich anstrengte, aufrecht zu stehen.

„Nun, Waddington, ich freue mich, Sie zu sehen."

Er saß wieder auf seinem Stuhl. Mit einer weiteren gewaltigen Anstrengung beugte er sich vor und klingelte nach mehr Tee und noch mehr Toast.

"Bist du gelaufen?" sagte Sir John. Seine kleinen runden Augen drückten Entsetzen über diese Möglichkeit aus.

„Nein, ich bin gerade mit meinem Auto überfahren."

„Selbst gefahren?"

„Nein. Zu viel Aufmerksamkeit. Ich finde, es stört mein Denken."

„Stört alles", sagte Sir John. „Ich schätze, du bist während des Krieges genug gefahren, um für den Rest deines Lebens zu überleben."

„Ah, Regierungsdienst. Eine ganz andere Sache. Das erinnert mich daran; ich bin heute gekommen, um Sie in einer Angelegenheit öffentlicher Angelegenheiten zu konsultieren."

"Geschäft?" (Er bemerkte Sir Johns unruhigen Schmollmund.) „Trinken Sie lieber zuerst etwas Tee." Sir John nahm ein weiteres Stück Buttertoast.

Wenn Sir John nur weiter essen würde. Es gibt nichts Besseres als Buttertoast, um die Stimmung üppiger Trägheit aufrechtzuerhalten.

Als Mr. Waddington den Augenblick als günstig erachtete, begann er. „Während ich in London war, hatte ich das Vergnügen, mit Sir Maurice Gedge zu Mittag zu essen. Er möchte, dass ich hier eine Zweigstelle der National League of Liberty gründe."

„Liberty? Ich hätte nicht denken sollen, dass das viel in deinem Sinne ist. Ich habe nicht erwartet, dass du die rote Fahne schwenkst, was? Warum hast du ihn nicht unserem Freund Grainger vorgestellt?"

„Mein lieber Corbett, woran denken Sie? Das Ziel der Liga ist es, all diese Dinge – den Sozialismus – den Bolschewismus – niederzuschlagen, um das ganze Land aufzurütteln und es dazu zu bringen, solide für Ordnung und eine gute Regierung einzutreten."

„Hm. Ist das so? Seltsamer Titel für so etwas – League of Liberty, was?"

Mr. Waddington hob eine geballte Faust. Im Geiste befand er sich bereits auf seinem Podium. „Genau der Titel, den es braucht. Die Menschen wollen Freiheit, haben sie schon immer gewollt. Wir lassen sie sie haben. Wahre Freiheit. Britische Freiheit. Ich sage Ihnen, Corbett, wir sind gegen die Tyrannei der Labour-Minderheiten. Sie und ich und jeder Mann, der irgendeinen Ansehen und Einfluss hat, wir müssen dafür sorgen, dass wir hier keine Revolution und keinen Kommunismus und keine Sowjetregierung haben."

„Komm, du glaubst doch nicht, dass die Bolschien so stark sind, oder?"

Mr. Waddington schlug mit der Faust auf die Armlehne seines Stuhls. „Ich *weiß* , dass sie es sind", sagte er. „Und schauen Sie mal – wenn sie die Oberhand gewinnen, sind es die großen Kapitalisten, die großen Grundbesitzer, die großen Landbesitzer wie Sie und ich, Corbett, die als Erste leiden werden … Nun, wir leiden so Hier in Wyck wird die Zeit kommen, merken Sie sich meine Worte, in der wir keinen einzigen Arbeiter für einen gerechten Lohn finden werden Lass uns ausbluten, Corbett, bevor sie mit uns fertig sind, wenn wir nicht Stellung beziehen, und zwar jetzt.

„Dafür ist die Liga da, um einen Standard aufzustellen, auf den wir hinweisen und sagen können: Das sind die Prinzipien, für die wir stehen. Etwas, für das Sie das ganze Land gewinnen können. Wir werden Ihre Unterstützung brauchen –"

„Ich werde sehr froh sein – alles, was ich tun kann –"

Mr. Waddington war ein wenig beunruhigt über diese bereitwillige Einwilligung.

„Wohlgemerkt, es wird nicht hier in Wyck enden. Ich werde es zuerst in Wyck beginnen; dann werde ich es direkt in die großen Städte bringen, Gloucester, Cheltenham, Cirencester, Nailsworth, Stroud. Sie gehen weiter, bis wir in jeder Stadt und jedem Dorf im Kreis eine Filiale haben.

Er dachte: „Das sollte ihn beruhigen." Er hatte eine Vision unerträglicher Aktivität geschaffen.

„Gott sei Dank", sagte Sir John, „Sie haben viel Arbeit vor sich."

„Natürlich muss ich zuerst ein lokales Komitee gründen. Ich kann einen solchen Schritt nicht tun, ohne Sie zu konsultieren."

Sir John murmelte etwas, das wie „Sehr nett von Ihnen, da bin ich mir sicher" klang.

„Nicht mehr als meine Pflicht gegenüber der Liga. Der Punkt ist, dass Sir Maurice darauf bedacht war, dass *ich* Präsident dieses örtlichen Zweigs werde. Es braucht jemanden mit Energie und Entschlossenheit – die Arbeit des Präsidenten wird sicherlich für ihn wie geschaffen sein." – und ich bin fest davon überzeugt, und ich denke, dass mein Ausschuss der Meinung sein wird, dass *Sie* , Corbett, die richtige Person sind."

"Hmm."

„Ich dachte nicht, dass ich berechtigt sein sollte, weiterzugehen, ohne vorher Ihre Zustimmung einzuholen."

„Wir-naja-"

Mr. Waddingtons Angst war fast unerträglich. Das Programm hatte offensichtlich Sir John gefallen. Angenommen, er hätte doch angenommen?

„Ich würde Sie nicht bitten, etwas so – so Mühsames zu unternehmen, aber es würde meine Position bei meinem Komitee stärken; tatsächlich könnte ich ein viel stärkeres und einflussreicheres Komitee bekommen, wenn ich zu ihnen kommen und es ihnen sagen könnte dass Sie zugestimmt haben, Präsident zu werden."

„Es macht mir nichts aus, Präsident zu sein", sagte Sir John, „wenn ich nichts tun muss."

„Ich fürchte – ich *fürchte,* wir konnten nicht zulassen, dass du nur ein Aushängeschild bist."

„Aber Präsidenten sind immer Aushängeschilder, nicht wahr?"

In Sir Johns Augen lag ein scherzhafter Glanz, der Mr. Waddington verärgerte. Das war das Schlimmste an Corbett; Man konnte ihn nicht dazu bringen, eine ernste Sache ernst zu nehmen.

„Jedenfalls", fuhr Sir John fort, „gibt es immer irgendeinen Sekretär Johnnie, der herumläuft und die Arbeit erledigt."

Das war also Corbetts Idee: in seinem Sessel zu sitzen und das ganze Prestige einzuheimsen, während er, Waddington of Wyck, herumlief und die Arbeit erledigte.

„In diesem Fall nicht. Bei diesen kleinen lokalen Angelegenheiten kann man Geschäfte nicht delegieren. Alles hängt von der persönlichen Aktivität des Präsidenten ab."

„Zum Teufel. Wie meinst du das?"

„Ich meine das so. Wenn Sir John Corbett um ein Abonnement bittet, bekommt er es. Wir müssen den ganzen Landkreis und alle Städter und Dorfbewohner zusammentreiben. Es hat keinen Sinn, sie aus einem Auto heraus mit Broschüren zu beschießen. Sie mögen es." Wenn Sir John Corbett zu ihnen kommt und ihnen sagt, dass sie beitreten müssen, werden sie zehn zu eins beitreten.

„Und wir dürfen keine Zeit verlieren, wenn wir als Erster einsteigen wollen, bevor andere Orte nachziehen. Es erfordert ziemlich harte Arbeit, Tag für Tag, sie alle zusammenzufassen."

„Oh Herr, Waddington, *tun Sie das nicht* . Ich bin schon bei der bloßen Vorstellung davon müde."

„Komm, wir können dich nicht müde machen, Corbett. Es wird nicht schlimmer sein, es wird nicht halb so schlimm sein wie eine Jagdsaison. Du bist genau der richtige Mann dafür. Fit wie fit."

„Nicht halb so fit, wie ich aussehe, Waddington."

„Es gibt noch etwas anderes – die Versammlungen. Wenn auf den Plakaten steht, dass Sir John Corbett bei der Versammlung eine Rede halten wird, werden die Leute kommen. Wenn Sir John Corbett spricht, werden sie zuhören."

„Mein lieber Freund, damit ist die Sache erledigt. Ich kann nicht für Verrückte sprechen. Du *weißt*, dass ich das nicht kann. Ich kann einen Redner vorstellen und eine Dankesabstimmung beantragen, und das ist ungefähr alles, was ich tun *kann* . Es ist deine Show, nicht meine." . *Du* solltest Präsident sein, Waddington. Du wirst es genießen und ich nicht.

„Ich weiß überhaupt nicht, ob ich es genießen soll. Es wird höllisch harte Arbeit sein."

"Genau."

„Sie meinen nicht, Corbett, dass Sie nicht bei uns mitkommen? Dass Sie nicht in den Ausschuss kommen werden?"

„Ich werde schon kommen, wenn ich nichts zu sagen habe und wenn ich nichts tun muss. Ich werde nicht viel Gutes tun, aber ich könnte Sie zumindest als Präsidenten vorschlagen. Das konnten Sie nicht." Schlagen Sie sich sehr gut vor.

„Das ist sehr nett von dir."

Mr. Waddington ließ seine Stimme beiläufig und gleichgültig klingen, so dass es schien, als würde er den Vorschlag vorläufig und unter Protest in Betracht ziehen. „Es muss eine große Sitzung geben, bevor der Ausschuss gebildet wird oder so. Wenn ich Sie von der Präsidentschaft entlasse", sagte er scherzhaft, „werden Sie dann den Vorsitz übernehmen?"

„Für diesen einen Abend?"

„Nur an diesem einen Abend."

„Du übernimmst das ganze Reden?"

„Das werde ich tun müssen."

„In Ordnung, mein Lieber. Ich schätze, ich kann auch meine Frau dazu bringen, in Ihrem Ausschuss mitzumachen.

Er raffte sich zu einer weiteren Anstrengung auf. „Selbstverständlich schicken wir euch beiden ein Abo."

Mr. Waddington verließ Underwoods in einem Zustand angenehmer Hochstimmung. Er hatte bekommen, was er wollte, ohne zu erscheinen – ohne auch nur den Anschein zu erwecken, als würde er darauf spielen. Corbett hatte ihn nie gesehen.

Da hat er sich geirrt. In diesem Moment berichtete Sir John Lady Corbett von dem Vorfall.

„Und man konnte die ganze Zeit sehen, dass der Kerl es selbst haben wollte. Ich habe ihn in einen schrecklichen Zustand versetzt, indem ich so getan habe, als würde ich es nehmen."

Dennoch gab er sehr gutmütig zu, dass die Idee der Liga „überragend" sei und dass Waddington der Mann dafür sei. Und auch das Abonnement, das er und Lady Corbett verschickten, war sehr ansehnlich. Leider musste Herr Waddington eine etwas größere Summe beisteuern, um seine Vormachtstellung aufrechtzuerhalten.

4

Auf dem Heimweg besuchte er das Old Dower House am Square, um seine Mutter zu sehen. Er hatte sich dort mit Fanny und Barbara Madden verabredet und sie nach Hause gefahren.

Die alte Dame saß gutaussehend auf ihrem Stuhl, ihre dunklen Augen leuchteten noch immer in ihrem weißen römischen Gesicht, ein kleines herrisches Gesicht, aber dennoch weich, weich in seinem Netz aus feinen Rillen und Grübchen. Eine exquisite alte Dame in einem schwarzen Satinkleid und einem weiß bestickten Schal, dazu ein weißer Chantilly-Schal, der eine Menge weißes Haar zusammenbindet. Sie war eine Miss Postlethwaite aus Medlicott gewesen.

„Mein lieber Junge – bist du also zurückgekommen?"

Sie drehte sich mit einem leisen Freudenstöhnen zu ihrem Sohn um und hob ihre Hände, um sein Gesicht zu halten, als er sich vorbeugte, um sie zu küssen.

„Wie gut du aussiehst", sagte sie. „Ist das London oder kommt es zurück zu Fanny?"

„Es kommt zu dir zurück."

„Ah, sie hat dich nicht verwöhnt. Du weißt, wie man deiner alten Mutter nette Dinge sagt."

Sie sah zu ihm auf, in sein ernstes Gesicht, das vor aufgeregtem Egoismus brodelte. Barbara konnte sehen, dass er spielte – auf seine schwerfällige, alberne Art, ihr junger, ihr nicht älter als fünfundzwanzig Jahre alter Sohn zu sein. Er drehte sich mit einer plötzlichen, sportlichen, karakolisierenden Bewegung um, um einen Stuhl für sich zu finden. Er saß jetzt darauf, dicht neben seiner Mutter, und sie hielt eine seiner großen, fleischigen Hände in ihren zarten Vogelkrallen und tätschelte sie.

Aus ihrem Studium der Ahnenporträts im Speisesaal des Manor kam Barbara zu dem Schluss, dass er seiner Mutter das hübsche römische Bauwerk verdankte, das schließlich sein Gesicht so stolz durch die Schichten Waddington-Fleisches hervorhob. Er hatte die Postlethwaite-Nase. Die alte Dame sah sie an und war erfreut über die ernste Aufmerksamkeit in ihren Augen.

„Miss Madden kann nicht glauben, dass eine kleine Frau wie ich einen so großen Sohn haben könnte", sagte sie. „Aber sehen Sie, für mich ist er nicht groß. Er wird nie älter als dreizehn sein."

Man konnte es sehen. Wenn er für sie nicht wirklich dreizehn war, war er keinen Tag älter als fünfundzwanzig; er war ihr kleiner erwachsener Sohn, dessen Zärtlichkeiten ihr schmeichelten.

„Sie verwöhnt mich, Miss Madden."

Man konnte sehen, dass es ihm Freude machte, dicht an ihren Knien zu sitzen, seine Hand streicheln zu lassen und sich verwöhnen zu lassen.

„Unsinn. Jetzt erzählen Sie mir, was bei Underwoods passiert ist. Soll es John Corbett sein oder Sie?“

„Corbett sagt, ich soll es sein.“

„Ich bin froh, dass er so viel Verstand hatte. Nun – und jetzt erzähl mir alles über deine Liga.“

Er erzählte ihr alles darüber, und sie saß ganz still da, hörte zu und nickte anerkennend mit ihrem stolzen alten Kopf. Er redete darüber, bis es Zeit war zu gehen. Dann wurde die alte Dame unruhig.

„Mein lieber Junge, du darfst dich nicht zu schnell von Kimber den Hügel hinuntertreiben lassen. Fanny, sagst du Kimber, sie solle vorsichtig sein?“

Ihr Gesicht zitterte vor Angst, als sie es ihm hinhielt, um es zu küssen. In diesem Moment war er ihr Kind, das vor ihr floh und sich überstürzt in die gefährliche Welt begab.

„Ich gehe gerne zu Oma“, sagte Fanny, als Kimber sie zusammen im Auto verstaute. „Sie gibt mir das Gefühl, jung zu sein.“

„Sie können es durchaus spüren“, sagte Herr Waddington. „Es sind nur die weißen Haare meiner Mutter, Miss Madden, die sie alt aussehen lassen.“

„Ich dachte“, sagte Barbara, „sie sah viel jünger aus“ – sie wollte sagen: „als sie ist“ – „als die Mütter der meisten Menschen.“

„Sie werden bemerkt haben“, sagte Fanny, „dass mein Mann jünger ist als die meisten Menschen.“

Barbara bemerkte, dass er sich beleidigt und unnatürlich gerade aufgerichtet hatte. Es gefiel ihm nicht, diese Diskussion über das Alter.

Sie rannten gerade vom Platz, als Fanny sich erinnerte und rief: „Oh, halte ihn auf, Horatio. Wir müssen zurückgehen und sehen, ob Ralph zum Abendessen kommt.“

Aber im White Hart wurde ihnen gesagt, dass Mr. Bevan „mit seinem Motorrad nach Oxford gefahren“ sei und nicht vor zehn Uhr zurückkehren würde.

„Entschuldigung, Barbara.“

„Ich verstehe nicht, warum Sie sich bei Miss Madden entschuldigen sollten, meine Liebe. Ich habe keinen Zweifel, dass sie ohne ihn sehr gut zurechtkommt.“

„Manchmal möchte sie vielleicht etwas Aufregenderes als du und ich.“

„Ich bin ganz zufrieden“, sagte Barbara.

„Natürlich bist du glücklich. Es ist nicht jeder, der die Gesellschaft von Ralph Bevan genießt. Ich vermute, du bist wie ich; du empfindest ihn als großes Hindernis für ernsthafte Gespräche.“

„Deshalb genieße *ich* ihn“, sagte Fanny. „Wir werden ihn für morgen Abend bitten.“

Barbara steckte ihr Kinn in den Kragen ihres Mantels. Das Auto fuhr die Sheep Street entlang nach Lower Wyck. Sie starrte geistesabwesend auf das östliche Tal, die zartgrünen Maisfelder und rosafarbenen Brachflächen, die gedämpften dämmrigen Bäume, alles in das blasse östliche Blau getaucht, die sich bis zum blauen Bergrücken erstreckten.

Es machte sie glücklich, es anzusehen. Es machte sie glücklich, daran zu denken, dass Ralph Bevan morgen kommen würde. Wenn es heute Nacht gewesen wäre, wäre alles in drei Stunden vorbei gewesen. Und irgendetwas – sie war sich nicht sicher, was, hatte aber das Gefühl, dass es Mr. Waddington sein könnte – irgendetwas wäre dazwischengekommen und hätte das Glück daran verdorben. Aber jetzt musste sie darüber nachdenken, und ihre Gedanken waren in Sicherheit. „Woran denkst du, Barbara?“

„Die Aussicht“, sagte Barbara. „Ich möchte es skizzieren.“

V

1

Herr Waddington war in seiner Bibliothek und verfasste seinen Prospekt, während Fanny und Barbara Madden zusahen. Auf Fannys Vorschlag hin (er gab großmütig zu, dass es ein guter Vorschlag war) hatte er beschlossen, mit dem Prospekt zuerst „einzusegeln", wie sie es nannte, und zwar nicht nur, bevor er seinen Ausschuss bildete, sondern auch, bevor er seine große Sitzung abhielt. (Sie hatten das Datum für diesen Tag im Monat festgelegt, nämlich Samstag, den 21. Juni.)

„Du stehst von Anfang an vor ihnen", sagte sie, „mit etwas Festem und Bestimmtem, das sie nicht mehr zurücknehmen können." Und indem er den Prospekt unterzeichnete, Horatio Bysshe Waddington, identifizierte er ihn unbestreitbar mit sich selbst.

An diesem Punkt hatte Barbara einen Fehler gemacht.

„Warum", hatte sie gesagt, „sollten wir uns so viel Mühe und Kosten machen? Warum können wir nicht den Originalprospekt verschicken?"

„Meine liebe Barbara, der Originalprospekt ist nicht gut."

„Warum ist es nicht?"

„Weil es nicht Horatios Prospekt ist."

Barbara schaute nach unten und weg von dem gefährlichen Licht in Fannys Augen.

„Aber es drückt seine Ansichten aus, nicht wahr?"

„Das nützt nichts, wenn er sie selbst zum Ausdruck bringen will."

Und der Originalprospekt war weit davon entfernt, irgendetwas zu nützen, sondern vielmehr ein positives Hindernis für Herrn Waddington. Es nahm ihm den Wind aus den Segeln; es brauchte, wie er zu Recht beklagte, die Worte selbst aus seinem Mund und die Ideen aus seinem Kopf; es kam ihm in die Quere und brachte ihn auf Schritt und Tritt aus der Fassung. Irgendwie hatte er es geschafft, diesem Ding seine Persönlichkeit einzuprägen. „Es ist nicht gut", sagte er; „Wenn sie es nicht als einen persönlichen Appell von MIR erkennen können." Und hier war es, überall und unauslöschlich eingeprägt von den Persönlichkeiten von Sir Maurice Gedge und seinem Londoner Komitee. Und er konnte nicht radikal von den Linien abweichen, die sie festgelegt hatten; Es gab einfach so viel zu sagen, und Sir Maurice und sein Komitee hatten es geschafft, sie alle zu sagen.

Doch obwohl ihm die Angelegenheit übertragen wurde, hatte sich Herr Waddington, bevor er sich tatsächlich mit seinem Prospekt befasste, davon überzeugt, dass er seine eigene frische und unnachahmliche Art lieferte; die glückliche Berührung, die plötzliche, fesselnde Wendung. Aber irgendwie hat es nicht so geklappt. So sehr er sich auch bemühte, er konnte sich den Drehungen und Berührungen von Sir Maurice Gedge nicht entziehen.

„Es wäre ganz einfach gewesen", sagte er, „den Originalprospekt zu erstellen. Das würde ich tausendmal lieber tun, als einen darüber zu schreiben."

Fanny stimmte zu. „Es muss anders *aussehen* ", sagte sie, „ohne anders *zu sein* ."

„Könnten wir es nicht auf den Kopf stellen", sagte Barbara?

"Verkehrt herum?" Er starrte sie mit großen Eulenaugen beleidigt an und verdächtigte sie dieses Mal einer unerhörten Leichtfertigkeit.

„Ja. Wirklich auf den Kopf gestellt. Sehen Sie, die Köpfe stehen in dieser Reihenfolge: Verteidigung des Privateigentums, Verteidigung des Kapitals, Verteidigung der Freiheit, Verteidigung der Regierung, Verteidigung des Imperiums, Gefahr der Revolution, des Kommunismus und des Bolschewismus, Pflicht eines jeden Menschen . Warum nicht die Pflicht eines jeden Menschen umkehren?

„Das ist eine Idee", sagte Fanny.

„Überhaupt keine schlechte Idee", sagte Herr Waddington. „Sie könnten die Köpfe in dieser Reihenfolge abnehmen."

Barbara nahm sie ab, und man war sich einig, dass sie in umgekehrter Reihenfolge ein sehr originelles Aussehen boten; und wie Barbara betonte, war die eine Reihenfolge genauso logisch wie die andere; und obwohl Herr Waddington einwendete, dass er es vorgezogen hätte, mit der Note „Regierung und Imperium" zu schließen, war er offen für den Vorschlag, dass dies zwar eher für die Grafschaft attraktiv sein könnte, aber bei den Bauern und Stadtbewohnern Kapital und Privateigentum treffen würden weiter nach Hause. Und zu der Zeit hatte er „Kampf gegen die Kräfte der Unordnung" in „Einstellung gegen Anarchie und Zerrüttung" und „Geist der Freiheit in diesem Land" in „Britisches Genie für die Freiheit" und „dunkelste Stunde in der Geschichte Englands" geändert. In der „schwärzesten Periode in der Geschichte Englands" war er davon überzeugt, dass der Prospekt nun ganz und gar sein Eigentum sei.

„Aber ich denke, wir müssen den Ton der Hoffnung zum Schluss ertönen lassen. Meine eigene Botschaft. Wie wäre es mit ‚Wir müssen uns daran erinnern, dass die dunkelste Stunde vor der Morgendämmerung kommt'?"

„Mein lieber Horatio, wenn du dich wegen deines Prospekts so aufblähst, wirst du keine Luft mehr haben, wenn du zu Wort kommst. Sei so originell, wie du willst, aber *sei nicht* verschwenderisch und extravagant."

„In Ordnung, Fanny. Ich werde die Morgendämmerung reservieren. Bitte notieren Sie sich das, Miss Madden. Rede. ‚Am schwärzesten' – oder habe ich ‚am dunkelsten' gesagt? – ‚Stunde vor der Morgendämmerung'."

„Reservieren Sie am besten so viel wie möglich", sagte Fanny.

Als Barbara den Prospekt abgetippt hatte, bestand Mr. Waddington darauf, ihn persönlich zu Pyecraft zu bringen. Er wollte sicherstellen, dass es unverzüglich gedruckt wird, und die Plakate und Flugblätter anfertigen lassen; Er wollte auch sehen, welchen Eindruck es auf Pyecraft und auf die junge Dame in Pyecrafts Laden machen würde. Er dachte gerne an die Aufregung im Schreibraum, als es abgegeben wurde, und an die Bedeutung, die er Pyecraft beimaß.

„Sie haben nicht gesagt, was Sie von dem Prospekt halten", sagte Fanny, während sie ihm nachsahen.

„Ich habe nicht gesagt, was ich von der Liga der Freiheit halte."

"Was *denkst* du darüber?"

„Ich denke, es sieht so aus, als ob jemand in einer schrecklichen Panne wäre; und ich sehe nicht, dass es dabei viel Freiheit geben wird."

„So", sagte Fanny, „ist es mir aufgefallen. Aber es wird Horatio die nächsten sechs Monate lang ruhig halten."

„ *Ruhe* ? Und danach?"

„Oh, danach gibt es sein Buch."

„Ich hatte sein Buch vergessen."

„Das wird ihn ruhiger halten als alles andere; wenn du ihn dazu bringen kannst, sich damit abzufinden."

2

An diesem Abend war Barbara Zeuge der Versöhnung zwischen Herrn Waddington und Ralph Bevan. Mr. Waddington machte daraus ein Schauspiel, als er majestätisch und unbeweglich an seinem Herd stand und seine Hand ausstreckte, lange bevor Ralph nahe genug herangekommen war, um sie zu ergreifen.

„Guten Abend, Ralph. Schön, dich wieder hier zu sehen."

„Gut, dass Sie mich fragen, Sir."

Barbara meinte, er zuckte bei dem „Sir" ein wenig zusammen. Er hatte eine Abneigung gegen jene Formen der Ehrerbietung, die sein Dienstalter andeuteten. Man konnte sehen, dass er Ralph nicht mochte. Seine Stimme war freundlich, aber in seinem großen Blick war kein Licht; Die schweren Falten in seinem Gesicht hoben sich nie. Sie fragte sich: War es Ralphs strahlende Jugend gewesen, die ihn beleidigt und daran erinnert hatte, selbst als er sich weigerte, seine Faszination anzuerkennen? Denn man konnte sehen, dass er sich weigerte, dass er Ralph Bevan für eine minderwertige, unbedeutende Persönlichkeit hielt. Barbara musste ihre Theorie revidieren. Er war nicht eifersüchtig auf ihn. Es wäre ihm nie in den Sinn gekommen, dass Fanny oder auch Barbara Ralph interessant finden könnten. Nichts konnte seine große Zufriedenheit mit sich selbst auch nur für einen Moment stören. Er leitete das Abendessen mit hervorragender Distanziertheit und konzentrierte seine Aufmerksamkeit auf Fanny und Barbara, als würde er so tun, als wäre Ralph nicht da, bis er plötzlich hörte, wie Fanny ihn fragte, ob er etwas über die National League of Liberty wüsste und was er dachte Es.

„Mr. Waddington will nicht wissen, was ich davon halte."

„Nein, aber wir wollen."

„Meine liebe Fanny, jede Meinung, jede ehrliche Meinung –"

„Oh, Ralphs Meinung wird ehrlich genug sein."

„Ehrlich, das glaube ich", sagte Herr Waddington.

„Nun, wenn Sie es wirklich wissen wollen, ich denke, es ist ein pathologisches Symptom."

"Ein Was?" sagte Mr. Waddington und zeigte erschrocken Interesse.

„Pathologisches Symptom. Es ist alles Funk. Blue Funk. Echter Blue Funk."

„Das sagt Barbara."

Der junge Mann sah Barbara an, als wollte er sagen: „Ich wusste, dass ich darauf vertrauen konnte, dass Sie die einzig intelligente Sichtweise vertreten."

„Es wird von ein paar Dummköpfen wie Sir Maurice Gedge geführt", sagte er.
Sie haben Angst, dass sie den Bolschewismus nicht mehr leben können."

„Wollen Sie damit sagen, dass der Bolschewismus nicht gefährlich ist?"

„Nicht in diesem Land."

„Vielleicht wünschen Sie sich dann eine Sowjetregierung in diesem Land?"

„Das habe ich nicht gesagt."

„Aber ich verstehe, dass Sie den Bolschewismus vertreten?“

„Ich befürworte Funk nicht. Aber“, sagte Ralph, „da steckt viel mehr dahinter. Es wird konstruiert. Es ist ein bewusster, unehrlicher und böswilliger Versuch, Labour zu diskreditieren.“

„Absurd“, sagte Herr Waddington. „Sie zeigen, dass Sie die Grundsätze der Liga nicht kennen.“

Wenn er Ralphs Jugend erkannte, dann nur, um sie als grob und uninformiert zu verachten.

„Es ist – die – Nationale – Liga – der Freiheit.“

„Nun, das ist ungefähr die ganze Freiheit, die darin steckt – die Freiheit, die Freiheit zu unterdrücken.“

„Sie wissen vielleicht nicht, dass ich in Wyck einen Zweig der Liga gründe.“

„Es tut mir leid, Sir. Ich wusste es nicht. Fanny, warum haben Sie mir diese Falle gestellt?“

„Weil ich deine wahre Meinung wollte.“

„Bevor Sie sich eine Meinung bilden, sollten Sie am besten zu meinem Treffen am 21. kommen. Dann erfahren Sie vielleicht etwas darüber.“

Fanny wechselte das Thema und wandte sich Sir John Corbetts Faulheit zu.

„Ein Mann“, sagte Herr Waddington, „ohne jegliche Ernsthaftigkeit, ohne Verantwortungsbewusstsein.“

Nach dem Kaffee brachte Herr Waddington Fanny in die Bibliothek, um sich mit ihm über die Bildung seines Komitees zu beraten, und ließ Barbara und Ralph Bevan allein. Fanny winkte ihnen von der Tür aus zu und signalisierte damit ihren Segen für ihre uneingeschränkte Kommunion.

„Es ist bedauerlich“, sagte Ralph, „zu sehen, wie sich eine Frau von Fannys Intelligenz in einen solchen üblen Plan einmischt.“

„Armer Schatz, sie tut es nur, um ihn zum Schweigen zu bringen.“

„Oh ja, ich gebe zu, es gibt jede Ausrede für sie.“

Sie sahen sich an und lächelten. Ein Lächeln köstlichen und geheimen Verständnisses.

„Ist er nicht wunderbar?“ Sie sagte.

„Ich dachte, er würde dir gefallen … Ich sage, weißt du, ich *muss* zu seinem Treffen kommen. Er wird dort wundervoller sein als je zuvor. Kannst du ihn nicht sehen?“

„Das kann ich. Es ist fast *zu* viel – zu glauben, dass ich ihn kennenlernen darf, mit ihm im selben Haus leben darf, dass er sich stundenlang gemeinsam erregt. Was habe ich getan, um das zu verdienen?“

„Ich verstehe“, sagte er, „du *hast* es verstanden.“

"Bekam, was?"

„Die Vorliebe für ihn. Die echte Leidenschaft. Ich hatte sie, als ich hier war. Ich hätte es nicht ertragen können, wenn ich es nicht getan hätte.“

„Ich weiß. Du musst es gehabt haben. Jetzt hast du es.“

„Und ich glaube nicht, dass ich ihn auch nur annähernd von seiner besten Seite gesehen habe. Du wirst mehr aus ihm herausholen als ich.“

„Oh, denkst du, dass ich das tun werde?“

„Ja. Er könnte zu größeren Höhen aufsteigen.“

„Du meinst, er könnte größere Anstrengungen unternehmen?“

„Vielleicht. Ich weiß es nicht. Du müsstest natürlich seine Längen stoppen, was ihm schade wäre. Ich denke an ihn hauptsächlich in der Höhe. Es gibt keinen Grund, warum du ihn nicht fliegen lassen solltest... Aber Ich darf nicht über ihn reden. Ich habe gerade sein Abendessen gegessen.

„Nein, das dürfen wir nicht“, stimmte Barbara zu. „Das ist das schlimmste Abendessen.“

„Aber ich sage, können wir uns nicht irgendwo treffen?“

„Wo *können wir?* “

„Ja. Wo können wir uns austoben? Könnten wir nicht noch mehr gemeinsam spazieren gehen?“

„Ich fürchte, die Zeit wird knapp.“

„Es wird jede Menge Zeit sein. Wenn er mit seinem Auto unterwegs ist und die Grafschaft abrundet.“

„Wenn er ‚off‘ ist, bin ich als Mrs. Waddingtons Begleiterin ‚on‘.“

„Fanny wird nichts dagegen haben. Sie lässt dich machen, was du willst. Auf jeden Fall lässt sie *mich* machen, was *ich* will.“

„Wirst du sie fragen?“

„Natürlich werde ich das tun.“

Also haben sie es geklärt.

3

Als Barbara sich sagte, dass Mr. Waddington ihr den Abend mit Ralph Bevan verderben würde, hatte sie das nach der Veränderung beurteilt, die seit der Rückkehr seines Herrn im Haus stattgefunden hatte. Man spürte es zuerst in den deprimierten Gesichtern der Diener, von Partridge und Annie Trinder. Eine nachdenkliche Trübsinnigkeit hatte sich sogar über Kimber gelegt. Und was noch schlimmer war: Fanny Waddington hatte aufgehört zu summen. Barbara vermisste diesen spontanen Ausdruck ihres Glücks.

Sie dachte: „Was macht er mit ihnen?“ Und doch war klar, dass er nichts getan hatte. Sie wurden einfach von der schieren Masse und dem Gewicht seines Egoismus erdrückt. Er zwang ihnen irgendwie sein unglaubliches Selbstbewusstsein auf. Er hinterließ eine Atmosphäre des Unbehagens. Man hat es gespürt, als er nicht da war; Selbst als Fanny sich mit „Tono-Bungay“ im Salon niedergelassen hatte, spürte man ihre Angst, dass sich jeden Moment die Tür öffnen und Horatio hereinkommen würde.

Aber Barbara war nicht deprimiert. Sie genoss das ständige Spektakel, das er bot. Sie genoss seine Gleichgültigkeit gegenüber Ralph, seine Weigerung, dafür zu sorgen, dass er Aufmerksamkeit erregen konnte, und seine Überzeugung von seiner eigenen überlegenen Faszination. Sie wusste jetzt, was Ralph meinte, als er sagte, es wäre unfreundlich, ihn für sie zu verwöhnen. Er sollte ohne Vorbereitung oder Beschreibung auf sie losgehen. Sie sollte ihn zunächst selbst entdecken. Erstens. Aber sie konnte sich vorstellen, dass die Zeit kommen würde, in der ihre größte Freude darin bestehen würde, ihn Stück für Stück gemeinsam zu entlarven. Sie erkannte sogar einen fröhlichen Teufel in Fanny, der sich auf Kosten Horatios amüsierte; der sich Barbaras Belustigung bewusst war und sie duldete. Es gab absolute Anstandsregeln, die jede offene Kommunikation mit Fanny verhinderten. Aber abgesehen von der Weigerung, Horatio nach dem Abendessen anzulächeln, konnte sie erkennen, dass Ralph keinerlei Anstand daran hinderte. Sie konnte auf ihn zählen, als ihre private Freude unerträglich wurde und geteilt werden musste.

Aber es gab Hindernisse für ihren Verkehr. Herr Waddington konnte nicht mit seiner sogenannten „Kampagne“ beginnen, bis er mit seinem Prospekt bewaffnet war, und Pyecraft brauchte mehr als eine Woche, um ihn zu drucken. Und während sie untätig dasaß und über ihr Gehalt nachdachte, veranlasste der Gewissensfeind Barbara, ihn um Arbeit zu bitten. War da nicht sein Buch?

„Mein Buch? Mein Cotswold-Buch?“ Er tat so, als hätte er alles vergessen. Er winkte ab. „Das Buch ist nur eine Freizeitbeschäftigung, ein Vergnügen. Genug Zeit dafür, wenn ich meine Liga in Gang gebracht habe. Dennoch werde ich froh sein, wenn ich mich wieder damit beschäftigen kann.“…. Er dachte jetzt mit zurückerinnernder Zuneigung darüber nach.... „Wenn es Ihnen Spaß machen würde, es anzusehen –"

Er begann eine umständliche Suche in seinem Büro.

„Ah, hier sind wir!"

Er grub zwei Stapel Manuskripte aus, einer mit Schreibmaschine, der andere geschrieben, beide mit Radierungen versehen, mit fast unleserlichen Korrekturen und Einfügungen.

„Es ist ein schreckliches Durcheinander", sagte er.

Sie sah, was ihre Aufgabe sein würde: einen Weg durch den Dschungel zu schlagen, Lichtungen zu schaffen.

„Wenn ich alles noch einmal tippen würde, hätten Sie eine saubere Kopie, an der Sie arbeiten könnten, wenn Sie dazu bereit wären."

„Wenn du so gut *wärst* . Es ist dieser junge Schlingel Ralph. Er hätte kein Recht, es in diesem Zustand zu belassen."

Barbara bekam erneut Bedenken.

„Mr. Waddington, würden Sie ihn wieder als Ihren Sekretär einstellen, wenn er zurückkäme?"

„Er würde schon wieder zurückkommen. Vertraue ihm."

„Und du würdest ihn nehmen?"

ihn nicht ; ich will *dich* ."

„Und *ich* möchte ihm nicht im Weg stehen."

„Darüber brauchen Sie sich keine Sorgen zu machen."

„Ich kann nicht anders, als mir darüber Sorgen zu machen. Du würdest ihn zurücknehmen, wenn ich nicht hier wäre."

"Sie *sind* hier."

„Aber wenn ich es nicht wäre?"

„Komm, komm. Du darfst nicht so mit mir reden."

Sie ging weg und sprach mit Fanny.

„Ich kann es nicht ertragen, ihn aus seinem Job zu entlassen. Wenn er zurückkommt –"

„Mein Lieber, du kennst Ralph nicht. Er würde lieber sterben, als zurückzukommen. Sie haben es zwischen ihnen unmöglich gemacht."

„Mr. Waddington sagt, er würde ihn zurücknehmen, wenn ich nicht hier wäre."

„Das würde er nicht tun. Er denkt nur, dass er es tun würde, weil er sich dadurch großmütig fühlt. Er bot Ralph ein halbes Jahresgehalt an, wenn er sofort gehen würde. Und Ralph ging sofort und wollte das Gehalt nicht anrühren. Das machte ihn aus." Komm raus, und Horatio hat es nicht gemocht. Nicht, dass er Ralph mit Geld übertölpeln könnte.

Nein. Er war nicht vulgär. Aber sie fragte sich, wie er es vor sich selbst verbergen sollte – diese Beleidigung seines Stolzes. Und da war Ralphs Stolz, der so feurig und so rein war. Noch-

„Dennoch kommt Herr Bevan und speist", sagte sie.

„Ja, er kommt und speist. Er wird immer mein Cousin sein, auch wenn er nicht Horatios Sekretär sein wird. Er hat ein sehr liebenswürdiges Wesen und hält die Themen klar."

„Aber was wird er *tun*? Er kann nicht von seiner süßen Natur leben."

„Oh, er hat genug, um davon zu leben, aber nicht genug, um zu tun, was er will. Aber er wird schon einen Job bekommen. Du brauchst dich nicht um Ralph zu kümmern."

Fanny sagte sich: „Ich sage es ihm, dann wird er sie mehr denn je verehren. Wenn er sie nur *genug vergöttert*, wird er sich zusammenreißen und etwas zu tun bekommen."

VI

1

Herr Waddington war mit der Intimität von Frau Levitt mit ihrer Schwester Bertha Rickards nicht einverstanden.

Er hätte es noch weniger gebilligt, wenn er das Gespräch gehört hätte, das Mrs. Trinder gehört und Miss Gregg, der Gouvernante im Pfarrhaus, berichtet hätte, die es der Frau des Rektors erzählte, die es dem Rektor erzählte, der es Oberst Grainger erzählte, die es Ralph erzählte Sevan, der es für sich behielt.

„Was hast du zu dem alten Jungen gesagt, Elise?“

„Frag mich nicht, was ich *gesagt habe* !“

„Nun – hast du das Cottage bekommen?“

„Natürlich habe ich es, du dummer Kuckuck. Ich kann alles aus ihm herausholen, was ich will. Er wollte diese Ballingers nicht rausschmeißen, aber ich habe ihn gemacht.“

„Hat er gesagt, wann Mrs. Waddington anrufen würde?“

Bertha konnte der Versuchung nicht widerstehen, dort zu kneifen, wo sie wusste, dass das Fleisch zart war.

„Ich habe ihn nicht gefragt.“

„Es kann ihr nicht gut gehen, jetzt ist er Ihr Vermieter.“

Das dachte Frau Levitt. Und wenn Mrs. Waddington anrief, konnte Lady Corbett wohl auch nicht davonkommen. Sie waren die Einzigen in Wyck, die nicht angerufen hatten; Aber es wäre zwecklos, so zu tun, als wären sie unwichtig, als wären sie nicht diejenigen, die wichtiger waren als alle anderen.

Das Netz, das sie um Mr. Waddington gespannt hatte, wurde immer enger, obwohl er sich seiner Verstrickung noch nicht bewusst war. Zunächst wurde das Lower Wyck Cottage einer gründlichen Instandsetzung unterzogen; und wenn der Putz nicht ganz trocken war, als die Ballingers einzogen, war das nicht Mr. Waddingtons Sorge. Er hatte ihnen ein Haus zur Verfügung gestellt, und das war alles, was das Gesetz vernünftigerweise von ihm verlangen konnte. Es war eindeutig Hitchin, der Bauunternehmer, der für den Putz verantwortlich gemacht werden sollte, nicht er. Was das Rheuma anging, an dem Frau Ballinger litt – vorausgesetzt, es könnte auf das feuchte Pflaster und nicht auf einen inhärenten Defekt in Frau Ballingers Konstitution zurückzuführen sein –, das war offensichtlich auch nicht Mr.

Waddingtons Sorge. Wenn jemand für Mrs. Ballingers Rheuma verantwortlich war, dann war es Hitchin.

Herr Waddington war mit Hitchin nicht einverstanden. Hitchin war ein Sozialist, der dem Beispiel von Colonel Grainger folgte und seine Arbeiter überbezahlte, was katastrophale Folgen für andere Menschen hatte; Denn abgesehen von dem allgemeinen Aufruhr, der durch diesen unnötigen Eingriff in das vorherrschende Wirtschaftssystem verursacht wurde, hatte Herr Hitchin die Angewohnheit, sich durch monströse Überzahlungen auszugleichen. Und Mr. Hitchin war nicht nur der beste Bauunternehmer in der Nachbarschaft, sondern auch der einzige Baumeister und Steinmetz in Wyck-on-the-Hill, sodass er Sie praktisch seiner Gnade ausgeliefert hatte.

Und der Betrieb des Cottages in der Sheep Street wurde eingestellt, während Herr Waddington Herrn Hitchins Kostenvoranschlag nach und nach bestritt, von den Gesamtkosten für den Bau der neuen Räume bis hin zum letzten Topf Emaillefarbe und seinem Preis pro Fuß für Bleirohre. June entwischte, während sie sich stritten, und es schien kaum eine Chance zu geben, dass Mrs. Levitt ihr Haus vor Michaelis erreichen würde, wenn überhaupt.

So fand Mr. Waddington am Morgen des 19., zwei Tage vor dem Treffen, einen weiteren Brief auf dem Frühstückstisch, der auf ihn wartete.

Fanny sah ihn an und er suchte Schutz in einer vorgetäuschten Verärgerung.

„Was kann Frau Levitt nun finden, worüber sie mir schreiben kann?“

„Ich würde ihrer Erfindung keine Grenzen setzen“, sagte Fanny.

„Und was wissen Sie über Mrs. Levitt?“

„Nichts. Ich entnehme nur Ihren eigenen Aussagen, dass sie über fruchtbare Ressourcen verfügt.“

"Ressource?"

„Nun, bei der Schaffung von Chancen.“

„Möglichkeiten, wofür?“

„Damit du deine christliche Nächstenliebe übst, meine Liebe. Wann wirst du mich sie besuchen lassen?“

„Ich werde nicht zulassen, dass du sie besuchst.“

„Ist das christliche Nächstenliebe?“

„Es ist alles, was du willst.“ Er war in seinen Brief vertieft. Mrs. Levitt war gezwungen gewesen, von Mrs. Trinder am Square in minderwertige Zimmer in der Sheep Street umzuziehen, und sie tat sich selbst leid.

„Aber sicherlich, wenn du sie immer selbst besuchst –"

„Ich rufe sie nicht immer an. Und wenn ich es wäre, gäbe es einige Dinge, die für mich völlig angemessen wären, die für dich jedoch nicht angemessen wären."

„Es hört sich an, als wäre das bei Mrs. Levitt nicht der Fall."

Er blickte so scharf nach oben, wie es seine Gesichtszüge zuließen. „Nichts dergleichen. Sie ist einfach nicht die Art von Person, die man *anruft* ; und damit meine ich nicht, dass Sie anfangen."

"Warum nicht?"

„Weil Sie meine Frau sind und eine bestimmte Position im Landkreis haben. Deshalb."

„Eher ein schlauer Grund, nicht wahr? Du hast gesagt, ich könnte jeden besuchen, den ich mag."

„Das ist durchaus möglich, vorausgesetzt, Sie beginnen nicht mit Mrs. Levitt."

„Vielleicht muss ich mit ihr Schluss machen", sagte Fanny.

Mr. Waddington hatte viele Gründe, warum er nicht wollte, dass Fanny Mrs. Levitt besuchte. Er wollte seine Frau, weil sie seine Frau war, an einem Ort fern von Mrs. Levitt und über ihr behalten, um die Distanz und den Unterschied zu markieren, die zwischen ihnen bestanden. Er wollte sich als Fannys Ehemann fernhalten und distanzieren, um seine männliche Anziehungskraft zu verstärken. Und er wollte Mrs. Levitt von sich fernhalten, sie für sich behalten, als verborgene Frau voller leidenschaftlicher Abenteuer. Bisher hatte ihr Verkehr den Reiz, den einzigartigen, unersetzlichen Reiz des Uneingestandenen und Geheimen gehabt. Frau Levitt war einzigartig; unersetzlich. Ihm fiel keine andere Frau ein, die ein geeigneter Ersatz wäre. Da war die kleine Barbara Madden; sie hatte Angst vor ihm gehabt; aber seine Leidenschaften waren noch zu jung, um durch die rohe Angst eines Mädchens geweckt zu werden; Wenn es dazu kam, bevorzugte er die beruhigende Leichtigkeit von Mrs. Levitt.

Und er wollte nicht, dass es so weit kam.

Aber obwohl sich Mr. Waddington eigentlich nicht auf die Zeit freute, in der er Mrs. Levitts Liebhaber sein würde, hatte er Visionen der reinen Fantasie, in der er sich selbst nach Einbruch der Dunkelheit auf Mrs. Levitts Türschwelle stehen sah; sagen wir einmal alle zwei Wochen, am Abend ihrer Dienerin; Er gab ein gedämpftes Signal an den Klopfer und Elise öffnete die Tür halb. Elise! Er schlüpfte auf schlanke und geheimnisvolle Weise hindurch; Er würde auf Zehenspitzen ihre Treppen hinauf und hinunter gehen, wobei er angesichts der Risiken, die sie eingingen, den jugendlichen Nervenkitzel wiedererlangte und die Angelegenheit dennoch mit vollendeter Zartheit und Diskretion regelte.

Zu diesem Zeitpunkt hörte Mr. Waddington in seiner Fantasie, wie sich unten auf der Straße eine weitere Tür öffnete; Jemand kam heraus und sah ihn im Licht des Durchgangs; jemand ging mit einer Laterne vorbei; Jemand hat sein Kommen und Gehen zeitlich festgelegt. Er spürte das Herzklopfen, die kalte Übelkeit bei der Entdeckung. Nein. An einem kleinen Ort wie Wyck-on-the-Hill, wo jeder wusste, was jeden angeht, konnte man diese Dinge nicht tun. Und da war auch Toby.

Manchmal vielleicht an einem Sonntagnachmittag, wenn Toby und der Diener draußen waren. Ja. Sonntagnachmittag zwischen Teezeit und Kirchenzeit.

Oder er könnte sie in Oxford, Cheltenham oder in London treffen. Klüger. Wochenenden. Zufriedenstellender. Auch dort besteht die Gefahr, gesehen zu werden, aber man muss ein gewisses Risiko eingehen. Überraschend, wie diese Dinge geheim gehalten *wurden* .

Birmingham jetzt. Birmingham wäre sicherer, weil unwahrscheinlicher. Er kannte niemanden in Birmingham. Aber der bloße Gedanke, dass Mrs. Levitt das Manor auf der gleichen alltäglichen Basis wie Mrs. Grainger besuchen könnte, bedeutete eine Zerstörung all dieser romantischen Geheimnisse.

Außerdem befürchtete er, dass Fannys bewundernswerter Instinkt, wenn Mrs. Levitt wirklich eine solche Frau wäre, sie entdecken und die bevorstehende Affäre wittern würde. Oder wenn Fanny ahnungslos blieb und ihr Sicherheitsgefühl deutlich zum Ausdruck brachte, könnte Elise besitzergreifend werden und sich aus purer Eifersucht verraten. Herr Waddington sagte sich, dass er Frauen kenne und dass er, wenn er ein weiser Mann wäre, und er *wäre* ein weiser Mann, die Dinge so arrangieren würde, dass die beiden sich nie begegnen würden. Fanny war fügsam, und wenn er rundheraus sagte, dass sie Mrs. Levitt nicht besuchen dürfe, würde sie es nicht tun.

2

Es gab noch etwas, das Mr. Waddington noch mehr fürchtete als diese gefährliche Begegnung: Fanny wusste, dass er die Ballingers rausgeschmissen hatte. Da er sehr ungern zugeben wollte, dass Mrs. Levitt ihn dazu gezwungen hatte, übernahm er die volle Verantwortung für diese Tat. Aber so unvermeidlich und gerechtfertigt es auch war, er konnte nicht hoffen, es mit Fanny siegreich durchzuziehen. Es war gerecht, aber es war nicht großmütig. Daher habe er sie, ohne eine eindeutig unwahre Aussage zu machen, in dem Glauben gelassen, dass Ballinger aus freien Stücken gekündigt habe. Er dachte, die Chancen stehen gut, dass Fanny nie die Wahrheit erfährt.

Wenn der Schlingel nur keine Frau und keine Kinder gehabt hätte, und wenn nur seine Frau – aber zum Pech von Mr. Waddington war seine Frau Susan Trinder, die Nichte von Mrs. Trinders Mann, und Susan Trinder war Horaces Krankenschwester gewesen; Und obwohl sie alle der Meinung waren, dass sie mit der Heirat mit dem starrköpfigen Ballinger für sich selbst gesorgt hatte, nannten Fanny und Horace sie immer noch Susan-Nanna. Und Susan-Nannas Nichte, Annie Trinder, war Stubenmädchen im Manor. Deshalb hatte Mr. Waddington ein böses Gewissen, als Annie beim Abräumen des Frühstücks fragte, ob sie vielleicht einen Tag frei hätte, um sich um ihre Tante, Mrs. Ballinger, zu kümmern, die mit Rheumatikern im Bett lag.

Zu seinem Entsetzen hörte er Fanny sagen: „Sie hätte die Rheumatiker nicht gehabt, wenn sie in der Sheep Street geblieben wären.“

"Nein, madam."

Annies Augen waren klar und verlogen.

„Er hätte es nie verlassen sollen“, sagte Fanny.

„Nein, Ma'am. Das sollte er nicht mehr tun.“

„Tut es ihr nicht sehr leid?“

(Warum konnte Fanny es nicht in Ruhe lassen?)

„Ja, m'm. Sie macht sich schreckliche Sorgen. Siehst du, es ist nicht so sehr das Haus, obwohl es besser ist als das, in dem sie sind, sondern der Garten. All das Obst und Gemüse was Onkel, den er selbst hineingesteckt hat, und die Tante, sie mag ein bisschen Lavendel so sehr, dass ich mir sicher bin, wie sie damit zurechtkommt.

Annie wusste es. An ihren Augen konnte er erkennen, dass sie es wusste. Es gab nichts außer Annies Loyalität zwischen ihm und dieser Enthüllung, vor der er sich fürchtete. Er hörte Fanny sagen, dass sie Susan morgen besuchen würde. Es gäbe nichts außer Susans Loyalität und Ballingers Großmut. Es würde darauf hinauslaufen, wenn sie ihn Fanny zuliebe verschonen würden. Er hatte völlig recht gehabt, und Ballinger hatte die ganze Sache selbst verursacht; aber das konntest du Fanny nie klarmachen. Und Ballinger schaffte es, ihn noch weiter ins Unrecht zu bringen. Als Fanny am nächsten Tag in der Hütte vorbeikam, fand sie sie leer vor. Ballinger war mit seiner Frau und seiner Familie auf die Farm von Susans Vater in Medlicott gezogen, gut zweieinhalb Meilen von seiner Arbeit auf Colonel Graingers Land entfernt, und hatte sich damit einen echten Kummer zugezogen.

Und Fanny redete beim Abendessen immer wieder darüber.

„Diese armen Ballingers! Es ist schrecklich schade, dass er das Cottage in der Sheep Street aufgegeben hat. Hast du ihm nicht gesagt, dass er ein Narr ist, Horatio?“

Zum Glück hatte Annie Trinder den Raum verlassen. Aber da war Partridge an der Anrichte und lauschte.

„Ich bin nicht für Ballingers Torheit verantwortlich. Wenn es ihm Unannehmlichkeiten bereitet, geht mich das nichts an.“

„Nun, Ballingers Torheit kam Mrs. Levitt sehr gelegen.“

Mr. Waddington versuchte so zu wirken, als ginge es ihm auch nicht um die Bequemlichkeit von Mrs. Levitt.

VII

1

Die Flugblätter und Plakate waren bereits seit einer Woche draußen. Ihre Schlagzeilen waren sehr erfreulich für das Auge, mit ihren riesigen Großbuchstaben, die in Pyecrafts Königsblaudruck auf einen starrten.

NATIONALE LIGA DER FREIHEIT.

* * * * *

Am Samstag, den 21. Juni, um 20 Uhr findet im Rathaus von Wyck-on-the-Hill eine Versammlung zugunsten der oben genannten Liga statt

* * * * *

Vorsitzender : SIR JOHN CORBETT,
OF UNDERWOODS, WYCK-ON-THE-HILL. *Sprecher* :
HORATIO BYSSHE WADDINGTON, ESQ., VOM MANOR HOUSE,
LOWER WYCK.

* * * * *

Wir werden Sie dringend gebeten, daran teilzunehmen.

* * * * *

GOTT SCHÜTZE DEN KÖNIG!

Nur eines gefährdete Mr. Waddingtons intensive Freude an seinem Treffen: Sein Sohn Horace würde dort sein. Der junge Horace hatte darauf bestanden, für die Nacht vom Cheltenham College herzukommen, und zwar ausdrücklich, um an der Versammlung teilzunehmen. Und obwohl Mr. Waddington darauf hingewiesen hatte, dass das Treffen durchaus ohne ihn stattfinden könnte, schien Fanny den jungen Horace in seiner unverschämten Meinung zu unterstützen, dass dies nicht möglich sei. Dies empfand er als übermäßig nervig; denn obwohl er es um alles in der Welt nicht besessen hätte, hatte Mr. Waddington Angst vor seinem Sohn. Er war nie derselbe Mann, als er in der Nähe war. Die Anwesenheit des jungen Horace – mit sechzehn Jahren groß und sich schnell entwickelnd – zerstörte die Illusion seiner Jugend. Und Horace hatte die Art, alles, was sein Vater sagte oder tat, nachteilig zu kommentieren; er hatte ein perfektes Genie für humorvolle Abwertungen. Auf jeden Fall verhielten er und seine Mutter sich, als ob sie es für humorvoll hielten, und viele seiner Bemerkungen schienen andere Menschen – Sir John und Lady Corbett zum Beispiel und Ralph Bevan – im gleichen Licht zu treffen. Immer wieder sorgte der junge Horace dafür, dass der ganze Tisch ihm mit unvernünftiger und unvernünftiger Freude zuhörte, während die Bemühungen seines Vaters, sich zu unterhalten, nur höfliche und oberflächliche Aufmerksamkeit erhielten. Und die Aussicht, dass der Humor des jungen Horace bei seinem Treffen und seiner Rede auf dem Treffen zum Ausdruck kommen würde, war ausgesprochen unangenehm. Fanny hätte es nicht zulassen dürfen. Er hätte es nicht selbst zulassen dürfen. Aber ohne dem Schulleiter zu schreiben und es zu verbieten, konnten sie den jungen Horace nicht davon abhalten, zu kommen. Er brauchte nur auf sein Motorrad zu steigen und zu kommen.

Barbara traf ihn vor dem Abendessen im Wohnzimmer, saß in einem Sessel und kicherte über den Prospekt.

Er sprang auf, stellte sich an den Kamin und lächelte sie an.

„Ich sage, hat mein Chef das wirklich selbst geschrieben?“

„Mehr oder weniger. Bist du wirklich zum Treffen vorbeigekommen?“

"Eher."

Sein Lächeln war eigensinnig und einnehmend.

„Sie *sind* begeistert von der Liga.“

„Begeistert? Na ja, ich kann nicht sagen, dass ich viel darüber weiß. Natürlich weiß ich, mit was für einem faulen Mist er sie angreifen wird, aber ich will ihn dabei *sehen* .“

Er hatte sie auch, diese Leidenschaft des Interesses und der Unterhaltung, ihre und Ralphs. Nur war es nicht anständig von ihm, es zu zeigen; Sie durfte ihn nicht sehen lassen, dass sie es hatte. Sie antwortete nüchtern:

„Ja, er ist furchtbar scharf darauf.“

„ *Ist* er das? Ich habe ihn nie wirklich aufgeregt und aufgeregt gesehen, außer ein- oder zweimal während des Krieges.“

Als er dort stand, nach unten blickte und nachdenklich lächelte, schien es, als würde er darüber grübeln, in der Erwartung, die Freude an dem Spektakel zu erwarten.

Er hatte ein freches, fröhliches Gesicht, so gefärbt und gefärbt wie das seiner Mutter; Er hatte Fannys blaue Augen und braunes Haar. Alles, was die Waddingtons und Postlethwaites mit ihm gemacht hatten, war, seinen Nasenrücken anzuheben und seine Lippen leicht zu verdicken, ohne ihren breiten, lebhaften Schwung zu verändern. Er dachte über Barbara nach.

„Du wirst ihm helfen, sein Buch zu schreiben, nicht wahr?“

„Das hoffe ich“, sagte Barbara.

„Du hast Nerven. Er hat sich bei Ralph Bevan ziemlich gut geschlagen. Er ist schlimmer als ein Schock, wenn er einmal in Fahrt kommt."

„Ich gehe davon aus, dass ich ihn ausstehen kann. Er kann nicht schlimmer sein als das Kriegsministerium."

„Oh, nicht wahr? Du wartest."

In diesem Moment kam sein Vater zu spät und zeigte erste Anzeichen von Aufregung. Barbara sah, dass die Augen des Jungen sie erfassten. Als sie sich zum Abendessen setzten, tat Mr. Waddington so, als würde er Horace ignorieren. Aber Horace ließ sich nicht ignorieren. Er machte sofort auf sich aufmerksam.

„Finden Sie es nicht sehr anständig von mir, Pater, zu Ihrem Treffen vorbeizukommen?"

„Ich hätte nicht glauben sollen", sagte Mr. Waddington, „dass Ihnen Politik sehr am Herzen liegt. Es lohnt sich nicht, einen halben Urlaub dafür zu verderben."

„Ich nehme nicht an, dass mir deine alte Liga völlig egal sein wird. Ich bin hierhergekommen, um zu sehen, wie du auf die Hinterbeine stehst, Pater, und es ihnen gibst. Das würde ich mir eine halbe Million lang nicht entgehen lassen." -Feiertage."

„Wenn das alles ist, weswegen Sie gekommen sind, hätten Sie sich die Mühe vielleicht erspart."

„Ärger? Mein lieber Vater, ich hätte mir *jeden* Ärger gemacht."

Man konnte sehen, dass er ihn auslachte. Und er redete Barbara an und erregte die ganze Zeit ihre Aufmerksamkeit; Mit jedem Satz warf er ihr einen Blick über den Tisch zu. Offensichtlich hatte er Angst, sie könnte denken, er wüsste nicht, wie lustig sein Vater war, und er musste es ihr zeigen. Das war nicht anständig von ihm. Barbara war mit dem jungen Horace nicht einverstanden; dennoch konnte sie ihm nicht widerstehen; Seine Augen und sein Mund waren wie die von Ralph voller intelligenter, aber verantwortungsloser Freude. Er wollte, dass sie es teilte. Er war ein Egoist wie sein Vater; aber er hatte etwas vom Charme seiner Mutter, etwas von Ralph Bevans.

„Nichts", sagte er, „nichts hätte mich ferngehalten."

„Sie sind sehr gut, Sir." Horace konnte diesen beißenden Sarkasmus zu schätzen wissen.

„Überhaupt nicht. Ich sage, ich wünschte, du würdest mich auf den Bahnsteig lassen."

„Wofür? Sie schlagen sich doch nicht als Redner vor, oder?“

„Eher nicht. Ich möchte einfach irgendwo sein, wo ich gleichzeitig Ihr Gesicht und das des alten Grainger und Hitchins sehen kann, wenn Sie sich für ihren Sozialismus einsetzen.“

„Sie werden auf keinen Fall auf das Podium kommen. Und wo auch immer Sie sitzen, ich muss Sie bitten, sich zu benehmen – wenn Sie können. Es ist Ihnen vielleicht nicht bewusst, aber das wird eine ernste Besprechung.“

Das weiß ich . Es ist nur die Ernsthaftigkeit, die mich erregt.“ Er kicherte.

Herr Waddington zuckte mit den Schultern. „Natürlich, wenn Sie kein Verantwortungsbewusstsein haben – wenn Sie sich dafür entscheiden, wie ein schlecht erzogener Schuljunge weiterzumachen –, aber wundern Sie sich nicht, wenn Sie vom Stuhl gerügt werden.“

„Was? Alter Corbett? Ich würde ihn gerne sehen … Mach dir keine Sorgen, Pater, ich werde mich um einiges besser benehmen als alle anderen. Du wirst sehen, wenn ich es nicht tue.“

„Wie hast du gedacht, dass er sich verhalten würde, Horatio?“ sagte Fanny. „Wenn er den ganzen Weg zurückgelegt hat und das Picknick aufgegeben hat, um dich zu hören.“

„Pater macht ein Picknick, wenn Sie möchten“, sagte Horace.

Mr. Waddington winkte ihn mit einer Geste ab, als würde er eine neckende Fliege schnipsen, und ging hinaus, um seine Papiere einzusammeln.

Fanny drehte sich zu ihrem Sohn um. „Tut mir leid, mein Lieber, du darfst deinen Vater nicht so verprügeln. Du darfst ihn nicht auslachen. Er mag das nicht.“

„Ich kann nicht anders“, sagte Horry. „Er ist so wahnsinnig lustig. Er *bringt* mich zum Kichern.“

„Nun, was auch immer Sie tun, kichern Sie nicht über das Treffen, sonst verraten Sie ihn.“

„Das werde ich nicht, Mater. Hochachtungsvoll, das werde ich nicht. Ich werde mich wie – wie alles andere zurückhalten. Nur darf es dir nichts ausmachen, wenn ich platze.“

2

Herr Waddington hatte eine halbe Stunde lang gesprochen und dabei, mit einigen notwendigen Wiederholungen, die Grundsätze und Ziele der Liga dargelegt.

Er wurde auf der Plattform von seinem Vorsitzenden, Sir John Corbett, und den anderen Mitgliedern seines geplanten Ausschusses unterstützt: von Lady Corbett, von Fanny, vom Rektor, von Mr. Thurston aus Elms, Wyck-on-the-Hill ; von Herrn Bostock von Parson's Bank; Herr Jackson von den Herren Jackson, Cleaver and Co., Rechtsanwälte; Major Markham aus Wyck Wold, Mr. Temple aus Norton-in-Mark und Mr. Hawtrey aus Medlicott; und von seiner Sekretärin, Miss Barbara Madden. Der gesamte Saal war voll. Unter ihm, in der ersten Reihe, saßen die Frauen und Töchter seiner Ausschussmitglieder; In der Mitte, direkt unter seiner Nase, war ihm die Anwesenheit des jungen Horace und Ralph Bevan schmerzlich bewusst. Oberst Grainger saß hinter ihnen, auffällig und, wie Mr. Waddington fand, ein wenig aufsässig, mit seinem großen quadratischen Gesicht und dem kantigen roten Schnurrbart, und auf beiden Seiten von Oberst Grainger und hinter ihm befanden sich der benachbarte Adel und die Stadtbewohner von Wyck. die beiden Lebensmittelhändler, die beiden Metzger, die Tuchhändler und der Hotelier, und hinter ihnen wiederum die Bediensteten des Herrenhauses und eine Menge Verkäufer; und immer weiter hinten Landarbeiter und Handwerker; unter ihnen erkannte er Ballinger mit mehreren Männern von Colonel Grainger und Hitchin. Sie bildeten eine ziemlich kompakte Gruppe, und Mr. Waddington war über ihren Auftritt dort erfreut.

Und weit in der Mitte der Halle, über den Hüten der Frauen, konnte er Mr. Hitchins Haarbüschel sehen, sein kluges, rundes, glattrasiertes und rosiges Gesicht, seine grau karierten Schultern und seine rote Krawatte. Mr. Hitchin wirkte, als würde er von der gesamten Truppe seiner Arbeiter unterstützt. Auch Mr. Waddington war über Mr. Hitchins Auftritt erfreut und dachte, er würde dieses Gefühl in seine Schlussrede einfließen lassen.

Er war sich auch zutiefst bewusst, dass Mrs. Levitt ganz allein auf einem leeren Platz etwa in der Mitte der dritten Reihe saß.

Von Zeit zu Zeit konzentrierten sich Ralph Bevan und der junge Horace auf Fanny Waddington und Barbaras entzückte Augen in Gesichtern von übernatürlicher Ernsthaftigkeit. Der junge Horace sah seltsam und anders aus als er selbst, mit zusammengepressten Kiefern, in seinem gewaltigen Versuch, nicht zu kichern. Immer wenn Barbaras Blick seinen und Ralph traf, flackerte ein schwaches Lächeln auf ihrem Gesicht, flackerte und erlosch.

Einmal flüsterte Horace Ralph Bevan zu: „Macht er nicht mit?" Und Ralph flüsterte zurück: „Er ist riesig."

Er war. Er fühlte sich riesig an. Er hatte das Gefühl, sein Publikum mit sich zu tragen. Der Klang seiner eigenen Stimme erregte ihn und trieb ihn weiter an. Es war eine Art Rausch. Er schwebte jetzt immer höher in seiner Schlussrede.

„Es ist mir eine Freude, heute Abend so viele arbeitende Männer und Frauen hier zu sehen. Sie sind besonders willkommen. Wir wollen sie bei uns haben. Misstrauen Sie dem arbeitenden Mann nicht. Der arbeitende Mann ist im Herzen gesund. Gesund in." Auch wenn er sich nicht von den verräterischen Argumenten unwissender Agitatoren mitreißen lässt, haben wir – ich und die Gründer dieser Liga – nicht die schlechte Meinung über den Arbeiter, die seine Führer – seine Irreführer, wie ich sie nennen möchte – wir glauben an ihn, wir wissen, dass es keinen Teil der Gemeinschaft gibt, der solider für Ordnung und eine gute Regierung eintreten würde als er, wenn er nur in Ruhe gelassen würde."

"Hört hört!" von Colonel Grainger. Ralph flüsterte: „Camouflage!" zu Horace, der nickte.

„In den Zielen dieser Liga steht nichts im Widerspruch zu den Interessen der Labour-Partei. Im Gegenteil" – er hörte die schreckliche Wiederholung, als ob jemand anders der Täter gewesen wäre – „Ich meine –" Sein Gehirn kämpfte um einen weiteren Satz wahnsinnig und vergebens. „Im Gegenteil, sie existiert, um die wahren Interessen, die besten Interessen jedes arbeitenden Mannes und jeder arbeitenden Frau im Land zu schützen."

"Hört hört!" von Sir John Corbett. Herr Waddington lächelte.

„Präsident Wilson" – er wurde aufgeregt und trank Wasser – „Präsident Wilson sprach davon, die Welt sicher für die Demokratie zu machen. Nun, wenn wir, Sie und ich, wir alle, uns nicht darum kümmern, wird die Welt nicht sicher sein." Für alles andere wird es sicherlich nicht sicher sein für die Mittelklasse, für die großen Geschäfts- und Berufsklassen, für die Klasse, zu der ich jedenfalls gehöre: die Klasse der englischen Gentlemen. Es wird nicht sicher für *uns sein* .

„Nicht, dass ich vorhabe, daraus eine Klassenfrage zu machen. Es wäre mehr als falsch, daraus eine Klassenfrage zu machen. Diese Kräfte der Unordnung und Zerstörung, die wir unterdrücken wollen, sind nicht hier, um auf Klassenunterschieden zu bestehen, sie werden immer existieren, aber sie sind für unser großes Ziel unerheblich Frage des Prinzips, des großen Prinzips der britischen Freiheit: Werden wir uns der Tyrannei einer Klasse über alle anderen Klassen, eines Interesses über alle anderen Interessen im Land unterwerfen? Minderheit, ob es eine Labour-Minderheit oder eine andere ist?

„Werden – wir – den Bolschewismus und eine Sowjetregierung hier tolerieren? Wenn irgendwelche Personen anwesend sind, die glauben, dass dies unsere Haltung und unsere Absicht ist, sage ich ihnen jetzt deutlich: Das ist *nicht der Fall* . In ihrer eigenen Sprache, in unserer Gutes altes County-Sprichwort: „So sicher wie Gott in Gloucester" ist es nicht und wird es auch nie sein. Ich glaube nicht, dass es eine intelligente Person in diesem Raum gibt, die mir nicht zustimmen würde, wenn ich sage, dass es zwar gerecht und richtig ist, dass Labour eine Stimme in der Regierung hat, dies aber nicht der Fall ist gerecht und es ist nicht richtig, dass es die einzige Stimme sein sollte.

„Seit zwei Jahren ist es die einzige Stimme, die in Russland gehört wird, und was ist die Konsequenz? Blutvergießen. Anarchie und Blutvergießen. Ich *sage nicht* , dass wir hier Anarchie und Blutvergießen haben sollten; England ist Gott sei Dank nicht Russland. Aber Ich sage nicht, dass wir sie *nicht* haben werden, und ich *sage* , dass es bei uns liegt, bei Ihnen und mir, meine Damen und Herren, zu entscheiden, ob wir sie haben werden oder nicht. Es hängt von den Maßnahmen ab, die wir ergreifen. Nacht in Bezug auf diese National League of Liberty, von der Aktion, die an anderen Abenden bei ähnlichen Treffen in unserem ganzen England ergriffen wurde, hängt es, mit zwei Worten, von unserem *gemeinsamen Handeln ab* , ob wir Anarchie oder eine stabile Regierung haben werden , ob unser England weiterhin ein freies Land sein soll oder nicht.

„Denken Sie an zwei Dinge: Die Liga ist national und sie ist eine Liga der Freiheit. Sie wäre nicht das eine, wenn es nicht das andere wäre.“

sagen viele von Ihnen : ‚Diese Liga ist ja schön und gut, aber was kann *ich* tun?‘ Vielleicht werden Sie sogar sagen: „Was kann Wyck? Schließlich ist Wyck nicht die Hauptstadt des Landkreises.“

„Nun, ich kann Ihnen sagen, was Wyck tun kann. Es kann sein – es *ist* die erste Stadt in Gloucestershire, die erste Provinzstadt in England, die eine National League of Liberty gegründet hat. Sie haben eine Liga in London, der Mutterliga Sie mögen jeden Tag irgendwo eine andere Zweigliga haben, aber ich hoffe, dass wir – dank der sehr edlen Bemühungen dieser Damen und Herren, die sich freundlicherweise bereit erklärt haben, in meinem Komitee zu dienen – bald Ligas in Gloucester gegründet haben werden. Cheltenham, Cirencester, Nailsworth und Stroud; in jeder Stadt, jedem Dorf und jedem Weiler der Grafschaft kann ich dank Ihrer Entscheidung heute Abend sagen, dass Wyck – der kleine Wyck – als Erster eingestiegen ist. Überall um uns herum, im Umkreis von fünfzehn bis zwanzig Meilen, gibt es Weiler, Dörfer und Städte, die keine Liga haben und nichts über die Liga wissen. Wyck-on-the-Hill wird für diesen Teil das Zentrum der Liga sein der Cotswolds.

„Es ist unmöglich, die Bedeutung des auf dem Spiel stehenden Prinzips zu überschätzen. Daher ist es unmöglich, die Bedeutung dieser Liga zu übertreiben, daher ist es unmöglich, die Bedeutung dieses Treffens aller Männer und Frauen zu übertreiben, die heute Abend hierher gekommen sind. Und Wenn Sie von Ihren Plätzen aufstehen und auf diese Plattform treten, um sich als Mitglieder der National League of Liberty einzutragen, möchte ich, dass jeder von Ihnen das Gefühl hat, dass er etwas Wichtiges, etwas Notwendiges für die National League of Liberty tut Nation, eine Sache, die auf ihre Weise genauso notwendig und wichtig ist wie die Sache, die der Soldat tut, wenn er aus seinem Graben aufsteht und über den Gipfel hinausgeht.

Genau in diesem Moment kicherte der junge Horace. Aber er verdeckte seinen Zusammenbruch mit einem Ruf: „Hört! Hört!" Das brachte Fanny und Barbara dazu, sich gleichzeitig die Nase zu putzen. Ralph verbarg sein Gesicht in seinen Händen.

„Genau wie er", sagte Herr Waddington, „werden Sie dabei helfen, England zu   retten. Und was kann einer von uns mehr tun?"

Plötzlich setzte er sich unter lautem Applaus hin und trank Wasser. Trotz des Applauses wurde er von einem Gefühl der Unvollständigkeit heimgesucht. Es gab etwas, das er in seiner Rede ausgelassen hatte, etwas, das er besonders sagen wollte. Es erschien ihm wichtiger, wichtiger als alles, was er gesagt *hatte*
.

Ein einzelnes Paar Hände, Mrs. Levitts Hände, auffällig erhoben, klatschten immer noch, als Mr. Hitchins Gesicht wie ein roter Mond hinter und etwas links von ihr aufstieg; gefolgt von grau karierten Schultern und roter Krawatte. Er warf den Kopf zurück, steckte einen Daumen in jedes Armloch seiner Weste und sprach. „Meine Damen und Herren. Der Redner hat Präsident Wilson zitiert, in dem es darum ging, die Welt für die Demokratie sicher zu machen. Er scheint sich Sorgen um die Zukunft zu machen und, wenn ich das so sagen darf, in einer Art Zukunftsangst zu sein. Aber er hat es getan Hat er der Vergangenheit überhaupt Beachtung geschenkt? Hat er überhaupt über die Lage vieler Arbeiter in der Gegenwart nachgedacht , zum Beispiel des heutigen Landarbeiters? Hätte er die Fakten gekannt, wenn er sich für die Fakten interessiert hätte, hätte er zugeben können, dass der arbeitende Mann nun an der Reihe ist, ob es ihm nun gefällt oder nicht.

„Ich brauche Herrn Waddington nicht zu fragen, ob er das Gleichnis von Dives und Lazarus kennt. Aber ich möchte ihm gerne sagen, was Abraham zu dem reichen Mann sagte: ‚Denke daran, dass du zu deinen Lebzeiten deine guten Gaben empfangen hast, und.' ebenso hat Lazarus Böses getan; nun aber wird er getröstet und du wirst gequält.'

„Ich möchte nicht, dass Mr. Waddington gequält wird. Zu sehr gequält werden. Nicht mehr als angemessen. Eine kleine Qual – sagen wir, sein Finger würde für den Bruchteil einer Sekunde an dieser heißen, unangenehmen Stelle verbrannt – wäre gut." für ihn, wenn es ihn zum Nachdenken bringt, sage ich, ich möchte ihn nicht quälen, aber ich stelle ihm nur eine Frage: Glaubt er, dass es eine Welt gibt, in der es für einen arbeitenden Mann möglich ist, nur weil er ein arbeitender Mann *ist*? und kein englischer Gentleman, eine Welt, in der es für ihn, seine Frau und seine Kinder immer noch möglich ist, nach Lust und Laune eines englischen Gentlemans aus Haus und Heim vertrieben zu werden, denkt er, dass es eine Welt gibt, in der solche Dinge möglich sind? Ist das ein sicherer Ort für irgendjemanden?

„Ich kann ihm sagen, dass es nicht sicher ist. Es ist nicht sicher für dich und mich. Und wenn es für dich und mich nicht sicher ist, ist es nicht sicher für die Menschen, die diese Dinge geschehen lassen; und das ist es nicht." Es ist nicht sicherer für die Menschen, die daneben stehen und es zulassen.

„Und wenn der Sozialist – wenn der Bolschewist der Mann ist, der dafür sorgen wird, dass so etwas nicht passiert, wenn eine Sowjetregierung die einzige Regierung ist, die dafür sorgen wird, dann ist der Sozialist oder der Bolschewist der Mann, der dafür sorgen wird, dass so etwas nicht passiert." Mann für mein Geld, und eine Sowjetregierung ist die Regierung für meine Stimme. Ich sage wohlgemerkt nicht, dass es die einzige Regierung *ist* – ich sage, wenn es so wäre.

"Mr. Waddington mag den Bolschewismus nicht. Keiner von uns mag ihn. Er mag den Sozialismus nicht. Ich glaube, er hat diesbezüglich einige falsche Vorstellungen. Aber er hat vollkommen recht, wenn er Ihnen sagt, dass Sie selbst die Lösung finden, wenn Sie Angst vor dem Bolschewismus und einer Sowjetregierung haben. Wenn es jemals einen Tag der Abrechnung gibt, das, was Mr. Waddington eine Revolution in diesem Land nennen würde, werden Sie, wir, ja jeder von uns, der hier sitzt, auf unsere Art und Weise erledigt sein."

Er setzte sich, und Mr. Waddington erhob sich wieder von seinem Podium, ernst und ein wenig blass. Er blickte sich im Saal um, um zu zeigen, dass es dort niemanden gab, vor dem er Angst hatte, ihm gegenüberzutreten. Es hätte der Blick eines kühnen und erfolgreichen Staatsmannes sein können, der sich gegen ein unruhiges Haus wendet, überzeugt von seiner Macht, es zu halten.

„Wenn ich ihn nicht falsch verstanden habe, klang das, was Herr Hitchin gerade gesagt hat, meine Damen und Herren, sehr wie eine Drohung. Wenn das so ist, können wir Herrn Hitchin dazu gratulieren, dass er einen unwiderlegbaren Beweis für die Notwendigkeit einer National League of Liberty geliefert hat." ."

Es gab Rufe: „Hört! Hört!" von Sir John Corbett und von Mr. Hawtrey aus Medlicott.

Dann passierte etwas Schreckliches. Zuerst leise und raschelnd, dann immer lauter, ertönte ein Zischen aus den hinteren Reihen, in denen sich die Männer von Colonel Grainger und Mr. Hitchin befanden. Dann ein Buh. Dann ein gleichzeitiges Buhen und Zischen.

Sir John kletterte auf seine kleinen Beine und rief: „Ordah, da! Ordah!" Mr. Waddington behielt eine unbeugsam hochmütige Miene bei, während Sir John seine Faust auf den Tisch schlug (wahrscheinlich das energischste, was er jemals in seinem Leben getan hatte), und dabei laut „Ordah!" rief. Man sah, wie sich Colonel Grainger und Mr. Hitchin auf ihren Plätzen umdrehten und ihren Männern ein Zeichen gaben, woraufhin die Demonstration aufhörte.

Dann erhob sich Herr Waddington, als wäre überhaupt nichts geschehen, und sagte: „Alle Damen und Herren, die der Liga beitreten möchten, werden bitte auf die Bühne kommen und Miss Madden ihre Namen nennen. Wer sich sofort anmelden möchte, kann zahlen." ihre Abonnements für Miss Madden.

„Ich möchte Sie nun auf den letzten Programmpunkt aufmerksam machen und Sie alle bitten, mit mir ganz herzlich „God Save the King" zu singen."

Alle außer Colonel Grainger und Mr. Hitchin erhoben sich, und alle außer den Extremisten der Opposition sangen. Eine Stimme – es war Mrs. Levitts Stimme – erhob sich arrogant hoch und klar über die anderen.

„Sende – ihn – siegreich,
glücklich – und – ruhmreich. Lang – bis – rei-eign übermächtig Gaw-aw-awd – Rette – deinen König."

Mr. Waddington wartete neben Barbara Madden am Tisch; er wartete mit großer Zuversicht. Schließlich hatte die von Colonel Grainger inszenierte Demonstration keine Wirkung gezeigt. Die vorderen und mittleren Reihen waren aufgestanden und eine sehr ansehnliche Prozession begann sich auf den Bahnsteig zuzubewegen.

Mr. Waddington war so sehr auf diese Prozession konzentriert, Barbara war so damit beschäftigt, Namen zu notieren, Abonnements einzutragen und Quittungen auszustellen, Sir John und Lady Corbett und der Rest des vorgeschlagenen Komitees redeten so laut und schnell miteinander, Ralph und Horace Sie waren so in ihren Blick auf Barbara vertieft, dass keiner von ihnen sah, was in der Halle vor sich ging. Nur Fanny fing die Signale auf, die zwischen Colonel Grainger und Mr. Hitchin sowie zwischen Mr. Hitchin und seinen Männern ausgetauscht wurden.

Dann stand Colonel Grainger auf und rief: „Ich protestiere!"

Herr Hitchin stand auf und rief: „Ich protestiere!"

Sie riefen gemeinsam: „Wir protestieren!"

Sir John Corbett eilte zurück zu seinem Stuhl und rief „Ordah!" und die hinteren Reihen, die Reihen von Hitchins Männern, standen auf und riefen: „Wir werden nicht unterschreiben!" „Wir werden nicht unterschreiben!" „Wir werden nicht unterschreiben!"

Und dann tat der junge Horace etwas Unerwartetes, etwas, das ihn selbst überraschte. Er sprang auf die vordere Bank und stellte sich den Aufständischen in den hinteren Reihen entgegen. Sein Gesicht war rot vor Aufregung und vor Scham, Wut und Groll, die die Beredsamkeit seines Vaters hervorrief. Aber er schrie mit seiner heiseren, brechenden, jugendlichen Stimme:

„Seht her, ihr Schurken da hinten. Wenn ihr diesen Krach nicht sofort beendet, werde ich euch alle rausschmeißen."

Nur eine Stimme, die Stimme von Mr. Hitchins größtem und kräftigstem Steinbrucharbeiter, antwortete: „Kommen Sie, Sir!"

Der junge Horace sprang leichtfüßig über die Bank, gefolgt von Ralph, und die beiden rannten den Flur entlang, als Mr. Hitchin ein weiteres seiner geheimnisvollen Zeichen gab und die Männer gehorsam einer nach dem anderen hinausgingen.

Ralph und Horace fanden sich mitten auf den leeren Bänken wieder und lachten einander ins Gesicht. Colonel Grainger und Mr. Hitchin standen neben ihnen und lächelten mit unerträglicher Güte.

Mr. Hitchin sagte gerade: „Den Männern geht es gut, Mr. Bevan. Sie meinen es nicht böse. Sie sind einfach ein bisschen außer Kontrolle geraten."

Horace sah, dass sie großmütig waren, und der Gedanke machte ihn wahnsinnig. „Ich gebe den Männern keine Vorwürfe", sagte er, „und ich gebe Ihnen auch keine Vorwürfe, Hitchin. Sie wissen es nicht besser. Aber Colonel Grainger sollte sich verdammt schämen, und ich hoffe, dass er es ist." "

Colonel Grainger lachte. Das Gleiche galt für Mr. Hitchin, der sich zurückwarf und von einer Seite zur anderen schwankte, während seine Heiterkeit ihn erschütterte.

„Sehen Sie, Mr. Hitchin –"

„Das reicht, Horry", sagte Ralph. Er führte ihn sanft durch einen Seitengang und durch eine Schwingtür in den verborgenen Korridor neben dem Bahnsteig. Dort warteten sie.

„Glauben Sie nicht einen Moment", sagte der junge Horry, „dass ich mit allem, was er geredet hat, einverstanden bin. Aber schließlich hat er das vollkommene Recht, sich lächerlich zu machen, wenn er will. Und er ist *mein* Vater." "

„Ich weiß. Von Anfang bis Ende hast du dich großartig benommen, Horry.“

„Nun, was würdest *du* tun, wenn dein Vater sich in der Öffentlichkeit lächerlich machen würde?“

„Mein Vater nicht.“

„Nein, aber wenn er es getan hätte?“

„Ich würde tun, was du getan hast. Bleib ruhig und versuche so auszusehen, als ob er es nicht getan hätte.“

„Dann“, sagte Horace, „sehen Sie selbst wie ein großer Idiot aus.“

„Nicht ganz. Du sagst nichts. Außerdem ist dein Vater kein so großer Dummkopf wie die London Leaguers, die diese alberne Show ins Leben gerufen haben. Sir Maurice Gedge und die ganze Menge. Er hat das scheußliche Ding nicht erfunden.“

„Nein“, sagte Horace traurig, „er hat nicht einmal den Vorzug der Originalität.“

Er meditierte, immer noch traurig.

„Schau mal, Ralph, was hat dieser Schuft Hitchin gemeint?“

„Er ist kein Schuft. Er ist ein verdammt guter Kerl. Ich kann Ihnen sagen, wenn jeder Arbeitgeber in diesem verfluchten Wirtschaftsland so ehrlich wäre wie der alte Hitchin, gäbe es keine Arbeitsfrage, über die es sich zu reden lohnt.“

„Verdammt, seine Ehrlichkeit. Was hat er *gemeint*? War es wahr, was er gesagt hat?“

„War was wahr?“

„Warum, dass mein Vater die Ballingers rausgeschmissen hat?“

„Ja, ich fürchte, das war es.“

„Ich sage, wie ekelhaft von ihm. Weißt du, ich dachte immer, er sei ein kleiner Dummkopf, mein Vater; aber ich wusste nicht, dass er dieser abscheuliche Dummkopf war.“

„Das ist er nicht“, sagte Ralph. „Er ist einfach – ein Idiot.“

„Ich weiß. Hast du jemals so eine faule Fäulnis gehört, während er redete?“

„Ich weiß es nicht. So albern es auch war, seine Rede war gar nicht so schlecht.“

„Was? Über das Übertreiben? Oh Gott! Und nachdem ich die Ballingers rausgeschmissen habe.“

Ralph schwieg.

„Was ist mit ihm passiert? Er war früher nicht so. Er muss verrückt sein oder so etwas."

Ralph dachte an Mrs. Levitt.

„Er wird alt und es gefällt ihm nicht. Das ist mit ihm los."

„Aber halt, Ralph, das ist keine Entschuldigung. Das ist sie wirklich nicht."

„Ich glaube, Ballinger hat ihn provoziert."

„Es ist mir egal, was er ihm gegeben hat. Er hatte kein Recht, es auszunutzen. Nicht bei solchen Leuten. Außerdem würde es bei Ballinger nicht so viel ausmachen, aber da sind da noch die alte Susan und die Kinder … . Er sieht nicht, wie widerlich es für *mich ist* .

„Es ist nicht sehr schön für deine Mutter."

„Nein, es ist ziemlich hart für den armen Mann … Nun, ich kann es nicht mehr lange aushalten. Ich habe Horatio Bysshe fast satt. Ich werde gleich morgen früh raus, bevor er unten ist. Es ist mir egal, ob ich ihn nie wieder sehe oder mit ihm spreche.

„Ich sage, ich sage, wie wäre es mit den Mittsommerferien?"

„Oh, verdammt noch mal, die Mittsommerferien!"

„Ist es nicht ziemlich mies, eine Linie zu vertreten, mit der man unmöglich Schritt halten kann?"

„Das ist in Ordnung. Was auch immer ich in Zukunft tun mag", sagte der junge Horace großartig, „ich muss ihm *jetzt seine Strafe geben* ."

Ralph lachte. Der junge Horace war ein ebenso großer Egoist wie sein Vater, allerdings mit folgenden Unterschieden: Sein Blut war heiß statt kalt, er hatte den Humor seiner Mutter und er war kein Dummkopf. Ralph fragte sich, wie er sich gefühlt hätte, wenn er Mrs. Levitts Rolle in der Ballinger-Affäre erkannt hätte.

3

Herr Waddington blieb auf seinem Podium stehen. Sie kamen jetzt um ihn herum, ergriffen seine Hand und gratulierten ihm: Sir John Corbett, der Rektor, Major Markham von Wyck Wold und Mr. Hawtrey von Medlicott.

„Kapitalrede, Waddington, Kapital."

„Die beste Rede, die im Rathaus gehalten wurde, seit es gebaut wurde."

„Hervorragend. Du hast sie jedes Mal eins erwischt."

„Kein Wunder, dass du sie auf dich herabgezogen hast."

„Das war eine schändliche Angelegenheit", sagte Sir John. „Schändlich."

„So etwas ist in Wyck noch nie passiert", sagte der Rektor.

„Niemand hat jemals zuvor eine Rede wie Waddington gehalten", sagte Major Markham von Wyck Wold.

„Oh, man bekommt immer Streit, wenn man sich in die Politik einmischt", sagte Mr. Hawtrey.

„Ich weiß es nicht", sagte Sir John. „Das war eine abgekartete Angelegenheit zwischen Hitchin und Grainger."

„Mir fiel auf, dass es wie ein spontaner Ausbruch aussah", sagte Major Markham.

„Ich habe keinen Zweifel, dass das rüpelhafte Element von außen hereingebracht wurde", sagte der Rektor. „Kaum einer von Hitchins Arbeitern ist ein Wyck-Mann. Ansonsten müsste ich mich bei Waddington für meine Gemeindemitglieder entschuldigen."

„Das brauchst du nicht. Darin war nichts Persönliches für mich. Überhaupt nichts Persönliches. Selbst Hitchin hätte nicht die Unverschämtheit besessen, sich auf meiner eigenen Plattform gegen mich zu stellen. Es war die Liga, die sie anstrebten. Etwas zu groß dafür." „Wenn man so etwas Großes und Wichtiges herausbringt, wird es zunächst sicher einige Widerstände geben, bis man sie erwischt."

„Freut mich, dass Sie das so sehen können", sagte Sir John.

„Mein lieber Freund, so kann man es sehen. Es ist der richtige Weg; der große unpersönliche Weg."

„Sie haben es im richtigen Sinne aufgenommen, Waddington", sagte der Rektor. „Keiner dieser Kerle hat es wirklich böse gemeint. Alles gute Kerle … Stimmt es übrigens, dass die Ballingers nach Lower Wyck gezogen sind?"

„Das glaube ich."

„Meine Güte, was um alles in der Welt hat sie besessen?"

„Irgendeine Modeerscheinung von Ballinger, glaube ich."

„Das erinnert mich daran, dass ich zu Frau Ballinger gehen muss."

„Sie werden sie dort nicht finden, Sir. Sie sind wieder zu ihrem Vater nach Medlicott gezogen."

„Das sagst du nicht. Ich frage mich jetzt, wozu sie das getan haben."

„Sie haben sich zum einen darüber beschwert, dass das Haus feucht sei. Wenn das so wäre, dann wäre das Hitchins Schuld gewesen, nicht meine."

Wollten ihn alle wegen dieser elenden Ballingers belästigen? Er hatte es langsam satt. Und er wollte ein Wort mit Frau Levitt sprechen.

Mrs. Levitt war am Ende der Prozession aufgetaucht. Sie hatte ihren Namen und ihr Abonnement an Barbara Madden abgegeben; aber sie blieb noch und wartete zweifellos auf ein Wort mit ihm. Wenn Corbett und der Rest nur gehen würden.

„Natürlich. Natürlich war es Hitchins Schuld", sagte der Rektor mit unvergänglicher Freundlichkeit. „Nun.... Gute Nacht, Waddington, und vielen Dank für einen äußerst anregenden Abend."

Sie waren jetzt alle außer Sir John und Lady Corbett gegangen. (Er konnte hören, wie sie hinten auf dem Bahnsteig mit Fanny sprach.) Mrs. Levitt zog ihren Schal um sich; In einer Minute würde sie verschwunden sein. Und Corbett wollte nicht gehen.

„Ich sage, Waddington, das ist ein prächtiger Junge von dir. Hast du gesehen, wie er übertrieben ist? Er hätte es mit allen aufgenommen. Ich hätte sie auch geleckt, das sollte mich nicht wundern."

Mr. Waddington ärgerte sich über diese Ablenkung des Stroms der Bewunderung. Und er war sich deutlich bewusst, dass Mrs. Levitt dort stand, distanziert, aber wartend.

„War ich wirklich in Ordnung, Corbett?" Er war mit seiner Rede nicht zufrieden.
Wenn er sich nur erinnern könnte, was er dabei ausgelassen hatte.

„Absolut, mein lieber Kerl. Absolut der Hammer. Du solltest diesen Jungen zum Soldaten machen."

Er wünschte, dass der junge Horace in diesem Moment Soldat sein könnte, stationiert in einem abgelegenen Teil des Imperiums, ohne Aussicht auf einen Urlaub für die nächsten fünf Jahre. Er wollte – er wollte unerträglich mit Mrs. Levitt sprechen und sich üppig mit ihrem verjüngenden Lächeln ausbreiten.

Sir John wich vor seiner offensichtlichen Gleichgültigkeit zurück. Er konnte ihn hinten auf der Plattform hören, wie er Fanny gratulierte.

Mrs. Levitt kam auf ihn zu.

„Endlich", sagte sie, „kann ich noch meine Glückwünsche hinzufügen. Diese Rede war großartig."

„Nichts, meine liebe Dame, nichts außer ein wenig notwendiger Klartext."

„Oh, aber du warst wunderbar. Du hast uns umgehauen.“

„Ich hoffe“, sagte er, „wir haben Sie als Mitglied registriert?“ (Er wusste, dass sie es getan hatten.)

„Natürlich bin ich eingeschrieben. Und ich habe meine arme kleine Guinea an diese entzückende Miss Madden eingezahlt.“

„Ah, das ist *zu* gut von dir.“

Es war. Die Höhe des Abonnements war reine Geschmackssache.

„Das ist das Mindeste, was ich für eine so großartige Sache tun kann.“

„Nun, liebe Frau Levitt, wir freuen uns, Sie bei uns zu haben. Hocherfreut.“

Es entstand eine Pause. Er blickte aus seiner Körpergröße von 1,80 m auf sie herab. Der schwache, süße Duft der Iriswurzel stieg von ihrer warmen Haut auf. Sie war sehr attraktiv, gekleidet in ein tief ausgeschnittenes Kleid aus dem matten, seidigen Stoff, den Frauen jetzt trugen. Über ihre Brüste war ein dünnes Band aus weißem Netz gespannt; Durch sie hindurch konnte er die schattige, pfeilspitzenförmige Rille dazwischen sehen; Ihr Anhänger – Perlmutt und Paste – zeigte darauf.

Er hatte sich in Bezug auf Elise und Schmuck geirrt. Das war eine Kehle für Perlen und Diamanten. Smaragde. Sie würde ganz schwarz und weiß und funkelnd grün sein. Eine Halskette, dachte er, würde ihr nicht hängen; es würde auf dieser weißen Brust wie auf einem Kissen ausgebreitet liegen. Man konnte nie erkennen, wie eine Frau wirklich war, bis man sie in einem Kleid mit tiefem Ausschnitt gesehen hatte. Es machte Mrs. Levitt zehnmal verführerischer. Er lächelte sie an, ein zärtliches, grübelndes, ziemlich albernes Lächeln.

Frau Levitt sah, dass ihr Moment gekommen war. Es wäre jetzt oder nie. Sie muss es riskieren.

„Ich wünschte“, sagte sie, „du würdest mich deiner Frau vorstellen.“

Es war ein Schock, ein schrecklicher Schlag. Es zeigte deutlich, dass Elise Interessen hatte, die über ihn hinausgingen, dass sie nicht, wie er, nur für das geheime, einsame Abenteuer war.

Doch vielleicht – vielleicht – hatte sie es geplant; Sie dachte, es wäre sicherer und diskreter für sie.

Sie sah mit dem alten, unwiderleglichen Lächeln zu ihm auf.

"Wirst du?" sie flehte.

„Nun – ich bin mir nicht sicher, ob ich weiß, wo meine Frau *ist*. Sie war vor einer Minute hier und hat mit Lady Corbett gesprochen."

Er sah sich um. Ein breiter Bildschirm schützte die Tür zum Bahnsteig. Er konnte sehen, wie Lady Corbett und Fanny dahinter verschwanden.

„Ich – ich werde gehen und nach ihr suchen", sagte er. Er dachte über Verrat nach.
Verrat an der armen Elise.

Er folgte ihnen durch die Tür und die Stufen hinunter in den verborgenen Korridor. Dort fand er Ralph Bevan. Horace war gegangen.

„Ich sage, Ralph, ich wünschte, du würdest Fanny nach Hause bringen. Sie ist müde. Hol sie hier raus. Ich werde noch eine halbe Stunde länger hier sein und Rechnungen begleichen. Du könntest Kimber sagen, sie soll zurückkommen, um mich und Miss Madden abzuholen." ."

Um nun zum Eingang zu gelangen, musste man durch die Schwingtür in den Flur und den Seitengang bis nach unten gehen, sodass Mrs. Levitt Zeuge von Mrs. Waddingtons Ausgang mit Ralph Bevan wurde. Herr Waddington. wartete, bis sich die Flurtüren vor ihnen geschlossen hatten, bevor er zurückkam.

„Ich kann meine Frau nirgendwo finden", sagte er. „Sie war nicht in der Garderobe, also denke ich, dass sie mit Horace zurückgegangen sein muss."

Mrs. Levitt würde denken, dass Fanny verschwunden war, während er ehrenhaft in der Garderobe nach ihr suchte.

„Ich sah sie ausgehen", sagte Mrs. Levitt kalt, „mit Mr. Bevan."

„Ich nehme an, er bringt sie nach Hause", sagte er vage. Seine beste Politik war Unbestimmtheit. „Und jetzt, meine liebe Dame, wünschte ich, ich könnte *Sie* nach Hause bringen. Aber ich werde noch eine Weile hier festgehalten. Wenn es Ihnen jedoch nichts ausmacht, ein oder zwei Minuten zu warten, bis Kimber mit dem Auto zurückkommt, soll er fahren Du."

„Danke, Mr. Waddington, ich fürchte, ich habe lange genug gewartet. Es lohnt sich nicht, Kimber zu belästigen, mich hundert Meter weit zu fahren."

Es bereitete ihr Vergnügen, Herrn Waddington als Gegenleistung für sein Manöver diesen Vorwurf zu machen. Da das Treffen inzwischen beendet war und niemand da sein würde, der ihrer Abfahrt im Auto der Waddingtons beiwohnen würde, rechnete Mrs. Levitt damit, dass sie sich diese kleine Befriedigung ihrer Gefühle leisten könne. Sie wurden durch Herrn Waddingtons offensichtliche Verzweiflung noch verstärkt. Er wäre die hundert Meter bis zur Sheep Street mit ihr nach Hause gegangen, aber sie wollte nichts davon hören. Sie war durchaus in der Lage, sich nach Hause zu sehen. Miss Madden wartete auf ihn. Gute Nacht.

4

Elf Uhr. In der Bibliothek, in der Mr. Waddington seinen Whiskey und sein Wasser trank, hatte Fanny geweint. Horry war in sein Schlafzimmer gegangen, ohne jemandem eine gute Nacht zu sagen. Barbara hatte sich diskret zurückgezogen. Ralph Bevan war gegangen. Und als Fanny an die Lavendelsäckchen dachte, die Susan-Nanna jedes Jahr zu Weihnachten schickte, hatte sie geweint.

„Wie konntest du das *tun* , Horatio? Wie *konntest* du?"

„Es gab nichts anderes zu tun. Sie können nicht erwarten, dass ich Ihre sentimentale Sicht auf Ballinger teile."

„Es ist nicht Ballinger. Es sind die arme Susan-Nanna und die Babys und die Lavendelsäckchen."

Mr. Waddington schwankte ruhig auf den Zehenspitzen auf und ab. „Es kommt der armen Susan-Nanna zugute, dass sie Ballinger geheiratet hat."

„Oh – ich schätze, es tut *mir* auch recht –"

Obwohl sie ihre Hände fest zu Fäusten ballte, konnte sie diesen kleinen Anflug von Wut nicht zurückhalten.

Er lächelte sein eigenartiges, üppiges Lächeln. „Ist dir das recht? Dass du alle im Dorf verwöhnt hast? Das stimmt tatsächlich."

„Du verstehst überhaupt nicht, was ich meine", sagte Fanny.

Aber schließlich war sie froh, dass er es nicht gesehen hatte.

Er hatte nichts gesehen. Er hatte nicht gesehen, dass sie geweint hatte. Es war ihm nie in den Sinn gekommen, dass ihr Susan-Nanna am Herzen liegen könnte oder dass die Ballingers ihr Zuhause, ihren Garten und ihre Lavendelbüsche lieben könnten. Er war so. Er sah keine Dinge und es war ihm egal.

Er war wieder in seinem Triumph des Abends und ging die Komplimente und Glückwünsche immer wieder durch – „Beste Rede, die jemals im Rathaus gehalten wurde ..." Aber da war etwas – etwas, das er ausgelassen hatte.

„Ist dir das nie aufgefallen?", sagte Fanny.

Ah, *jetzt* hatte er es.

"Dort!" er sagte. „Ich wusste, dass ich etwas vergessen hatte. Ich habe diesen Teil über die dunkelste Stunde vor Sonnenaufgang nie eingefügt."

Fannys Gedanken waren von dem abgelenkt, was sie sagen wollte. „Hast du gesehen, was Horry getan hat?" sagte sie stattdessen.

„Jeder konnte es sehen. Es war höchst unnötig."

„Das ist mir egal. Denken Sie nach, Horatio. Stellen Sie sich vor, wie er sich so für Sie einsetzt. Er wollte gegen sie kämpfen, meine Liebe, gegen all diese großen, rauen Männer. Um sie für *Sie zu bekämpfen* . Er sagte, er würde sich benehmen besser als jeder andere, und das hat er getan.

„Ja, ja. Er hat sich sehr gut benommen." Als sie es ihm nun so darlegte, war er von Horaces Verhalten berührt. Der Gedanke an alles, was du für *ihn getan hast, könnte ihn immer berühren* .

Aber Ralph Bevan hätte Fanny sagen können, dass sie sich geirrt hatte. Der junge Horace tat es nicht nur für seinen Vater; er tat es für sich selbst, für ein Verhaltensideal, ein Ehrenideal, das er hatte, um Dampf abzulassen, um im Rathaus für Aufsehen zu sorgen, um sich großartig und mutig zu fühlen; denn auch er war ein Egoist, wenn auch ein entzückender.

Herr Waddington kehrte zu seiner Rede zurück. „Ich kann mir nicht vorstellen, warum ich diesen Teil der Morgendämmerung ausgelassen habe."

„Oh, störe deinen alten Morgen", sagte Fanny. "Ich gehe ins Bett."

Sie ging getröstet. „Lieber Horry", dachte sie, „ich bin froh, dass er das getan hat."

VIII

1

Mit der Demonstration im Rathaus endete die Ballinger-Affäre nicht
. Es hatte unvorhergesehene und weitreichende Folgen.

Die erste davon erschien in einem Brief, den Herr Waddington von Herrn
Hitchin erhielt:

"LIEBER HERR,-

„ *Bezüglich* meines Kostenvoranschlags für die Dekoration und den
zusätzlichen Bau von Mrs. Levitts Haus möchte ich Sie darüber informieren,
dass die jüngsten Umstände es mir unmöglich gemacht haben, den Auftrag
anzunehmen. Ich muss Sie daher bitten, Ihren geschätzten Auftrag an eine
andere Firma zu übertragen.

"Mit freundlichsten Grüßen,

„THOMAS HITCHIN."

Herr Hitchin drückte seine Haltung gegenüber dem Vorarbeiter seiner
Arbeiten noch deutlicher aus. „Dafür werde ich keine Badezimmer, Boudoirs
und Schlafzimmer bauen …" Das Wort, das er wählte, vervollständigte die
Alliteration. So war Herr Waddington gezwungen, einen Bauunternehmer
aus Cheltenham zu engagieren, dessen Kostenvoranschlag den
Kostenvoranschlag von Herrn Hitchin um dreißig Pfund überstieg.

Und die Weigerung von Herrn Hitchin wurde selbst von Leuten, die seine
Schätzungen missbilligten, als moralischer Protest empfunden, der ihm Ehre
machte. Es beeindruckte die populäre Fantasie. In der weit verbreiteten
Vorstellung war Mrs. Levitt nun untrennbar mit der Ballinger-Affäre
verbunden. Die öffentliche Sympathie galt ausschließlich Ballinger, der aus
seinem Haus vertrieben und gezwungen wurde, beim Vater seiner Frau in
Medlicott Zuflucht zu suchen und jeden Tag zweieinhalb Meilen zu seiner
Arbeit und wieder zurück zu schleppen. Der Rektor und Major Markham
von Wyck Wold, die auf dem Rückweg vom Rathaus über die Ballinger-
Affäre nachdachten, erklärten sie für ein Rätsel.

„Es war unwahrscheinlich", sagte Major Markham, „dass Ballinger aus
eigenem Antrieb ein komfortables Haus in der Sheep Street für ein feuchtes
Cottage in Lower Wyck aufgeben würde."

„War es wahrscheinlich", sagte der Rektor, „dass Waddington ihn rauswerfen
würde?"
Er konnte nicht glauben, dass der alte Waddington so etwas tun würde.

„Es sei denn", schlug Major Markham vor, „man hat ihn erwischt. Mrs. Levitt könnte ihn erwischt haben." Er war ein guter Kerl, alter Waddy, aber in den Händen einer klugen, skrupellosen Frau wäre er sehr schwach.

Der Rektor sagte, dass er der Meinung sei, dass Mrs. Levitt nichts Böses angetan habe, und Major Markham antwortete, dass ihm ihr Aussehen nicht gefalle.

In Wyck-on-the-Hill kam es zu einem vagen Skandal. In Kneipen und Backshops ging es von Mund zu Mund; Major Markham transportierte es in seinem Auto von Wyck Wold zu den Halls and Manors von Winchway und Chipping Kingdon und Norton-in-Mark. Sie hatte in der Grafschaft einen noch festeren Stand als in Wyck, was zur Folge hatte, dass eine alte Dame ihr Abonnement für die Liga zurückzog und dass sich die Grafschaft weigerte, als Mr. Waddington seine Kampagne zur Razzia in der Grafschaft begann. Und die großen Städte Gloucester, Cheltenham und Cirencester waren besonders apathisch. Herrn Waddington wurde mitgeteilt, dass zweifellos etwas unternommen werden würde, wenn die örtlichen Behörden es für angebracht hielten, sich mit der Angelegenheit zu befassen, aber die Großstädte hätten keine Angst davor, dass ihnen von Wyck-on-the-Hill aus eine National League of Liberty auferlegt würde .

Die Liga starb nicht auf einmal an Mrs. Levitt. Sehr bald nach der Eröffnungssitzung tagte das Komitee im Lower Wyck Manor und ernannte Herrn Waddington zum Präsidenten. Es organisierte eine Reihe monatlicher Treffen im Rathaus, bei denen Herr Waddington sprechen würde („Das", sagte Fanny, „wird Ihnen jeden Monat etwas geben, auf das Sie sich freuen können.") So fand am Samstag, dem 19. Juli, er würde über „Die Wahrheit über den Bolschewismus" sprechen. Es wurde auch entschieden, dass die Liga bei Nachwahlen in der Grafschaft, falls es jemals welche geben sollte, sehr nützlich sein könnte, und Herr Waddington bereitete in Gedanken eine großartige Rede vor, die er für Wahlkampfzwecke nutzen konnte.

Am 19. Juli kamen siebzehn Personen, darunter Fanny und Barbara, zu dem Treffen: Sir John Corbett (Lady Corbett konnte leider nicht teilnehmen), der Rektor ohne seine Frau, Major Markham von Wyck Wold, Mr. Bostock von Parson's Bank, Kimber und Partridge und Annie Trinder vom Manor, die Wirtin des White Hart, der Metzger, der Lebensmittelhändler und der Fischhändler, mit denen Mr. Waddington Geschäfte machte, drei Bauern, die seine Entschlossenheit, die Löhne niedrig zu halten, guthießen, und Mrs. Levitt. Als er sich setzte und Wasser trank, ertönte ein schwaches Klatschen, angeführt von Mrs. Levitt, Sir John und dem Rektor. Am 16. August war das Publikum auf Mrs. Levitt, Kimber und Partridge, den Metzger, einen der drei Bauern und einen Besucher, der im White Hart wohnte, geschrumpft. Herr Waddington sprach zum Thema „Was die Liga tun kann". Aufgrund eines plötzlichen, unvorhergesehenen Mangels an Ideen war er gezwungen, auf seine Wahlkampfrede zurückzugreifen und zu zeigen, wie nützlich die Liga sein würde, wenn es irgendwann zu Nachwahlen im Kreis kommen würde. Das Knallen von Mrs. Levitts Händen löste sich in einem stillen Raum auf. Niemand, nicht einmal Kimber oder Partridge, würde Mrs. Levitts Beispiel folgen.

„Du musst es aufgeben", sagte Fanny. „Nächstes Mal wird niemand außer Mrs. Levitt da sein." Und mit der Vision all dieser törichten, leeren Bänke und Mrs. Levitt, der knallenden, lieben, mutigen Frau, ganz allein vor sich, gab Mr. Waddington zu, dass er es aufgeben musste. Nicht, dass er sich geschlagen gegeben hätte; nicht, dass er seine Meinung über die Liga aufgegeben hätte.

„Es ist ein bisschen zu groß für sie", sagte er. „Sie können es nicht begreifen. Schläfrige Gemüter. Man kann sie nicht wecken, wenn sie nicht geweckt werden."

Er ging aus seiner Niederlage mit einem ungebrochenen Gefühl der intellektuellen Überlegenheit hervor.

2

So verkümmerte die Liga und starb aus; und auch Mr. Waddington ging dahin, da dieses Feld für persönliche Aktivitäten fehlte. Trotz seiner intellektuellen Überlegenheit, vielleicht gerade deshalb, schmachtete er dahin, bis Barbara ihn darauf hinwies, dass die Situation ihre Vorteile hatte. Endlich konnte er mit seinem Buch weitermachen.

„Wenn du ihn nur dazu bringen und dabei halten kannst", sagte Fanny, „werde ich dich für immer segnen."

Aber es war weder einfach, ihn anzufangen, noch ihn dabei zu halten. Zunächst war, wie Ralph sie gewarnt hatte, das Werk selbst, *Ramblings Through the Cotswolds* , in einem entsetzlichen Schlamassel, und Mr. Waddington schien seinen ursprünglichen Antrieb, es in diesen Schlamassel zu bringen, erschöpft zu haben. Er hatte sich auf den Weg gemacht, ohne einen festen Plan zu haben. „Ein Wanderer", sagte er, „sollte keinen festen Plan haben." Damit Sie Mr. Waddington finden, der von Wyck-on-the-Hill aus nach Lechford im Thames-Tal kommt und im Tal des Windlode oder des Speed ankommt. Auf Seite 27 finden Sie ihn beim Biertrinken im Lygon Arms in Chipping Kingdon und auf Seite 28, wie er von den Höhen südlich von Cheltenham auf die Ebene von Evesham blickt. Er würde sich von dieser Aussicht abwenden und, ohne einen Zwischenweg zu beschreiten, wieder dorthin zurückkehren, wo man ihn am wenigsten erwartete, in seinem Herrenhaus unter Wyck-on-the-Hill. Denn obwohl er keinen festen Plan hatte, hatte er eine feste Idee, und so weit er auch schwafelte, er kehrte immer zu Wyck zurück. Für Herrn Waddington war Wyck-on-the-Hill der einzige Stall, der einzige bestimmte Ort auf der Erdoberfläche, und dies führte dazu, dass er die Karte von Gloucestershire ausschließlich mit Bezug auf Wyck-on-the-Hill behandelte, also alles Sein Geschwafel wurde durch die Notwendigkeit erschwert, von vorne anzufangen und wieder dorthin zurückzukehren.

So viel erkannte Barbara, nachdem sie die ersten vierzig Seiten kopiert und die erste Lichtung in Mr. Waddingtons Dschungel gemacht hatte. Die Lichtungen, erklärte sie Ralph, hätten einem das Herz gebrochen. Erst als man die Sache sauber und aufgeräumt hatte, erkannte man die tiefe spirituelle Verwirrung, die dahinter steckte.

Nach dieser vierzigsten Seite stapelten und vermischten sich die Ramblings in drei sich durchdringenden Schichten. Zuerst gab es die ursprüngliche Schicht von Waddington, dann eine Schicht von Ralph, die über Waddington gelegt wurde und in ihn eindrang; dann eine obere Schicht Waddington, die bis nach Ralph reicht. Erstens das urzeitliche Chaos von Waddington; dann bewegte sich Ralphs Geist darüber und brachte Licht und Ordnung; dann drang erneut Waddington ein und schlug alles zurück in Dunkelheit und Verwirrung. Von dem Moment an, als Ralph sich damit befasste, war der Fortschritt des Buches ein Kampf zwischen diesen beiden Prinzipien, und Waddington konnte Ralph niemals in Ruhe lassen, so entschlossen war er, dem Buch seine eigene Persönlichkeit zu verleihen.

„Schließlich", sagte Ralph, „ *ist es* sein Buch."

„Wenn er nur von Wyck wegkommen könnte, damit du sehen könntest, wo die anderen Orte *sind* ", stöhnte sie.

„Er kann dem nicht entkommen, weil er sich selbst nicht entkommen kann. Sein Geist ist egozentrisch und sein Ego lebt in Wyck."

Barbara hatte Ralph bitten müssen, ihr zu helfen. Sie waren jetzt zusammen in der Bibliothek und arbeiteten während eines von Mr. Waddingtons regelmäßigen Flügen nach London an den Ramblings.

„Er denkt, dass er durch das Land schweift, aber in Wirklichkeit schwafelt er immer wieder um sich selbst. Die ganze Zeit denkt er an nichts anderes als an sein gesegnetes Ich."

„Oh, komm, er hat viel über seine alte Liga nachgedacht."

„Nein, die Liga war nur eine Erweiterung seines Egos."

„Das muss Fanny gemeint haben. Wir schauten uns sein Porträt an und ich sagte, ich frage mich, woran er dachte, und sie sagte, sie habe sich immer gefragt, und jetzt wisse sie es. Natürlich ist es er selbst. Das ist es, was ihn so aussehen lässt." absurd feierlich."

„Ja, aber denken Sie darüber nach. Denken Sie nach. Dieser Mann hat sich nie um etwas und niemanden außer sich selbst gekümmert."

„Oh – er kümmert sich um Fanny."

„Nein. Nein, das tut er nicht. Er kümmert sich um seine Frau. Eine ganz andere Sache."

„Nun – seine alte Mutter liegt ihm am Herzen. Es liegt ihm wirklich am Herzen."

„Ja, und weißt du warum? Das liegt nur daran, dass sie ihm das Gefühl gibt, jung zu sein. Er hasst Horry, weil er sich dort nicht jung fühlen kann."

„Warum, oh warum, hat dieser Engel Fanny ihn geheiratet?"

„Weil sie kein Engel ist. Sie ist eine sterbliche Frau und sie wollte einen Mann und Kinder."

„War da sonst niemand?"

„Ich glaube nicht – verfügbar. Der Mann, den sie hätte heiraten sollen, war bereits verheiratet."

"Hat meine Mutter ihn geheiratet?"

"Ja. Und *meine* Mutter hat den Nächstbesten geheiratet... So einfach war das. Und je einfacher und schlichter es war, desto mehr wurde ihr klar, warum sie Horatio heiratete, desto idealisierter hat sie ihn. Es ging um Tarnung."

"Ich verstehe."

„Dann müssen Sie bedenken, dass es ihren Leuten schlecht ging und er ihnen half. Er hat immer etwas für sie getan. Er hat alle Angelegenheiten von Fanny für sie geregelt, bevor er sie heiratete."

„Dann – tut er nette Dinge."

„Viel. Wenn er etwas haben will. Er wollte Fanny haben … Außerdem tut er sie, um Macht zu erlangen, um einen in seinen Bann zu ziehen. Es ist wirklich die ganze Zeit für ihn selbst. Es gibt ihm eine gewisse Einfachheit und Reinheit." Er ist kein Snob. Er denkt nicht an sein Geld, sein Eigentum oder seine Vorfahren – er hat jede Menge davon – sie zählen nichts außer sich selbst."

„Wie wäre es mit seinem Buch? Spielt das keine Rolle?"

„Das tut es und wieder einmal nicht. Er tut so, als würde er es nur tun, um sich zu amüsieren, aber es ist in Wirklichkeit eine Projektion seines Egos in die Cotswolds. Andererseits würde er es hassen, wenn man ihn für einen Schriftsteller halten würde." Mann, wenn er Horatio Bysshe Waddington ist. Deshalb gerät er so in Schwierigkeiten, weil er nicht von sich selbst und seinem Herrenhaus wegkommen kann.

„Jedenfalls stolz auf sein Manor."

„Oh ja. Nicht, wohlgemerkt, weil es ein perfektes Tudor-Haus des 16. Jahrhunderts ist, *und auch nicht* , weil der Earl of Warwick es dem Ururgroßvater seines Urgroßvaters geschenkt hat, sondern weil es sein Anwesen ist. Horatio Bysshe Waddingtons Anwesen. Natürlich muss es das sein, was es ist, denn jedes andere Anwesen wäre für Bysshe nicht gut genug."

„Es ist auch eine Erweiterung seines Egos?"

„Ja. Horatios Ego breitet sich in Flügeln aus, platzt in kugelbesetzte Giebel und ergießt sich über einen schönen Garten und einen Park. Es gibt keinen Baum, keine Blume, die nicht Teile von Horatio in sich trägt."

„Wenn ich das dächte, würde ich nie wieder Rosen und Rittersporne sehen wollen."

„Es passiert nur in Horatios Kopf. Aber es passiert."

So erkannten sie ihn nach und nach.

Und sie machten das Buch aus. Hier und da waren auf separaten Zetteln große abgelegene Lichtstreifen einzufügen, die von Ralph beigesteuert wurden, und auch Skizzen von dunklem, unentwickeltem Material, das von Waddington stammte, einzufügen waren. Weder Ralph noch Barbara konnten sie fit machen. Das Einzige, was man tun musste, war, es so, wie es war, klar abzuschreiben und anschließend zu ordnen. Und plötzlich schien es, dass zwei Seiten fehlten.

Eines Abends, am Abend von Mr. Waddingtons Rückkehr, machte Barbara auf der Suche nach den verlorenen Seiten ihre große Entdeckung: ein Bündel Manuskript, hundertzwanzig Seiten in Ralphs Handschrift, versteckt auf der Rückseite der Kommode, zerknittert, als wäre es eine Die feindselige Hand hatte es außer Sichtweite geschoben. Sie nahm es mit ins Bett und las es dort.

Einhundertzwanzig Seiten purer Ralph ohne jeden Beigeschmack von Waddington. Es schien Teil von Mr. Waddingtons Buch zu sein und doch kein Teil davon, denn es war undenkbar, dass es zu etwas anderem als ihm selbst gehören sollte. Ralph redete nicht; Er ging direkt zu den Dingen über, die er gesehen hatte. Er sah die Cotswolds rund um Wyck-on-the-Hill, er ließ Sie sie so sehen, wie sie waren: die hohen Kurven der Hügel, vervielfacht, abgeworfen, einer nach dem anderen; die Quadrate und Rechtecke und Vandykes und ausgebreiteten Fächer der Felder; und ihre vielen Farben;

Grasgrün der Weiden, Smaragdgrün des jungen Weizens, Weißgrün der Gerste; leuchtendes, metallisches Grün der Rüben; das Rosa, das Braun, die violette Brache, das scharfe Kanariengelb des Ackersaiblings. Und die Bäume, die langen Prozessionen von Bäumen entlang der großen, mit Gras gesäumten Straßen; Bäume bedeckten die Flanken und Hügelrücken der geteilten Hügel, dunkle Waben bedeckten ihre Ränder.

Ralph wusste, was er tat. Er zog mit den Bauern und Knechten umher; Er kümmerte sich um das Pflügen und Säen und Ernten, das Füttern und Melken des Viehs, die Pflege der gebärenden Mutterschafe und der jungen Lämmer. Er ging nachts mit den Hirten in die Hochlandweiden; Er könnte dir etwas über Hirten erzählen. Er saß mit den Dorffrauen an ihren Kaminen und hörte ihren Gesprächen zu; Er könnte dir von Dorffrauen erzählen. Herr Waddington hat Ihnen nichts Wichtiges erzählt.

Sie brachte das Manuskript zu Ralph im White Hart und notierte ihm, wie sie es gefunden hatte. Er kam herbeigerannt, um mit ihr nach Hause zu gehen.

„Wussten Sie, dass es da war?“ Sie sagte.

„Nein. Ich dachte, ich hätte es verloren. Siehst du, was es ist?“

„Ein Teil Ihres Buches.“

„Horatios Buch.“

„Aber du hast es geschrieben.“

„Ja. Dafür hat er mich gefeuert. Er hatte genug von der Sache und bat mich, damit weiterzumachen. Er nannte es, sein Material aufarbeiten. Ich habe so weitergemacht, und er wollte es nicht.“ Er sagte, es sei schlecht geschrieben – holprige, kurze Sätze –, er müsse es umschreiben. Nun ja, das würde ich nicht zulassen, und er würde es nicht in der jetzigen Form haben.

„Aber – es ist wunderschön – lebendig und echt. Was will er mehr?“

„Der Stempel seiner Persönlichkeit.“

„Oh, er würde schon darauf *herumtrampeln* .“

"Ich freu mich, dass es dir gefällt."

„ *Gefällt* mir. Nicht wahr?“

Ralph sagte, er dachte, es hätte ihm gefallen, als er es schrieb, aber jetzt wusste er es nicht mehr.

„Du wirst es wissen, wenn du damit fertig bist.“

„Ich glaube nicht, dass ich es zu Ende bringen werde“, sagte er.

„Aber du musst. So etwas kann man doch *nicht zu Ende bringen.* “

„Ich besitze, dass ich es gerne tun würde. Aber ich kann es nicht veröffentlichen."

„Warum überhaupt nicht?"

„Oh, das wäre dem armen alten Waddy gegenüber nicht fair. Schließlich habe ich es für ihn geschrieben."

„Was zum Teufel soll das schon machen? Wenn er es nicht will. Natürlich wirst du es zu Ende bringen und natürlich wirst du es veröffentlichen."

„Nun, aber es ist doch alles Cotswold, wissen Sie. Und *er ist* Cotswold. Wenn es gut *ist* , wissen Sie, möchte ich ihm nicht – nun ja, in die Quere kommen. Es ist sein Spiel. Zumindest hat er damit angefangen."

„Das ist ein Spiel, das man zu zweit spielen kann: das Schreiben von Cotswold-Büchern."

„Nein. Nein. Das ist es nicht. Und er ist als Erster eingestiegen."

„Dann lassen Sie ihn zuerst rein. Danach können Sie Ihr Buch rausholen."

„Und seinen Teller?"

„Nein, lass es zuerst laufen. Vielleicht läuft es gar nicht."

„Vielleicht wird es bei mir nicht der Fall sein."

„ *Deins* . Dieses himmlische Buch? Und sein Schatz – siehst du nicht, dass du ihm *nicht* in die Quere kommen darfst? Wenn ihn jemand liest, werden es nicht die gleichen Leute sein, die dich lesen."

„Das hoffe ich nicht. Trotzdem wäre es ziemlich abscheulich, ihn rauszuschneiden. Ich möchte reinkommen und es besser machen, um zu zeigen, wie schlecht er ist, wie schrecklich. Das würde es zerstören, wissen Sie."

„Nicht mit ihm. Das konntest du nicht."

„Das weißt du nicht. Irgendein Unmensch könnte aufstehen und ihn damit verletzen."

„Oh, du *bist* zärtlich zu ihm."

„Nun, wissen Sie, ich habe ihn im Stich gelassen, als ich ihn verlassen habe. Außerdem ist er es nicht ganz. Da ist Fanny."

„Fanny? Sie würde es lieben, wenn du dein Buch schreibst."

„Ich weiß, dass sie das glauben würde. Aber es würde ihr nicht gefallen, wenn Horatio dadurch wie ein Idiot aussehen würde."

„Aber er wird auf jeden Fall wie ein Idiot aussehen."

„Stimmt. Ich gebe ihm vielleicht ein oder zwei Jahre.“

„Nun, dann liegt *meine Arbeit vor mir. Ich muss Horatio dazu bringen, weiterzumachen und schnell fertig zu werden, um dich nicht warten zu lassen.*“

„Er wird es satt haben. Er wird dich dazu zwingen, damit weiterzumachen.“

" *Mich?* "

„Praktisch, und streite mit jedem Wort, das du schreibst. Es sei denn, du kannst so wie Horatio schreiben, dass er denkt, er hätte es selbst getan. Und dann, weißt du, wird er kein einziges Wort von mir mehr haben. Das wirst du haben.“ um mich rauszuholen. Und wir sind so durcheinander, dass ich nicht einmal glaube, dass er uns in Ordnung bringen könnte. Um ihn zu besänftigen, habe ich mir vorgenommen, meinen Sätzen eine Wendung zu geben hätte so weitermachen können –“

„Ich muss das Ding irgendwie in Form bringen.“

„Es gibt nur eine Sache, die Sie tun müssen. Sie müssen ihn dazu bringen, einen richtigen Kurs zu steuern. Er soll *der* Führer durch die Cotswolds sein. Sie können ihn nicht ständig Leute nach Lower Wyck Manor zurückschicken lassen. Ich muss alle Orte und alle Wege kennen.

„Und das tue ich nicht.“

„Nein. Aber das tue ich. Angenommen, ich würde dich auf meinem Motorrad mitnehmen? Würde es dir etwas ausmachen, auf dem Gepäckträger zu sitzen?“

„Glaubst du“, sagte sie, „er würde mich gehen lassen?“

„Fanny wird es tun.“

„Ich *könnte* , denke ich. Ich arbeite morgens und abends so hart, dass sie mir alle Nachmittage gegeben haben.“

„Vielleicht gehen wir jeden Nachmittag hin, solange das Wetter mitspielt“, sagte er. Und dann: „Ich sage, er *bringt* uns zusammen.“

So begann Barbaras glückliches Leben.

3

Er hat sie zusammengebracht.

In den schrecklichen Monaten, die darauf folgten, kämpfte Barbara um Ordnung und Klarheit gegen Mr. Waddington, der sich in seiner obskuren Verwirrung zurechtzufinden versuchte, und wurde von dem Gedanken getragen, dass sie, indem sie für Mr. Waddington arbeitete, für Ralph Bevan arbeitete. Je härter sie für ihn arbeitete, desto härter arbeitete sie für Ralph.

Mit all ihrer List und ihrem kleinen unbeugsamen Willen drängte und trieb sie ihn, einzusteigen und Platz für Ralph zu machen. Herr Waddington brachte alle möglichen lästigen Hindernisse und Verzögerungen ein. Er saß stundenlang da und brütete feierlich und war gleichermaßen unfähig, einen einmal begonnenen Absatz zu beenden oder abzubrechen. Er hatte die Hauptstraßen verlassen und streifte nun durch Nebenstraßen, die so kompliziert waren, dass er keinen klaren Überblick über sich selbst geben konnte. Als Barbara eine saubere Kopie davon angefertigt hatte, ergab Mr. Waddingtons Teil nicht immer Sinn. Die einzigen Teile, die für sich allein bestehen konnten, waren Ralphs Teile, und es waren die Teile, die Mr. Waddington nicht stehen lassen wollte. Allein die Klarheit der Kopie war ein Lichtblick auf das hoffnungslose Durcheinander, das sie darstellte. Sogar Mr. Waddington konnte es sehen.

„Glauben Sie", sagte sie, „wir haben alles in der richtigen Reihenfolge hinbekommen?"
Sie wies.

" *Was ist* das?" Sie konnte sehen, wie seine Hände vor Verärgerung zuckten. Seine schlaffen Wangen hingen zitternd, während er grübelte.

„Das ist nicht so , wie *ich* es geschrieben habe", sagte er schließlich. „Das ist Ralph Bevan. Er war kein bisschen gut zu mir. Es gibt – es gibt kein Ende des Schadens, den er angerichtet hat. Ein eingebildeter Kerl, voller Selbstbewusstsein und eigener Ideen. Jetzt muss ich jede Zeile, die er geschrieben hat, noch einmal durchgehen schreibe es noch einmal. Ich schreibe lieber selbst ein Dutzend Bücher, als die schlechte Arbeit eines anderen zu reparieren …

„Aber du bist so durcheinander, dass du es nicht immer erkennen kannst."

Er sah sie an. „Sie können sicher sein, dass eine Passage, die unklar, verwirrend oder schlecht geschrieben ist, nicht von mir stammt. Die, die Sie mir zum Beispiel gezeigt haben."

Dann hatte Barbara eine weitere Idee. Da sie so durcheinander waren, dass Mr. Waddington nicht erkennen konnte, wer welcher war, und da er den Eindruck erwecken wollte, dass Ralph für alle schlechten Seiten verantwortlich sei, und auf der vollständigen Eliminierung von Ralph bestand, hatte sie nur bekommen die schlechten Teile zu eliminieren und den guten eine so Waddingtonsche Wendung zu geben, dass er davon überzeugt wäre, dass er sie selbst geschrieben hatte.

Das Tolle sei, sagte er, dass das Buch von ihm selbst geschrieben werden sollte. Und nachdem Mr. Waddington seine eigenen Verstrickungen einigermaßen hinter sich gelassen und einen klaren Weg eingeschlagen hatte, wanderte Mr. Waddington mit Barbara, die ihn aus all den schwierigen Orten herauszog, in ruhigem, gemächlichem Tempo durch die Cotswolds. Barbara hatte es geschafft, ihn von der verschwenderischen und teuren Angewohnheit abzubringen, von überall nach Wyck zurückzukehren. Den ganzen August über behielt er einen stetigen Kurs nach Nordosten, Norden und Nordwesten; im September hatte er sich genau nach Süden gedreht; im Oktober würde er wieder in den Osten vordringen; Der November würde ihn in den Tälern finden; Es gab keinen Grund, warum er nicht im Dezember fertig sein und im März herauskommen sollte.

Herr Waddington selbst war überrascht über die Fortschritte, die er gemacht hatte.

„Es zeigt", sagte er, „was wir ohne Ralph Bevan erreichen können."

Und Barbara, die auf Ralphs Transporter saß, erkundete die Landschaft und zeichnete für ihn Mr. Waddingtons Kurs auf.

„Sie ist ein Dutzend Ralph Bevins wert", würde er sagen.

Und er würde mit ihr zur Tür gehen und sehen, wie sie aufschreckte.

„Du darfst dich nicht von Ralph zum Opfer machen lassen", sagte er. Er warf einen Blick auf den Träger. „Glaubst du, es ist sicher?"

„Ganz sicher. Wenn nicht, wird es nur ein bisschen spannender."

„Es ist viel besser, mit mir im Auto zu fahren."

Aber Barbara wollte nicht mit ihm ins Auto steigen. Als er darüber sprach, sah sie verängstigt und verlegen aus.

Ihr Schrecken und ihre Verlegenheit waren für Mr. Waddington köstlich. Er sagte sich: „Sie hält *das* sowieso nicht für sicher."

Und während er zusah, wie sie davonstürmte und sich dabei wunderbar über eine Reihe schrecklicher Explosionen schwankte, drehte er sich leicht und jugendlich auf der Veranda seines Herrenhauses eineinhalb Mal um.

IX

Sir John Corbett hatte am Morgen angerufen. Er hatte sich in diesem Ausmaß aus Freundschaft, aus reiner Freundschaft für Waddington, angestrengt, und er hatte für seinen Besuch eine frühe Stunde gewählt, um ihn als ernsten und außergewöhnlichen Anlass zu würdigen. Er saß jetzt in dem braunen Ledersessel, der identisch mit dem war, in dem Mr. Waddington gesessen hatte, als er sein Porträt malen ließ. Sein fröhliches, rosiges Gesicht war von etwas Ernstem und Außergewöhnlichem geprägt. Er war gekommen, um Mr. Waddington zu warnen, dass sich ein Skandal um seine Bekanntschaft – er wollte eigentlich „Beziehungen" sagen, erinnerte sich aber gerade noch rechtzeitig daran, dass „Beziehungen" ein fragwürdiges Wort war – um seine Bekanntschaft mit einer bestimmten Person zu häufen begann Dame.

Darauf antwortete Mr. Waddington hochmütig, dass er das vollkommene Recht habe, sich seinen – ähm – Bekannten auszusuchen. Seine Bekanntschaft war in erster Linie seine eigene Angelegenheit.

„Ganz richtig, mein Lieber, ganz so. Aber ist es, streng unter uns, eine gute Sache, Bekanntschaften von der Art zu wählen, die Anlass zu Skandalen geben? Als Mann von Welt, unter uns, ist das nicht eine gute Sache? Fällt Ihnen auf, dass es sich bei der Dame, um die es geht, vielleicht um eine solche handelt?

„Es fällt mir nicht auf", sagte Mr. Waddington, „und ich sehe keinen Grund, warum es Ihnen auffallen sollte."

„Ihr Aussehen gefällt mir nicht", sagte Sir John und zitierte Major Markham.

„Wenn Sie andeuten wollen, dass sie nicht heterosexuell ist, deuten Sie etwas in ihr Aussehen hinein, das nicht stimmt."

„Komm, Waddington, du weißt so gut wie ich, dass ein Mann, der wie du und ich in der Welt herumtreibt, einen Instinkt entwickelt; an ihrem Blick kann er ziemlich gut erkennen, ob eine Frau so ein Typ ist oder nicht."

„Mein lieber Corbett, mein Instinkt ist mindestens so gut wie deiner. Ich kenne Mrs. Levitt seit drei Jahren und ich kann versichern, dass sie genauso heterosexuell und unschuldig ist wie deine oder meine Frau."

„Clever – clever und ein bisschen skrupellos." Wieder zitierte Sir John Major Markham. „Eine solche Frau kann einfache Kerle wie dich und mich, Waddington, im Handumdrehen umgehen, wenn sie sich nur darauf einlässt. Deshalb werde ich nichts mit ihr zu tun haben. Sie kann so heterosexuell und unschuldig sein wie …“ Sie bitte; aber irgendwie sorgt sie für viel Unmut, und wenn ich Sie wäre, würde ich sie fallen lassen.

„Ich werde nichts dergleichen tun.“

„Mein lieber Freund, das ist alles schön und gut, aber wenn jeder weiß, dass Ihre Frau sie nicht besucht hat —“

„Es war nicht nötig, dass Fanny sie aufsuchte. Meine Beziehungen zu Mrs. Levitt waren rein geschäftlicher Natur —“

„Nun, ich würde sie dort lassen, und auch nicht zu viel Halt.“

„Was kann ich tun? Hier ist sie, eine Kriegswitwe, und niemand außer mir kümmert sich um ihre Interessen. Sie hat sich auf den Weg gemacht, zu mir zu kommen, und ich werde die arme Frau Corbett wegen dir nicht zurückweisen.“ absurde Unterstellungen.

„Nicht *meine* Unterstellungen.“

„Dann hat irgendjemand Andeutungen gemacht. Niemand hat das Recht, irgendetwas über *mich zu unterstellen* . Was Fanny betrifft, wird sie jetzt unbedingt bei ihr vorbeischauen. Wir haben vor nicht allzu langer Zeit darüber gesprochen.“

„Es ist ein bisschen schwer für Mrs. Waddington, da reingelassen zu werden.“

„Du brauchst dir keine Sorgen zu machen. Fanny kann es sich ganz gut leisten, das zu tun, was sie will.“

Er hatte ihn dort. Sir John wusste, dass dies auf Fanny Waddington zutraf, während es auf Lady Corbett nicht zutraf. Er konnte sich an die Zeit erinnern, als niemand seinen Vater und seine Mutter besuchte; und Lady Corbett konnte es sich noch nicht leisten, Mrs. Levitt vor allen anderen aufzusuchen.

„Nun“, sagte er, „solange Mrs. Levitt nicht erwartet, dass meine Frau diesem Beispiel folgt.“

„Mrs. Levitts Erfahrung kann nicht dazu geführt haben, dass sie hier viel Freundlichkeit erwartet.“

„Nun, seien Sie nicht zu freundlich. Sie wissen nicht, wie Sie landen könnten. Sie wissen nicht“, sagte Sir John tödlich, „welche Ideen Sie der armen Frau in den Kopf gesetzt haben.“

„Es würde mir sehr leid tun“, sagte Mr. Waddington, „wenn ich auch nur einen Moment lang gedacht hätte, ich hätte wärmere Gefühle geweckt —“

Aber es tat ihm nicht leid. Er gab sich alle Mühe, in seinem Gesicht ein ritterliches Bedauern zum Ausdruck zu bringen, aber das gelang ihm nicht. Es lächelte förmlich, so angenehm war die Idee, die Sir John vermittelte. Er drehte es immer wieder um und entlockte ihm den köstlichen Geschmack, während Sir Johns kleine lachende Augen seinen Genuss beobachteten.

„Sie wissen nicht", sagte er, „ *was* Sie vielleicht erregt haben."

In seinem fetten Lachen lag etwas sehr Ärgerliches.

„Du brauchst dich nicht zu stören. Diese Dinge werden passieren. Eine Frau lässt sich vielleicht von ihren Gefühlen mitreißen, aber wenn ein Mann Taktgefühl und Feingefühl hat, kann er es ihr immer sehr gut zeigen – ohne alle Beziehungen abzubrechen. Das wäre unbeholfen."

„Natürlich, wenn du mit ihr mithalten willst, dann bleib mit ihr. Pass nur auf, dass du nicht landest, das ist alles."

„Sie können ganz sicher sein, dass ich mich um der Dame willen darum kümmern werde."

Sie erhoben sich; Mr. Waddington stand da und blickte auf Sir John und seinen kleinen runden Bauch und seine kleinen runden Augen mit ihrem obszönen Funkeln herab. Und er konnte beim besten Willen nicht die Empörung spüren, die er gerne empfunden hätte. Als seine Augen Sir Johns Augen trafen, reagierte Mr. Waddington auf dieses obszöne Funkeln; etwas Geheimnisvolles und Primitives in ihm; etwas Erinnerndes und Vorwegnehmendes; etwas Boshaftes, Subtiles und Entzückendes, das die Würde untergräbt. Es erschien in seinem ernsten Gesicht und brodelte dort. Hier war Corbett, ein temporeicher Mann von Welt, und er ging davon aus, dass Mrs. Levitts Gefühle geweckt worden waren; Von Mann zu Mann erkannte er großzügig die Faszination an, die sie geweckt hatte. Er, Corbett, wusste, wovon er sprach. Er sah die ganze Möglichkeit eines romantischen Abenteuers mit solch schmeichelhafter Sicherheit, dass es unmöglich war, irgendeinen Groll zu empfinden.

Gleichzeitig war seine Einmischung eine abscheuliche Unverschämtheit, und das ärgerte Mr. Waddington. Es machte ihn mehr denn je entschlossen, seine Beziehungen zu Mrs. Levitt fortzusetzen, nur um zu zeigen, dass er sich nichts vorschreiben ließ, während die Tatsache, dass Corbett ihn als eine Figur des romantischen Abenteuers sah, die Aufregung der Verfolgung noch steigerte. Und obwohl Elise, im Lichte von Corbetts Andeutungen mit Gewissheit gesehen, nicht ganz so fesselnd für die Fantasie war wie die Elise seiner Zweifel, appellierte sie doch positiver und eindrucksvoller an sein Verlangen. Er liebte sein Verlangen, weil es ihm das Gefühl gab, jung zu sein, und als er es liebte, glaubte er, Elise zu lieben.

Und was Corbett dachte, würden auch Markham und Thurston und Hawtrey und der junge Hawtrey und Grainger denken. Sie alle würden ihn als den noch jungen, romantischen Abenteurer sehen, den Inspirator der Leidenschaft.

Und Bevan – aber nein, er wollte nicht, dass Bevan ihn so sah. Oder besser gesagt, er tat es, und wieder einmal tat er es nicht. Wegen Fanny hatte er Skrupel, wenn es um Bevan ging. Und wegen Fanny fürchtete er, während er in Visionen des Möglichen tobte, mehr als alles andere eine tatsächliche Entdeckung, die scharfen Augen und die verstohlenen Zungen der Stadtbewohner. Wenn Fanny Mrs. Levitt besuchen würde, würde das ganze Gerede ein Ende haben.

Auf diese Weise lernte Fanny Mrs. Levitt kennen und so wurden Mrs. Levitt (und Toby) zur September-Gartenparty in Lower WyckManor eingeladen.

2

Frau Levitt, vom Weißen Haus, Wyck-on-the-Hill, Gloucestershire.

Sie fand, dass es sehr gut klang. Sie war unterwegs gewesen, das heißt, sie hatte es für angemessener gehalten, nicht zu Hause zu sein, als Fanny anrief; und Fanny war tatsächlich nicht da gewesen, als Mrs. Levitt anrief, so dass sie sich zum ersten Mal auf der Gartenparty trafen.

„Es ist absurd, dass wir uns nicht kennen“, sagte Fanny, „während mein Mann dich so gut kennt.“

„Ich hatte immer das Gefühl, Mrs. Waddington, dass ich Sie kennen sollte, und sei es nur, um Ihnen zu sagen, wie gut er zu mir war. Aber natürlich wissen Sie es.“

„Ich weiß es ganz gut. Er ist immer gut zu den Menschen .“

Sie dachte: „Sie hat wirklich sehr schöne Augen.“ Auch ihre Augen müssten viel Lob abziehen.

„Aber ist das nicht,“ sagte Mrs. Levitt, „das, was es heißt, gut zu sein ? Es zu mögen, es zu sein? Nur ich nehme an, dass es genau das ist, was ihn offenlegt —“

Sie senkte den Blick, dessen Glanz gerade noch auf Fanny geleuchtet hatte; Sie spielte mit ihrer Handtasche und lächelte ein kleines, heimliches, schelmisches Lächeln.

„Das legt ihn offen?“

Mrs. Levitt blickte lächelnd auf. „Auf die Angriffe skrupelloser Menschen wie mir."

Es war riskant, aber es zeigte eine meisterhafte Kühnheit und Geistesgegenwart. Es war, als hätten sie und Fanny Waddington einen lebenden Skorpion beobachtet, der über den Rasen auf sie zukam, und Mrs. Levitt hätte sich gebückt, ihn am Schwanz gepackt und in die Lavendelbüsche geworfen. Als hätte Mrs. Levitt gesagt: „Meine liebe Mrs. Waddington, wir wissen beide, dass dieses schreckliche Geschöpf existiert, aber wir werden nicht zulassen, dass es uns sticht." Als wüsste sie, warum Fanny sie aufgesucht hatte und wäre ihr dankbar.

Vielleicht wäre Mrs. Levitt nie auf dieser Gartenparty erschienen oder wenn sie nach ihrem Erscheinen nie auf ihren eigenen Wunsch hin Major Markham, Mr. Thurston, Mr. Hawtrey und dem jungen Hawtrey und Sir John Corbett, Mr. vorgestellt worden wäre Waddington hätte vielleicht nie das volle Ausmaß ihrer Faszination erkannt.

Sie hatte sich durch ihre bloße Fähigkeit, Aufmerksamkeit zu erregen und zu fesseln, zum Mittelpunkt der Partei gemacht. Man konnte nicht anders, als sie immer wieder anzusehen, wie sie auf einer Lichtung des Rasens saß und das kluge, pointierte Spiel ihres schwarz-weißen schwarzen Satinkleides, ihres schwarzen Satinumhangs spielte, der mit weißer Seide gefüttert und mit Hermelin bepelzt war ; weiße Strümpfe und lange weiße Handschuhe, der enge schwarze Satinhut bedeckt ihren Kopf; der lebhafte Kontrast und die Spannung, die sich in weißer Haut, schwarzem Haar und schwarzen Augen wiederholen; Schwarze Augen und feiner Mund und weiße Zähne machen eine bezaubernde und ständige Bewegung.

Sie hatte die letzten zehn Minuten mit Major Markham gesprochen und sich als die absurd jugendliche Mutter eines erwachsenen Sohnes dargestellt. Toby Levitt, ein großes und schlankes Ebenbild seiner Mutter, spielte mit Bravour Tennis, ignorierte den jungen Horace, seinen Partner, stand dicht am Netz und wiederholte die abwechselnden Schlag- und Gleitschläge, die Ralph und Barbara dazu brachten, von einem Ende des Netzes zu springen Gericht zum anderen. Mrs. Levitt versuchte, die Qualität von Tobys Stück mit seiner Immunität vor der Wehrpflicht im Spätkrieg in Einklang zu bringen. Der Krieg führte direkt zu Major Markhams Batterie und Major Markhams Batterie zu der Batterie, die einst von Tobys Vater kommandiert wurde, was zu Poona und der großen Entdeckung führte.

„Sie meinen nicht Frank Levitt, Kapitän der Kanoniere?"

"Ich tue."

„War er zufällig um 1911 in Poona stationiert?"

"Er war."

„Aber Gott segne meine Seele – *er* war mein Schwager Dick – Dick Benhams bester Freund."

Die leicht ironische Huldigung des Majors war einer ernsthaften Erregung, einem respektvollen Interesse gewichen.

„Oh – Dicky Benham – ist *er* –?"

„Eher. Ich habe ihn Dutzende Male über Frank Levitt sprechen hören. Hören Sie das, Waddington? Mrs. Levitt kennt alle Leute meiner Schwester. Warum um alles in der Welt haben wir uns noch nie getroffen?"

Mr. Waddington krümmte sich, während sie gemeinsam eine lange Reihe von Namen, Personen und Orten herunterspulten, von denen jeder eine Verbindung zwischen Major Markham und Mrs. Levitt darstellte. Der Major war davon so begeistert, dass er durch den Garten ging und es Thurston, Hawtrey und Corbett erzählte, sodass sich alle diese Herren um Mrs. Levitt herum zu einer interessierten und lebhaften Gruppe bildeten. Mr. Waddington stand elend am Rande; Ohne Markham mit dem Ellbogen zur Seite zu stoßen (Markham hatte die Wahl), hätte er nicht durchbrechen können. Er würde es aufgeben und weggehen und immer wieder zurückgezogen werden; aber obwohl Mrs. Levitt ihn deutlich sehen konnte, riefen ihre schönen Augen ihn nicht dazu auf, sich ihm zu nähern.

Sein Verhalten machte sich bemerkbar. Es wurde hauptsächlich von seinem Sohn   Horry   beobachtet
.

Horry nahm Barbara auseinander. „Ich sage, hast du meinen Chef gesehen?"

„Nein. Was? Wo?"

Sie konnte an seinem Gesicht erkennen, dass er sie auf einen ungerechten, geheimen Nebenweg der Ablenkung lockte.

„Da, direkt hinter dir. Dreh dich um – in diese Richtung – aber tu nicht so, als hättest du ihn gesehen … Hast du jemals so etwas wie ihn gesehen? Er ist wie ein Neufundländer, der versucht, über ein Tor zu schauen. „Es wäre nicht halb so lustig, wenn er nicht immer so würdevoll wäre."

Sie war mit Horry nicht einverstanden. Er war nicht anständig. Aber die Würde – es *war* wunderbar.

Horry fuhr fort. „Um was in aller Welt hat die Mutter diese Frau gebeten? Sie hätte wissen können, dass er sich lächerlich machen würde."

„Oh, Horry, das darfst du nicht. Das ist schrecklich von dir. Du *bist wirklich* ein kleines Biest."

„Das tue ich nicht. Lust, es auf seiner eigenen Gartenparty zu machen. Er denkt nie an *uns* . Schau dir die liebe kleine Mutter da an, die so tut, als würde sie ihn nicht sehen. *Das* macht mich wütend, Barbara."

„Nun, du solltest auch so tun, als würdest du es nicht sehen."

„Ich habe den ganzen gesegneten Nachmittag so getan, als ob. Aber bei *dir ist es nicht gut, so zu tun* . Du siehst wirklich alles."

„Ich gehe nicht hin und mache andere Leute darauf aufmerksam."

„Oh, komm, wie wäre es mit Ralph? Du weißt, dass du nicht zulassen würdest, dass er ihn vermisst."

Corbett   nicht   auf   ihn   aufmerksam   machen   ."

„Das sollte ich nicht mehr tun. *Du* bist auch anders. Du, Ralph und ich sind die einzigen Menschen, die in der Lage sind, ihn zu schätzen. Allerdings würde ich nicht schwören, dass die Mutter das manchmal nicht tut."

„Ja. Aber du gehst zu weit, Horry. Du bist grausam zu ihm und wir nicht."

„Es ist alles gut für dich. Er ist nicht dein Vater … Oh Herr, er streckt jetzt seinen Hals über Markhams Schulter. Wie sein Gesicht von der anderen Seite aussehen muss –"

„Wenn du deinen Vater betrunken unter einem Fliederbusch finden würdest, würdest du mich wahrscheinlich holen, um ihn mir anzusehen."

„Ich würde es tun, wenn er so lustig wäre wie jetzt … Aber ich sage, weißt du, ich kann nicht zulassen, dass er so weitermacht. Ich muss es irgendwie stoppen. Was würdest du tun, wenn du es wärst?" Mich?"

„Tun Sie das? Ich denke, ich sollte ihn bitten, Lady Corbett zum Tee einzuladen."

"Gut."

Horry ging auf seinen Vater zu. „Ich sage, Pater, willst du Lady Corbett nicht zum Tee einladen?"

Beim bloßen Klang der Stimme seines Sohnes blieb Mr. Waddingtons Würde standhaft. Aber er machte sich trotzdem auf die Suche nach Lady Corbett.

Als alles vorbei war, wurde die Gartenparty als großer Erfolg bezeichnet, und Mr. Waddington war über seine Entdeckung sehr erfreut, bemühte sich, sie für sich zu behalten, und warnte ihn, dass er sie nicht ganz allein haben würde Weg.

„Jetzt sind wir an der Reihe", sagte Major Markham, „einen Blick hineinzuwerfen."

Und sie waren immer wieder an der Reihe; Sie blickten immer ins Weiße Haus. Zuerst rief Major Markham an. Dann riefen Sir John Corbett aus Underwoods, Mr. Thurston aus The Elms und Mr. Hawtrey aus Medlicott an und brachten ihre Frauen. Diese Damen mochten Mrs. Levitt jedoch nicht und waren nicht zu Hause, als sie ihre Anrufe erwiderte. Die Visitenkarte von Frau Levitt hatte ihren Platz in drei Sammlungen und damit war die Sache erledigt. Aber Mr. Thurston und Mr. Hawtrey fuhren fort, mit dem entzückenden Gefühl anzurufen, etwas zu tun, was ihre Frauen für unangemessen hielten. Major Markham – als Junggeselle waren seine Bewegungen freier – erklärte, es sei sein Ziel, „Waddy auszuschalten". *Er* besuchte ständig das Weiße Haus. Seine penible Korrektheit, die Korrektheit, der „ihr Aussehen nicht gefiel", entschuldigte diese intensive Kultur von Mrs. Levitt mit der Begründung, sie habe „gute Beziehungen"; sie kannte alle Leute seiner Schwester.

Und Mrs. Levitt achtete sorgfältig darauf, Mr. Waddington über diese Besuche und ihre kleinen Brückenpartys am Abend zu informieren. „Nur Mr. Thurston und Mr. Hawtrey und Major Markham und ich." Er war geärgert und beunruhigt über seine Visionen von Elise, die ständig von Thurston, Hawtrey und dem Major umgeben war. Angenommen – nur angenommen, dass sie – natürlich aus Verzweiflung – diesen Markham geheiratet hat? Zum ersten Mal in seinem Leben verspürte Herr Waddington Eifersucht. Elise war nicht mehr Gegenstand träumerischer, zweifelhafter Spekulationen, sondern Gegenstand einer unruhigen Leidenschaft. Er könnte ihr Leidenschaft geben, wenn sie Leidenschaft wollte; aber wegen Fanny konnte er ihr keine Stelle in der Grafschaft geben, und es war durchaus möglich, dass Elise eine Stelle vorziehen würde.

Und Elise war glücklich, glücklich in der Gemeinschaft mit Mr. Thurston und Mr. Hawtrey und in dem Gedanken, dass ihre Frauen sie verabscheuten; glücklich über ihre zunehmende Vertrautheit mit Major Markham und über ihr Bewusstsein, gut verbunden zu sein; vor allem glücklich über Mr. Waddingtons Unbehagen.

Unterdessen rief Fanny Waddington weiter an. „Wenn ich es nicht tue", sagte sie, „ist die arme Frau erledigt."

Sie konnte bei Mrs. Levitt nichts Schlimmes erkennen.

3

Barbara und Ralph Bevan waren auf einem ihrer langen Spaziergänge gewesen. Sie kamen gerade durch den Park zurück, als sie zuerst Henry, den Gärtnerjungen, trafen, der einen Korb mit dicken, goldenen Birnen trug.

„Wohin gehst du mit diesen schönen Birnen, Henry?"

„Mrs. Levitt, Miss." Der Junge grinste und zwinkerte; man hätte fast glauben können, dass er es wusste.

Weiter entfernt, in der Nähe des weißen Tors, konnten sie Herrn Waddington und zwei Damen sehen. Offensichtlich war er hinausgegangen, um das Tor zu öffnen, und ging mit ihnen weiter, unfähig, sich loszureißen. Die Damen waren Mrs. Rickards und Mrs. Levitt.

Sie stoppten. Man konnte das Flattern ihrer Hände und Gesichter sehen, was auf einen letzten dreieckigen spielerischen Austausch hindeutete.

Dann vollführte Mr. Waddington eine komplizierte Abschiedsbewegung, eine anderthalbfache Verbeugung, einen hüpfenden Sprung, die Geste seiner unbändigen Jugend.

Dann, als er sie verließ, hörte er, wie Mrs. Rickards und Mrs. Levitt unter schändlichem Gelächter im Stich gelassen wurden.

Mrs. Levitt umklammerte den Arm ihrer Schwester und klammerte sich daran fest, wobei sie fast merklich schwankte, als würde sie sagen: „Halten Sie mich hoch, sonst breche ich zusammen. Das ist zu viel. Zu – zu – zu – zu viel." Sie kamen mit einem seltsam rollenden, hilflosen Gang voran, geschaukelt von den unerträglichen Explosionen ihrer Heiterkeit, und betupften sich Mund und Augen mit ihren Taschentüchern in einem gequälten Kampf um die Kontrolle.

Sie erholten sich so weit, dass sie mit ernsten seitlichen Verbeugungen an Ralph und Barbara vorbeikamen. Und dann war da ein Geräusch, ein dünnes, pfeifendes, aufsteigendes, aber unterdrücktes Geräusch, der Schrei einer überwundenen Hysterie.

„Hast du das gesehen, Ralph?"

„Das habe ich. Ich habe es gehört."

„ *Er* konnte nicht, oder?"

„Oh Herr, nein…. Sie schätzen ihn auch, Barbara."

„Das ist nicht der Weg", sagte sie. „Wir wollen nicht, dass er auf diese Weise geschätzt   wird.
Auf diese üppige, eklige Art."

„Nein. Es ist bei weitem nicht subtil genug. Jeder Idiot könnte erkennen, dass sein Karakolieren lustig war. Sie kennen ihn nicht so, wie wir ihn kennen. Sie wissen nicht, was er wirklich ist."

„Es war ein Skandal. Es ist, als würde man etwas Schönes nehmen und es vulgärisieren. Sie hatten nichts *damit zu tun* . Und es war auch grausam, ihn so auszulachen, bevor er sich umdrehte. Wenn sie seine Birnen essen werden." , zu."

„Tatsache ist, Barbara, niemand *schätzt* ihn so sehr wie du und ich."

„Entsetzt?"

„Nein. Nicht Horry. Er geht zu weit. Horry ist unanständig. Fanny vielleicht, manchmal."

„Fanny sieht die eine Hälfte von ihm nicht. Sie sieht seine Mrs. Levitt-Seite nicht."

„Hast *du* es gesehen, Barbara?"

"Natürlich habe ich."

„Du hast es mir nie erzählt. Es ist nicht fair, auf eigene Faust Dinge zu entdecken und es mir nicht zu sagen von uns sieht am meisten. Mrs. Levitt hätte hundert Prozent wert sein sollen.

„Ich fürchte, ich kann bei Mrs. Levitt nicht punkten. Das hast du auch gesehen."

„Es wird ein Spiel für Götter, Barbara."

„Aber, Ralph, es könnte Dinge geben, die wir einander *nicht sagen konnten* . *Das wäre ihm gegenüber vielleicht nicht fair.* "

„Einander davon zu erzählen ist nicht so, als würde man es anderen Menschen erzählen. Vergiss es, wenn wir eine Studie über ihn machen, machen wir eine Studie. Wissenschaft ist Wissenschaft. Wir haben kein Recht, irgendetwas zu unterdrücken. Jeden Moment einer von." wir könnten etwas absolut Wichtiges sehen.

„Was auch immer wir tun, wir dürfen ihm gegenüber nicht unfair sein."

„Aber er gehört uns, nicht wahr? Wir können ihm gegenüber nicht unfair sein. Und wir müssen fair zueinander sein. Denken Sie an den schrecklichen Vorteil, den Sie mir gegenüber haben könnten. Sie werden bestimmt noch mehr Dinge sehen als ich.

„Vielleicht sehe ich mehr, aber du wirst mehr verstehen."

„Nun ja, ohne mich geht es nicht. Es ist doch ein Vertrag, dass wir die Dinge nicht zurückhalten?"

Was Mrs. Levitts Umgang mit ihrem Thema betrifft, empfanden sie es als eine abscheuliche Entweihung.

„Glaubst du, er ist in sie verliebt?" Sagte Barbara.

„Was *er* als verliebt bezeichnen würde, und das sollten wir nicht."

„Glaubst du, er ist so – so war er schon immer?"

„Ich denke, er war wahrscheinlich so, als er jung war."

„Bevor er Fanny geheiratet hat?"

„Bevor er Fanny heiratete."

"Und danach?"

„Ich könnte mir vorstellen, dass er danach ziemlich geradeaus ging. Das war nur so, wie er es getan hatte, als er jung war. Jetzt, da er in den mittleren Jahren ist, ist er dazu zurückgekehrt, nur um sich selbst zu beweisen, dass er noch jung ist. Ich halte es für den armen Alten." Das Ding bekam Angst, als er über fünfzig war, und er *musste* mit der Beweisführung beginnen. Ich glaube nicht, dass er sich wirklich für Mrs. Levitt interessiert.

„Glaubst du nicht, dass sein Herz schneller schlägt, wenn er sie kommen sieht?"

„Das tue ich nicht. Horatios Herz schlägt schneller, als er sieht, wie er mit ihr Liebe macht."

„Ich verstehe. Es ist nur mittleres Alter."

„Nur mittleres Alter."

„Glaubst du nicht, dass Fanny es vielleicht sieht?"

„Nein. Das nicht. Das nicht. Zumindest hoffe ich nicht."

X

1

Mr. Waddingtons *Wanderungen durch die Cotswolds* sollten reichlich illustriert werden. Die Frage war: Fotografien oder Originalzeichnungen? Und er hatte sich nach langem Überlegen für die Fotos entschieden, die Pyecrafts Mann gemacht hatte. Bei einem Buch von so großer Bedeutung war nicht einen Moment lang an die Arbeit eines minderwertigen oder obskuren Illustrators zu denken. Die Beschäftigung eines angesehenen Künstlers brachte jedoch gravierende Nachteile mit sich. Dies wäre nicht nur mit hohen Kosten verbunden, sondern auch mit einer verheerenden Rivalität. Weit davon entfernt, die Aufmerksamkeit auf den Text zu lenken und ihn festzuhalten, würden die Illustrationen ihn unweigerlich ablenken. Und der gefeierte Name des Künstlers müsste auffällig und im exakten Verhältnis zu seiner Berühmtheit auf der Titelseite und in allen Rezensionen und Anzeigen erscheinen, in denen Horatio Bysshe Waddington eigentlich allein stehen sollte. Es war sogar möglich, wie Fanny sehr intelligent darlegte, dass es einem ausreichend angesehenen Illustrator gelingen könnte, die Begeisterung der Kritiker einzufangen, bis der Autor völlig ausgelöscht wurde, der sich glücklich schätzen konnte, wenn er überhaupt erwähnt wurde.

Aber Fanny hatte eher weniger Intelligenz gezeigt, als sie dieses Argument zur Untermauerung ihres Vorschlags anwandte, dass Barbara Madden das Buch illustrieren sollte. Sie war mehr als einmal auf das Kind gestoßen, das auf einem Campinghocker über Mrs. Levitts Haus saß und eine Skizze der steilen Straße zeichnete, ganz in Cremeweiß, Rosa und Grau, die sich zu den vielfarbigen Feldern und dem Blau hin öffnete östliche Luft. Und sie hatte eine absurde Bewunderung für Barbara Maddens Arbeit empfunden.

„Es wird ein bezauberndes Buch, wenn sie es illustriert, Horatio.“

„ *Wenn* sie es illustriert!“

Aber als er versuchte, Fanny die Absurdität der Idee zu zeigen – Horatio Bysshe Waddington, illustriert von Barbara Madden –, lachte sie ihm ins Gesicht und sagte ihm, er sei ein eingebildeter alter Kerl. Darauf antwortete er mit würdevoller Selbstbeherrschung, dass er ein ernstes und wichtiges Buch schreibe. Es wäre töricht, so zu tun, als wäre es nicht ernst und wichtig. Er hoffte, dass er keine überhebliche Meinung über seine Vorzüge hatte, aber man musste einen Sinn für Proportionen und Anstand bewahren – etwas Vernunft.

„Arme kleine Barbara!“

„Das ist nicht das Buch der armen kleinen Barbara, meine Liebe.“

„Nein“, sagte Fanny. „Ist es nicht.“

Wenn das Buch jedoch im Frühjahr zur Veröffentlichung bereit sein sollte, müssten die Fotos sofort gemacht werden, bevor das Licht und die Blätter verschwunden wären.

Also kamen Pyecraft und Pyecrafts Mann mit ihrer besten Kamera und fotografierten und fotografierten, solange das schöne Wetter anhielt. Sie fotografierten den Marktplatz in Wyck-on-the-Hill; sie fotografierten die Kirche; Sie fotografierten das Dorf Lower Wyck und das Manor House, die Residenz – korrigiert zum Sitz – von Herrn Horatio Bysshe Waddington, dem Autor. Sie fotografierten die Tudor-Veranda und zeigten die Figuren des Autors sowie von Mrs. Waddington, seiner Frau, und Miss Barbara Madden, seiner Sekretärin. Sie fotografierten den Autor, wie er in seinem Garten saß; Sie fotografierten ihn in seinem Park, auf seiner Stute Speedwell sitzend; und sie fotografierten ihn in seinem Auto. Dann kamen sie herein, schauten sich die Bibliothek an und fotografierten sie, wie Mr. Waddington darin an seinem Schreibtisch saß.

„Ich nehme an, Sir“, sagte Mr. Pyecraft, „Sie möchten, dass es von einem Ende aufgenommen wird, um die Proportionen zu zeigen?“

„Sicherlich“, sagte Herr Waddington.

Und als Pyecraft am nächsten Tag mit den Korrekturabzügen kam, sagte er: „Ich denke, Sir, wir haben die Proportionen sehr gut hinbekommen.“

Mr. Waddington starrte auf die Korrekturabzüge und hielt sie in einer Hand, die
vor Rührung leicht zitterte. Mit einfachem Ärger. Denn obwohl Pyecraft durchaus die Proportionen der Bibliothek hatte, war Mr. Waddingtons Kopf nur noch ein schwarzer Fleck in der hinteren Ecke.

Wenn Pyecraft *das* mit Proportion meinte –

„Ich denke“, sagte er, „die – äh – die Zahl ist nicht ganz zufriedenstellend.“

„Das...? Ich verstehe, Sir. Ich habe nicht verstanden, Sir, dass Sie sich die Figur gewünscht haben.“

„Wir-naja –“ Mr. Waddington mochte nicht den Anschein erwecken, als hätte er sich die Figur so sehnlichst gewünscht, da er sie tatsächlich wünschte. „Wenn ich überhaupt dort sein soll –“

„Ganz richtig, Sir. Aber wenn Sie möchten, dass die Größe der Bibliothek gezeigt wird, fürchte ich, dass die Figur geopfert werden muss , etwas größer, an Ihrem Schreibtisch sitzend?

„Daran hatte ich nicht gedacht, Pyecraft.“

Tatsächlich hatte er an nichts anderes gedacht. Er hatte den Titel des Bildes im Kopf: „Der Autor bei der Arbeit in der Bibliothek, Lower Wyck Manor."

Pyecraft wartete aus Rücksicht auf Mr. Waddingtons Zögern. Sein Mann, weniger zart, aber anspruchsvoller, bereitete sich bereits darauf vor, die Kamera einzustellen.

Mr. Waddington wandte sich an Barbara, wie ein Mann, der zwischen persönlicher Abneigung und öffentlicher Pflicht hin- und hergerissen ist.

„Was denken *Sie* , Miss Madden?"

„Ich denke, das Buch wäre ohne Sie kaum vollständig."

„Sehr gut. Sie hören, Pyecraft, Miss Madden sagt, ich soll fotografiert werden."

"Sehr gut, Herr."

Er drehte sich sportlich. „Wie soll ich jetzt sitzen?"

„Wenn Sie sich so einstellen würden, Sir. Mit Ihren Papieren vor sich, nachlässig ausgebreitet, so. Und mit Ihrem Stift in der Hand, so…. Ein bisschen näher, Bateman. Die Zahl ist dieses Mal wichtig…. *Nun* , Sir, wenn Du wärst so gut, nachzuschauen.

Mr. Waddington blickte mit einem Gesicht von solch außergewöhnlicher Feierlichkeit auf, dass Mr. Pyecraft trotz seiner Ehrerbietung lächelte.

„Ein etwas hellerer Gesichtsausdruck. Als ob du gerade eine Idee gehabt hättest."

Mr. Waddington stellte sich vor, dass er eine Idee hatte, und versuchte, so auszusehen.

"Perfekt perfekt." Mr. Pyecraft tanzte fast vor Aufregung. „Behalten Sie diesen Gesichtsausdruck, Sir, einen halben Moment … Jetzt, Bateman."

Ein Klick.

„ *Das ist* vorbei, Gott sei Dank", sagte Mr. Waddington, widerstrebendes Opfer von Pyecrafts und Barbaras Aufdringlichkeit.

Danach fuhren Herr Pyecraft und sein Mann durch das Land und machten Fotos. In einem von ihnen erschien Herr Waddington vor der mittelalterlichen Markthalle von Chipping Kingdon. In einem anderen Fall watete er mit Fischerstiefeln und einer Angelrute in der Hand knietief im Forellenbach zwischen Upper und Lower Speed.

Und danach sagte er bestimmt: „Ich lasse mich nicht mehr fotografieren. Sie haben genug von mir."

2

Im November, als das Fotografieren beendet war, reiste Fanny für zwei Wochen nach London und überließ Barbara, wie sie sagte, die Aufgabe, sich um Horatio zu kümmern, und Ralph Bevan, um sich um Barbara zu kümmern.

Aufgrund der Briefe, die er von Mrs. Levitt erhielt, wurden Mr. Waddingtons Besuche in der Sheep Street zu diesem Zeitpunkt merklich häufiger. Barbara, die auf ihrem Campinghocker über dem Weißen Haus saß, bemerkte sie.

Sie bemerkte auch die einzigartige Abstraktion von Mr. Waddingtons Verhalten in diesen Tagen. Es gab sogar Momente, in denen er aufhörte, sich für seine Streifzüge zu interessieren, und Barbara allein ließ, um sie fortzusetzen, so wie Ralph sie fortgeführt hatte, wobei er sich die Autorität der Aufsicht vorbehielt. Sie hatte lange Zeitabschnitte für sich allein, wenn sie Grund zu der Annahme hatte, dass Mr. Waddington Mrs. Leavitt in seinem Auto nach Cheltenham oder Stratford-on-Avon fuhr, während Ralph Bevan Fannys Abschiedsauftrag gehorchte, sich um Barbara zu kümmern.

Jedes Mal, wenn Barbara ein Stück der Ramblings machte, zeigte sie es Ralph Bevan. Sie ritten gemeinsam ins offene Land, und Barbara las Ralph laut vor, während sie am Straßenrand saßen, wo sie zu Mittag aßen, oder in einer Gaststube, wo sie Tee tranken. Sie waren zu dem Schluss gekommen, dass es zwar unehrenhaft von Barbara wäre, ihm die Teile zu zeigen, die Mr. Waddington geschrieben hatte, es aber keinen Schaden anrichten könne, ihm die Teile anzuvertrauen, die sie selbst geschrieben hatte.

Nicht, dass man den Unterschied erkennen könnte. Barbara hatte hart gearbeitet und wusste, dass Ralphs Buch umso schneller herauskommen würde, je früher Mr. Waddingtons Buch fertig war. und unter diesem angenehmen Anreiz hatte sie sich zur perfekten Parodistin Waddingtons entwickelt. Sie hatte in Waddingtons Stil geschwelgt, bis sie damit gesättigt war, und automatisch über „kühne Steilhänge" und „die rosige Röte auf der hohen Stirn von Cleeve Cloud" geschrieben; über „mit Efeu umrankte Häuser, die im Schatten uralter Ulmen ruhen"; über das Tal der Windlode, „überflutet mit dem goldenen Licht des Abends" und „graue Dörfer, eingebettet in die mit Buchen bewachsenen Mulden der Hügel".

„„Komm mit mir"", sagte Barbara, „'in das kleine geschützte Tal des Speed; lass uns dem Bachforellenbach folgen, der plätschert —'"

„Barbara, es ist unbezahlbar. Wie kamst du auf die Idee, Purling zu machen?"

„ Daran hätte *er* gedacht. ‚Durch das satte grüne Gras der Wiesen rasen.'"

Oder: „Lassen Sie uns die große Hauptstraße entlang, die über die Hochebenen verläuft, die die Täler von Windlode und Themse trennen.

Lassen Sie uns auf halbem Weg einen Moment ausruhen und mit meinem Gastgeber einen Krug gutes Gloucestershire-Bier trinken – nein, einen Schluck des Fröhlichen Mundes.'"

Nicht, dass Mr. Waddington jemals in seinem Leben so etwas getan hätte. Aber alle anderen Wanderer durch die Cotswolds taten es oder sagten, sie taten es; und er war von ihrem Geist durchdrungen, wie Barbara von seinem durchdrungen war. Er konnte sie sehen, robuste und freundliche junge Männer in Tweed-Knickerbocker-Anzügen, die dreißig Meilen pro Tag zurücklegten und in jeder Taverne Krüge Bier tranken; und er wollte sich wie diese jungen Männer als freundlich und robust präsentieren. Er konnte ihnen und ihren Büchern genauso wenig entkommen wie Sir Maurice Gedge und seinem Prospekt.

Und Barbara hatte für ihn allerhand robuste und geniale Dinge erfunden. Sie kleidete ihn in Rosa, setzte ihn auf seine Stute Speedwell und ließ ihn unter dem Gebell von „Ranter und Ranger und Pagen und True" über die Steinmauern und fünf Gittertore fliegen. Er fischte und er trampelte und er trank und trottete erneut. Er schaffte seine dreißig Meilen pro Tag problemlos. Sie schilderte lange Gespräche zwischen Mr. Waddington und dem alten Billy, dem Cotswold-Schäfer, über die guten alten Cotswold-Bräuche in der guten alten Zeit, als der gute alte Squire, Mr. Waddingtons Vater – nein, sein Großvater – noch lebte.

„Ich erinnere mich, was der alte Squire immer zu mir gesagt hat: „Billy", sagt er, „deine Enkelkinder werden nicht zu essen bekommen, noch werden sie die Cottages nicht haben, noch werden sie das tun." Kleidung wie Sie und Ihre Kinder. So wahr wie Gottes in Gloucester. Es waren seltene alte Zeiten, zur, und sie sind geschönt.

„ *Wie* bist du darauf gekommen, Barbara? Ich glaube nicht, dass er jemals in seinem Leben zwei Worte zum alten Billy gesagt hat."

„Natürlich hat er das nicht getan. Aber so etwas würde er gerne glauben."

„Hat er es bestanden?"

„Eher. Er ist genauso zufrieden wie Punch. Er glaubt, dass er meinen Stil prägt."

3

Mr. Waddington gewöhnte sich schnell an, nach dem Abendessen in die Sheep Street zu gehen. Aber an den Abenden, die er nicht Frau widmete. Levitt widmete er sich seiner Aufsichtsaufgabe.

Im Großen und Ganzen war er mit seiner Sekretärin zufrieden. Es konnte keinen Zweifel daran geben, dass das kleine Ding ihm sehr verbunden war.

Das konnte man an der Art und Weise erkennen, wie sie arbeitete, an ihrer Begeisterung und ihrem Eifer, ihm zu gefallen. Für die Leichtigkeit, mit der sie den Stempel seiner Persönlichkeit angenommen hatte, konnte es nur eine Erklärung geben.

Deshalb bewies er Taktgefühl. Er nutzte Taktgefühl.

„Ich gebe dir viel Arbeit, Barbara", sagte er immer. „Aber Sie müssen es als Teil Ihrer Ausbildung betrachten. Sie lernen, gutes Englisch zu schreiben. Es gibt nichts Besseres als klare, einfache, fließende Sätze. Ohne sie kann es keine Literatur geben. Ich hätte diese Passagen vielleicht selbst geschrieben." Tatsächlich kann ich kaum unterscheiden –" Sein Gesicht zitterte darüber; Sie bemerkte das Zittern der bevorstehenden Revision. „Trotzdem *denke ich*, dass ich hier ‚plätschernde Bäche' dem ‚plätschernden Bächen' vorziehen sollte." Shakespeareisch."

„Ich *hatte* zuerst ‚Plappern'", sagte Barbara, „aber ich dachte, ‚Purling' würde eher dem entsprechen, was du selbst geschrieben hättest. Ich habe Shakespeare vergessen. Und Plappern ist nicht unbedingt Purling, oder?"

„Wahr – wahr. Plappern ist *kein* Purling. Wir wollen das genaue Wort. Purling, lass es sein....

„Und ‚üppig'. Gutes Mädchen. Du hast dich daran erinnert, dass „üppig" eines meiner Worte war?"

"Ich dachte es *wäre* ."

„Gut. Sie sehen", sagte Mr. Waddington, „wie Sie lernen. Sie bekommen den Sinn, das *Gespür* für Stil. Ich werde immer froh sein, wenn ich denke, dass ich Sie ausgebildet habe, Barbara … Und Sie werden vielleicht sehr dankbar dafür sein." *Bin* ich und nicht Ralph Bevan? Von all dem ruckartigen – exzentrischen – zusammenhangslosen –"

XI

1

Es war Montag, der vierundzwanzigste November, in der letzten Woche von Fannys zweiwöchigem Aufenthalt in London.

Barbara war den ganzen Vormittag mit Mr. Waddingtons Korrespondenz und Rechnungen beschäftigt gewesen. Und nun war sie zum ersten Mal eindeutig auf der Spur von Mrs. Levitt. Als sie die Rechnung von Palmer und Hoskins, den Cheltenham-Bauunternehmern, für das Weiße Haus überprüfte, war sie auf zwei wesentliche Gegenstände gestoßen, die in ihrer ursprünglichen Schätzung nicht enthalten waren: nicht weniger als fünfzehn mal acht Fuß Spalier für den Garten und eine Warmwasserleitungsschiene für das Badezimmer . Es stellte sich heraus, dass Mrs. Levitt, die sich den Komfort heißer Handtücher wünschte und Einwände gegen die Aussicht auf den Küchenhof hatte, die man vom Rasen aus sehen konnte, unentwegt die Warmwasserschiene und das Spalier bestellt hatte.

Es gab diesen Brief von den Herren Jackson und Cleaver, Mr. Waddingtons Agenten, in dem sie ihn darüber informierten, dass seine Mieterin, Mrs. Levitt vom Weißen Haus in Wyck-on-the-Hill, ihre am 20. Februar fällige Miete noch nicht bezahlt hatte. fünfter September. Wollte Herr Waddington, dass sie sich erneut bewerben?

Und es gab weitere Briefe, von denen Barbara gebeten wurde, Kopien nach seinem Diktat anzufertigen. Daher:

„Meine liebe Frau Levitt" (nur er hatte „Meine liebe Elise" geschrieben) – „In Bezug auf Ihre Investitionen empfehle ich zum jetzigen Zeitpunkt nicht den Kauf von staatlichen Wohnungsanleihen."

„Ich werde Ihnen sehr gerne die fünfhundert Pfund leihen, die Sie benötigen, um die fünfhundert für den Kauf der Parson's Provincial- und London Bank-Aktien zu begleichen. Aber ich fürchte, ich kann Ihnen keinen Vorschuss von fünfhundert auf die von Ihnen genannten Wertpapiere garantieren." Dieses Versprechen war an Bedingungen geknüpft, und Sie müssen mir etwas Zeit geben, um über die Angelegenheit nachzudenken. Ich möchte jedoch nebenbei sagen, dass dies aufgrund der gegenwärtigen allgemeinen Wertminderung höchst ungeeignet wäre damit Sie ausverkauft sind, und mein Rat an Sie wäre: Behalten Sie alles, was Sie haben.

„Ich freue mich sehr, dass Sie mit Ihrem kleinen Haus zufrieden sind. Wir werden die Angelegenheit der Miete ruhen lassen, bis Ihre Angelegenheiten etwas geordneter sind, als sie jetzt sind. – Mit freundlichen Grüßen, ganz aufrichtig Ihr

„HORATIO BYSSHE WADDINGTON.

„PS: Ich habe mich mit Palmer und Hoskins für das Gitter und die Warmwasserschiene geeinigt."

„ *An* die Herren Lawson & Rutherford, Rechtsanwälte,

„9, Bedford Row, London, WC

„Sehr geehrte Damen und Herren, würden Sie mich freundlicherweise über den aktuellen Wert der folgenden Aktien informieren – nämlich:

„Fünfzig £ 5 5 Prozent. Neues südamerikanisches Gummisyndikat;

„Fünfzig £ 10 10 Prozent. B Preference Addison Railway, Nicaragua;

„Einhundert £ 1,4 Prozent. Welbeck Mutual Assurance Society."

„Würden Sie dem Inhaber empfehlen, zu den aktuellen Preisen zu verkaufen? Und sollte ich berechtigt sein, diese Aktien als Sicherheit für ein sofortiges Darlehen von fünfhundert zu akzeptieren? – Mit freundlichen Grüßen,

„HORATIO BYSSHE WADDINGTON."

Er erwartete Elise am Mittwoch um vier Uhr zum Tee, und die Antwort der Herren Lawson und Rutherford erreichte ihn sehr pünktlich am Nachmittag.

„Sehr geehrter Herr, – *bezüglich* Ihrer Anfrage in Ihrem Brief vom fünfundzwanzigsten Augenblick bezüglich des aktuellen Wertes von 5 Prozent. New South American Rubber Syndicate Shares, 10 Prozent. B Preference Addison Railway und 4 Prozent. Welbeck Wir möchten Sie bei der Mutual Assurance Society darüber informieren, dass diese Aktien stark wertgemindert sind, und wir bezweifeln, dass der Inhaber zum jetzigen Zeitpunkt einen Käufer finden würde. Wir können Ihnen sicherlich nicht raten, sie als Sicherheit für die von Ihnen genannte Summe zu akzeptieren. Wir sind treu,

„Lawson & Rutherford."

Es war klar, dass die arme Elise – die niemals geschäftstüchtig gewesen sein konnte – über den Wert ihrer Wertpapiere getäuscht wurde. Es könnte sogar sein, dass sie bei allen dreien ihre Verluste begrenzen und ihr Einkommen abzüglich der Dividenden aus dieser Quelle schätzen muss. Aber das machte es umso wichtiger, dass sie mindestens tausend Pfund in einer sicheren Anlage verstaut hatte. Nichts weniger als fünfzig Pfund mehr als ihr Jahreseinkommen würden Elise in die Lage versetzen, ihren Lebensunterhalt zu bestreiten. Die Angelegenheiten der lieben Frau sollten auf einer soliden finanziellen Grundlage stehen; und Mr. Waddington stellte sich diese Frage: War er bereit, sie dort abzulegen? Alles, was Elise ihm anbieten konnte, wenn sie ihre wertgeminderten Sicherheiten nicht erfüllte, war die Rückzahlung eines ihr im Testament ihrer Tante versprochenen Erbes von fünfhundert Pfund. Sie hatte sehr hoffnungsvoll von diesem Erbe gesprochen. War er bereit, ganze fünfhundert Pfund auszugeben für den Fall, dass Elises Tante innerhalb einer angemessenen Zeit starb und ihr Testament nicht änderte? Für einen gewissen Notfall *war er* vorbereitet. Er war bereit, all das und noch mehr für Elise zu tun. Aber es war nicht möglich, es war unanständig, Elise seine Bedingungen vorher mitzuteilen, und Mr. Waddington machte sie jedenfalls nicht offen als Bedingungen für sich selbst geltend. Er ließ zu, dass seine Gedanken in diesem Punkt benommen waren. Er hatte keinerlei Zweifel an seiner Leidenschaft, aber er zog es vor, hinter einem dezenten Schleier der Benommenheit über die Möglichkeit ihrer Befriedigung nachzudenken. Als er sich sagte, dass er gerne wissen würde, wo er stehe, bevor er sich festlegte, kam er der Klarheit und Offenheit am nächsten.

Und als er Elise schrieb, dass sein Versprechen an Bedingungen geknüpft sei, meinte er tatsächlich, dass der Kredit vom Wert der angebotenen Sicherheiten abhängen würde; eine Bedingung, der seine Integrität standhalten konnte, eine Bedingung, zu deren Erfüllung er, so wie die Dinge standen, ein vollkommenes Recht hatte. Während tief in ihm die ganze Zeit über das Wissen herrschte, dass er, wenn Elise sich ihm hingeben würde, nicht um Sicherheit bitten würde – er würde überhaupt keine Bedingungen stellen. Er sah Elise, zärtlich und nachgiebig, in seinen Armen; Er sah sich, wie er sich zärtlich und kraftvoll über sie beugte, und dachte voller Abscheu: „Ich würde ihr armes kleines Erbe nicht anrühren."

Inzwischen hielt er es für richtig, die Korrespondenz wie jede andere Geschäftskorrespondenz durch die Hände seiner Sekretärin laufen zu lassen. Es war gut, Barbara klar zu machen, dass seine Beziehungen zu Mrs. Levitt rein geschäftlicher Natur waren und dass er nichts zu verbergen hatte. Es war gut, Kopien der Briefe zu haben. Es war gut – Mr. Waddingtons Instinkt, nicht sein Verstand, sagte ihm, dass es gut sei, bei all diesen Vorgängen einen vertrauenswürdigen Zeugen zu haben. Ein Zeuge, der die genaue Natur seiner Umstände verstand, für den höchst unwahrscheinlichen Fall, dass es später zu Ärger mit Elise kommen sollte. (Es war fast so, als hätte er insgeheim eine Vorahnung.) Auch als sein Gewissen ihm vorwarf, Bedingungen zu stellen und die liebe Frau um Sicherheit zu bitten, konnte er sich davon überzeugen, dass er es nicht tat Ich meine es wirklich ernst, dass das alles eine geschickte Tarnung war, die Barbaras Verdacht, falls sie jemals einen hatte, aus der Fassung bringen sollte. Und gleichzeitig war es ihm nicht leid, dass Barbara ihn in seiner Rolle als großzügiger Wohltäter und kluger Berater sah.

„Ich brauche dir nicht zu sagen, Barbara, dass diese ganze Angelegenheit streng vertraulich ist. Als meine vertrauliche Sekretärin musst du eine Menge Dinge wissen, über die du nicht gesprochen hättest. Verstehst du?"

"Perfekt."

Sie verstand auch, dass der Vertrag mit Ralph Bevan damit zu Ende war. Sie musste diese Affäre vorhergesehen haben, als sie ihm sagte, dass es Dinge geben würde, die sie einfach nicht sagen konnte. Nur hatte sie angenommen, dass es Dinge sein würden, die sie sehen würde, eine Belohnung für klares Sehen, und nicht Dinge, zu deren Kenntnis man sie regelmäßig hereinlassen würde.

Und ihre klaren Augen sahen durch die Tarnung. Sie hatte einen Verdacht.

„Ich verstehe nicht", sagte sie, „warum Sie auf Ihre Miete verzichten sollten, nur weil Mrs. Levitt sie nicht zahlen will."

Waddy tat ihr leid. Er mochte in Mrs. Levitts Angelegenheiten noch so klug sein, aber in seinen eigenen war er ein richtiger Idiot. Kein Wunder, dass Fanny sie gebeten hatte, auf ihn aufzupassen.

„Ich zweifle nicht daran", sagte er, „dass sie es bezahlen *will*, aber sie ist eine Kriegswitwe,
Barbara, und sie ist knapp bei Kasse. Ich kann sie nicht zur Miete drängen."

„Es steht ihr nicht zu, Sie zu Spalierarbeiten und Wasserrohren zu drängen, die Sie nicht bestellt haben."

„Nun ja", er konnte dem Kind nicht böse sein. Sie war so loyal, so sehr auf seine Interessen bedacht. Und er konnte nicht erwarten, dass sie Elise freundlich gesinnt war. Es würde eine natürliche Eifersucht geben. „Das ist der Fehler von Palmer und Hoskins. Ich kann nicht mit einer Dame feilschen, Barbara. *Noblesse oblige* ." Aber er zuckte unter ihren klaren Augen zusammen.

Sie dachte: „Wie wäre es mit den Fünfzigern und den Fünfhundert? Bei diesem Tempo könnte *Noblesse* ihn zu allem *zwingen* ."

Sie konnte Mrs. Levitt durchschauen.

Mr. Waddington blickte weiterhin auf die Uhr.

Es war jetzt zehn Minuten vor vier, und Elise könnte jeden Moment da sein. Seine einzige Idee war, Barbara Madden aus dem Weg zu räumen. Diese klaren Augen waren nicht die Augen, die er Elise ansehen wollte, die ihn ansehen wollten, wenn sich *ihre* Blicke trafen. Und er verstand, dass dieser Bevan um vier Uhr nach ihr rufen würde. Er wollte *ihn nicht* bei sich haben. „Wo gehst du spazieren?" er sagte.

„Oh, irgendwo. Warum?"

„Nun, wenn Sie zufällig in Wyck sind, würde es Ihnen etwas ausmachen, diese Fotos zu Pyecraft zurückzubringen und ihm die von mir ausgewählten zu zeigen? Passen Sie nur auf, dass er keinen dummen Fehler macht.“

Die Fotos starrten ihr auf dem Schreibtisch ins Gesicht, so dass es wirklich keine Entschuldigung dafür gab, sie zu vergessen, wie sie es tat. Aber Mr. Waddington hatte die Erfahrung gemacht, dass man es selbst tun musste, wenn man etwas erledigen wollte.

2

Elise wurde ins Wohnzimmer geführt. Er ging dorthin, um auf sie zu warten.

Und während er ruhelos auf und ab ging und auf das Geräusch ihrer Füße auf dem Kiesweg und das Läuten der Glocke lauschte, wurde er bei jeder Wendung seiner Schritte von seinem eigenen Porträt gefangen genommen. Es starrte ihn von seinem Platz über Fannys Schreibtisch aus an; Das hübsche, leuchtende Schwarz und Karminrot vermittelte ihm ein unbehagliches Gefühl der Rivalität, als würde er die unangenehme Anwesenheit eines jüngeren Mannes im Raum spüren. Er starrte zurück; Er starrte auf sich selbst im großen Spiegel über dem Schornstein daneben.

Er erinnerte sich, dass Fanny gesagt hatte, dass ihr das Eisengrau seines Schnurrbarts und seiner Haare gefiel; es war schicker als all das harte, glänzende Schwarz. Fanny hatte recht. Es *wurde* immer schicker. Und seine Haut – der abgenutzte Glanz davon, wie ein zarter Pudersprenkel. Besser, raffinierter als das satte, hohe Rot des jüngeren Mannes im Goldrahmen. Allerdings traten seine Augen, verschwommener Onyx, aus faltigen Augenhöhlen hervor; aber seine Nase – die Postlethwaite-Nase, ein sehr schönes Merkmal – hob sich fest über das fleischige, schlaffe Gesicht. Seine Lippen schmollten vor Stolz. Er konnte sich immer noch mit dem Gedanken trösten, dass Spiegel untreu waren; Elise würde ihn so sehen, wie er wirklich war; nicht so verfärbtes und verzerrtes Bild. Er streckte seine große Brust hervor und holte tief und kräftig Luft. Beim Gedanken an Elise stieg der Stolz, der reiche, üppige, jugendliche Lebensstolz. Und als er sich wieder umdrehte, sah er, wie Fanny ihn ansah.

Die zwanzigjährige Fanny im weißen Kleid und der blauen Schärpe ihres Mädchens; Ihr geneigtes Gainsborough-Gesicht, schelmisch und spöttisch, lächelte, als würde sie sich über ihn lustig machen. Sein Atem stockte in seiner Brust. Fanny – Fanny. Seine Frau. Warum hatte seine Frau nicht die Loyalität und Intelligenz von Barbara, den Enthusiasmus und die Ernsthaftigkeit von Elise? Er brauchte Fannys wegen keine Gewissensskrupel zu haben; sie hatte ihn mit ihrer Frivolität, ihrem ewigen Lächeln zu Elise getrieben. Natürlich wusste er, dass sie sich um ihn kümmerte, dass er Macht über sie hatte, dass es für Fanny nie einen anderen Mann gegeben hatte und auch nie einen anderen geben würde; aber er konnte Fannys Leichtsinn nicht ewig aufrechterhalten. Er wollte etwas mehr; etwas Gesundes und Festes; etwas, das Elise ihm gegeben hat und keine andere Frau. Jeder Mann würde es wollen.

Und doch beunruhigte ihn das Bild von Fanny, wie sie ihn dort lächelnd beobachtete, als wüsste sie alles über Elise und lächelte, als wäre es ihr egal. Er wollte nicht, dass Fanny ihn mit Elise beobachtete. Er wollte nicht, dass Elise Fanny sah. Als er Fannys Porträt betrachtete, spürte er erneut seinen alten Widerwillen gegen ihr Treffen. Er wollte nicht, dass Elise mit Fanny im selben Raum saß, auf Fannys Stuhl. Der Salon war Fannys Zimmer. Die rote Dahlie und der puderblaue Papageien-Chintz waren Fannys Wahl; Jeder Tisch, jeder Schrank und jeder Stuhl stand an dem Ort, den Fanny dafür ausgewählt hatte. Das Buch, das frivole Buch, das sie vor ihrer Abreise gelesen hatte, lag auf ihrem kleinen Tisch. Fanny war Fanny und Elise war Elise.

Er klingelte und sagte Partridge, er solle Mrs. Levitt in die Bibliothek führen und dort Tee bringen. Die Bibliothek war *sein* Zimmer. Er konnte darin machen, was er wollte. Das Mädchen Fanny lachte ihn aus den Augenwinkeln aus, als er ging. Plötzlich fühlte er sich wegen Elise zärtlich und sanft zu ihr.

Als Elise kam, fand sie ihn in seinem Sessel sitzend, in ein Buch vertieft. Er erhob sich in einer verträumten Haltung, als wäre er noch immer benommen und in Gedanken in seine Lektüre vertieft.

So verschaffte er sich gleich zu Beginn den Vorteil; er zeigte sich Elise überlegen. Intellektuell und moralisch überlegen.

„Du steckst tief in der Sache? Ich unterbreche?" Sie sagte.

Er fiel sofort von seiner Höhe herunter. Er gehörte ganz ihr.

„Nein. Ich habe nur versucht, die Zeit bis zu deiner Ankunft zu vertreiben."

„Dann bin ich zu spät?"

"Zehn Minuten." Er lächelte nachsichtig

Elise sah schöner aus als je zuvor. Die leichte Novemberkälte hatte ihr eine dünne Röte ins Gesicht gepeitscht. Er beobachtete sie, wie sie ihr dunkles Stinktierfell und ihren Mantel auszog.

Wie schön ist es, einer Frau dabei zuzusehen, wie sie ihre Sachen auszieht, diese hübschen Gesten der Verlassenheit; die Form erscheint schlanker. Das war eines der Dinge, die Sie dachten und nicht sagen konnten. Angenommen, er hätte es Elise gesagt? Hätte es ihr etwas ausgemacht?

"Woran denkst du?" Sie sagte.

„Woher wusstest du, dass ich an irgendetwas denke?“

„Dein Gesicht. Es erzählt Geschichten.“

„Nur nette für Sie, meine liebe Dame.“

„Ah, aber du *hast es nicht* gesagt –“

„Möchten Sie, dass ich das tue?“

„Nicht, wenn es unanständig ist. Dein Gesicht sieht unanständig aus.“

Er drehte sich erfreut um. „Wie sieht mein Gesicht aus, wenn es unartig ist?“

„Oh, das *wäre* aufschlussreich. Es ist gut, dass du es nicht weißt.“

„War es damals so unanständig?“

„Ja. Oder genauso schön.“

Sie machten leise weiter, bis Partridge und Annie Trinder kamen und mit dem Teegeschirr vor der Tür klirrten und klapperten. Als wollten sie sie warnen, dachte Mr. Waddington.

„Partridge“, rief er, während der Butler gerade ging, „Partridge, wenn Sir John Corbett anruft, können Sie ihn hier hereinführen; aber ich bin bei niemand anderem zu Hause.“

(Das ist eine kluge Idee.)

„Er kommt nicht, oder, das lästige alte Ding?“

„Nein. Das ist er nicht. Wenn ich auch nur eine Minute lang gedacht hätte, dass er es wäre, wäre ich nicht zu Hause.“

"Warum dann-?"

„Warum habe ich das gesagt? Weil ich es für dich sicher machen wollte, Elise.“

So taktvoll ließ er sie ahnen, dass er gefährlich sein könnte.

„Wir wollen nicht unterbrochen werden, oder?“ er sagte.

„Nicht von Sir John Corbett.“

Er stellte für Elise das große, gepolsterte Sofa vor das Feuer. Alle seine Bewegungen waren unbewusst, ohne Absicht und Absicht. Er setzte sich kopflastig hinter den winzigen Teetisch mit den Torbeinen; Die Teekanne und die Tassen waren in seinen großen Händen wie Puppensachen. Sie sah ihn an, wie seine langsamen Finger mit der Zuckerzange herumfummelten.

„Möchten Sie, dass ich Ihnen Tee einschenke?“ Sie sagte.

Er fing sichtlich an. Es würde ihm überhaupt nicht gefallen. Er würde nicht zulassen, dass Elise sich in Fannys Lage hineinversetzte und ihm Tee einschenkte, als wäre sie seine Frau. Sie hätte es nicht vorgeschlagen, wenn sie Fingerspitzengefühl oder Feingefühl gehabt hätte.

„Nein", sagte er. Das „Nein" klang hart und unhöflich. „Du musst mir wirklich das Vergnügen gönnen, auf dich zu warten."

Der Zucker fiel aus der Zange; Er fummelte erneut wie verrückt herum, und Elise lächelte. „Verdammte Zange", dachte er; „Verdammt der Zucker."

„Nimm es in deine Finger, Gans", sagte sie.

Gans! Eine Zärtlichkeit, eine Liebkosung. Es machte ihn weicher. Seine Zärtlichkeit   für
Elise kam zurück.

„Meine Finger sind alle Daumen", sagte er.

„Deine Daumen also. Glaubst du nicht, dass es mir etwas ausmacht?"

In ihrer Stimme lag eine Bedeutung, und Mr. Waddington hatte das Gefühl, am Rande der ersten erlesenen Intimitäten der Liebe zu stehen. Er hörte auf, an Fanny zu denken. In einem glücklichen Traum schenkte er Tee ein und reichte Brot und Butter. Er aß und trank, ohne zu wissen, was er aß und trank. Sein ganzes Bewusstsein war ein benommenes, schweres Gefühl der Fülle und Nähe von Elise. Er spürte, wie es in seinen Ohren „vroom-vroom" ging und seine Stimme sich verhärtete, als wäre er leicht, ganz leicht betrunken. Er fragte sich, wie Elise weiterhin Brot und Butter essen konnte.

Er hörte sich selbst seufzen, als er endlich ihre Tasse abstellte.

Er dachte über die Position des Teetisches im Verhältnis zum Sofa nach. Es war eng an der Stelle, an der er sitzen wollte. Sehr krampfhaft. Er schob es weit zurück und dachte noch einmal darüber nach. Es stand nun in seiner direkten Rückzugslinie vom Sofa zum Sessel. Ein Hindernis. Falls jemand reinkäme. Er schob es zur Seite.

„Das ist besser", sagte er. „Jetzt können wir das Feuer klar sehen. Ist das nicht zu viel für dich, Elise?"

Er hatte sich eingeredet, dass er den Teetisch tatsächlich wegen des Feuers verschoben hatte. Noch hatte er kein Ziel und keinen Plan. Er wusste nicht, was er Elise sagen sollte.

Er setzte sich neben sie und es entstand eine plötzliche stille Pause. Elise hatte sich auf ihrem Sitz umgedreht und sah ihn an; Ihre Augen waren hinter dem leichten Zittern ihrer Wimpern ruhig, strahlend und tiefgründig. Er dachte darüber nach, dass ihr einziger Schwachpunkt, die Kürze ihrer Beine, im Sitzen nicht auffiel. Er fragte sich auch, wie er ihren Mund jemals hart finden konnte. Es bewegte sich mit einem kleinen zarten, sensiblen Zucken, wie das Flattern ihrer Augenlider, und er spürte, dass sie sich zu ihm hingezogen fühlte und vor seiner Faszination zitterte.

Sie sprach zuerst.

„Herr Waddington, ich weiß nicht, wie ich Ihnen für Ihre Freundlichkeit bezüglich der Miete danken soll. Aber Sie wissen, dass es sicher ist, nicht wahr?"

„Natürlich weiß ich es. Reden Sie nicht über Miete. Denken Sie nicht darüber nach."

„Ich kann nicht anders. Mir fällt nichts anderes ein, bis es bezahlt ist."

„Mir wäre es lieber, wenn du überhaupt keine Miete zahlst, als dass du dir darüber solche Sorgen machst. Ich habe dich nicht gebeten, hierher zu kommen, um über Geschäfte zu reden, Elise."

„Ich fürchte, ich muss darüber reden. Nur ein bisschen."

„Nicht jetzt", sagte er bestimmt. „Ich werde nicht zuhören."

Es klang genau so, als würde er sagen, dass er sich kein weiteres Gespräch über die Miete mehr anhören würde; aber er dachte: „Ich weiß nicht, was ich tun soll, wenn sie um die fünfhundert anfängt. Aber danach kann sie es kaum noch. Wie auch immer, ich werde es ablehnen, darüber zu sprechen."

„Sag mir, was du mit dir gemacht hast?"

„In Wyck kann man nicht viel mit sich selbst *anfangen* . Ich schlendere durch mein Haus – mein liebes kleines Haus, das du so schön für mich gemacht hast. Ich kümmere mich um mein Marketing und gehe mit der Frau des Pfarrers zum Tee oder so die Frau des Arztes oder Mrs. Bostock oder Mrs. Grainger.

„Ich wusste nicht, dass du zu den Graingers gegangen bist."

Er dachte, das sei nicht sehr loyal gegenüber Elise.

„Du musst irgendwohin gehen."

"Also?"

„Und abends spielen wir Bridge."

„Wer spielt Bridge?"

„Mr. Hawtrey oder Mr. Thurston oder der junge Hawtrey und Toby und Major
Markham und ich."

„Immer Major Markham?“

„Nun, er kommt zu einem guten Preis. Er kommt gerne.“

" *Tut* er?"

"Macht es dir etwas aus?"

„Es würde mich sehr stören, wenn ich dachte, dass es einen Unterschied machen würde.“

"Jede Differenz?" Sie runzelte die Stirn und blinzelte, als versuchte sie angestrengt zu erkennen, was er meinte, was er möglicherweise damit meinen könnte . "Unterschied?" Sie sagte. „Wohin?“

„Für dich und mich.“

„Natürlich nicht. Kein Schrott. Wie könnte es sein?“

„Nein. Wie konnte es? Ich glaube nicht wirklich, dass es das könnte.“

„Aber warum sollte es?“ sie blieb hartnäckig.

„Warum, in der Tat. Unsere Beziehung ist wunderbar. Eine einzigartige Beziehung. Und ich denke, Sie wollen genauso viel wie ich – sie intakt zu halten.“

„Natürlich möchte ich, dass es intakt bleibt. Ich würde um Himmels willen nicht zulassen, dass irgendetwas zwischen uns kommt, schon gar nicht eine Brücke.“ Sie meditierte. „Ich schätze, ich spiele ziemlich viel. Es gibt nichts anderes zu tun, und man lässt sich mitreißen.“

„Ich hoffe, meine Liebe, du spielst nicht um Geld.“

„Na ja, es macht den anderen nicht viel Spaß, wenn wir es nicht tun.“

„Du spielst nicht hoch, hoffe ich?“

„Wie nennt man hoch?“

„Nun, in Pfundnoten brechen.“

„Pfundnoten! Penny-Punkte – nun ja, zehn Schilling sind der allerhöchste Einsatz, wenn wir leichtsinnig sind und es drauf ankommen lassen. Außerdem spiele ich immer gegen Markham und Hawtrey, weil ich weiß, dass *sie* mir nicht zu sehr auf die Nerven gehen, wenn ich verliere.“ "

„Nun, *das ist* es, was mir nicht gefällt. Ich würde tausendmal lieber deine Spielschulden bezahlen, als dass du dich diesen Männern gegenüber in eine Verpflichtung begibst.“

Er konnte es nicht ertragen. Er konnte den Gedanken nicht ertragen, dass Elise es ertragen könnte.

„Du hättest zu mir kommen sollen", sagte er.

„Ich bin zu dir gekommen, nicht wahr?" Sie dachte an die fünfhundert Pfund.

Er dachte auch an sie. „Ah, das ist etwas anderes. Nun zu diesen Schulden gegenüber
Markham und Hawtrey. Wie hoch sind sie – ungefähr?"

„Oh, eine Fünf-Pfund-Note würde alles abdecken. Aber ich werde nur bei dir in der Schuld sein."

„Dazu werden wir nichts sagen. Wenn ich es bezahle, Elise, versprichst du mir dann, dass du nie wieder höher als Penny Points spielst?"

„Das ist wirklich zu engelhaft von dir."

Er lächelte. Es gefiel ihm, ihre Spielschulden zu bezahlen. Er mochte die Macht, die es ihm über sie verlieh. Er dachte gern, dass er ihr ein Versprechen abverlangen könnte. Man sagte ihm gern, er sei ein Engel. Mit fünf Pfund war alles sehr billig, und es würde ihm ermöglichen, die fünfhundert mit mehr Anstand abzulehnen.

„Kommen Sie, auf Ihr Ehrenwort, nur Penny-Punkte."

„Auf mein Ehrenwort... Aber oh, ich glaube nicht, dass ich das ertragen kann."

Sie dachte an die fünfhundert. Wenn man fünfhundert wollte, war es ziemlich mies, sich mit einem Fünfer abschrecken zu lassen.

„Wenn Sie es Hawtrey und Markham abnehmen können –"

„Das ist es. Ich *kann* es Markham nicht nehmen. Das habe ich nicht getan. Ich kann es nicht tun."

„Na ja, dann Hawtrey."

„Hawtrey ist anders"

„Warum ist er anders?"

Ein schwacher Verdacht, der Markham betraf, beunruhigte ihn, und das nicht zum ersten Mal.

„Nun ja, er ist ein verheirateter Mann mittleren Alters. Er könnte mein Onkel sein."

Er dachte: „Und Markham – *er* könnte es sein –"

Aber Elise war nicht in den Kerl verliebt. Nein, nein. Er war sich Elise sicher; er kannte die Symptome; man konnte sie nicht verwechseln. Aber sie könnte trotzdem Markham heiraten. Aus Langeweile, aus Unsicherheit, aus Verzweiflung. Er würde das nicht zulassen; er würde es unmöglich machen; Er würde Elise jetzt die Gewissheit geben, die sie wollte.

„Du hast gesagt, *ich* wäre anders."

Spielerischer Vorwurf. Aber sie würde es verstehen.

„Das bist du. Du bist auch ein verheirateter Mann, nicht wahr?"

„Ich dachte, wir hätten vereinbart, es zu vergessen."

„Vergessen? Mrs. Waddington vergessen?"

„Ja, vergiss sie. Du kanntest mich lange bevor du Fanny kanntest. Was hat sie mit dir und mir zu tun?"

mich kennt ."

„Weil du meine Freundin bist, Elise."

„Du brauchst mich nicht daran zu erinnern. Ich werde wahrscheinlich nicht vergessen, dass alles Gute, was mir hier widerfahren ist, durch dich gekommen ist."

„Ich möchte nichts anderes als Gutes durch mich zu dir kommen"

Er beugte sich vor.

„Du bist in Wyck nicht sehr glücklich, oder?"

„Glücklich? Oh ja. Aber es ist nicht das, was man als wahnsinnig aufregend bezeichnen würde. Und Toby macht mir Sorgen. Er sagt, er hält es nicht aus und will auswandern."

"Gut, warum nicht?"

Mr. Waddingtons Herz machte einen großen Hoffnungsschlag. Er sah alles deutlich. Toby war das große Hindernis. Elise hätte vielleicht ewig durchgehalten, solange Toby bei ihr gelebt hätte. Aber wenn Toby ging – Sie sah es auch; deshalb stimmte sie seiner Abreise zu.

„Das ist keine große Aufgabe für ihn, Bostocks Bank."

„N-nein", stimmte sie zu, „n-nein. Ich habe ihm gesagt, dass er gehen kann, wenn er etwas bekommen kann."

Er spielte und streichelte ihr langes Fell. Es lag zwischen ihnen wie ein weiches, auf dem Rücken liegendes Tier.

„Möchtest du in Cheltenham leben, Elise?"

„Cheltenham?"

„Wenn ich ein kleines Haus für dich nehmen würde?"

(Er hatte berechnet, dass er seine Miete in Cheltenham genauso gut verlieren könnte wie in Wyck. Besser. Außerdem brauchte er sie nicht zu verlieren. Er könnte das Weiße Haus vermieten. Es würde Cheltenham teilweise bezahlen.)

„Eines dieser kleinen Häuser am Montpelier Place?"

„Es ist zu süß von dir, daran zu denken." Auch sie begann zu spielen und streichelte das Felltier; Ihre Hände spielten bewusst und schüchtern über die glatte Weichheit, ohne sich zu berühren.

„Aber – warum Cheltenham?"

„Cheltenham ist nicht Wyck."

„Nein. Aber es ist genauso langweilig und stickig. Stickiger."

„Wunderschöne kleine Stadt, Elise."

„Was nützt das, wenn es vollgestopft ist mit Schulkindern und Schullehrern und verfallenen Armeeangehörigen und alten Jungfern? Ich kenne niemanden *in* Cheltenham."

„Sehen Sie nicht, dass das ein Vorteil wäre?"

„Nein. Ich kann es nicht sehen. Es gibt nur einen Ort, an dem ich leben *möchte* ."

"Und das ist-?"

„London. Und ich kann nicht."

"Warum nicht?" Schließlich war London keine so schlechte Idee. Er selbst hatte schon früher darüber nachgedacht.

„Nun – ich weiß nicht, ob ich dir gesagt habe, dass ich mit den Leuten meines Mannes kein besonders gutes Verhältnis habe. Sie sind seit dem Tod des armen Frank überhaupt nicht mehr nett zu mir."

„Arme Elise –"

„Sie leben in London und wollen mich da raushalten. Mein Schwiegervater gibt mir eine kleine Zulage unter der Bedingung, dass ich nicht dort lebe. Sie hassen mich", sagte sie lächelnd, „so sehr wie alle anderen." Das."

„Ist es eine große Zulage?"

„Nein. Es ist sehr klein. Aber sie wissen, dass ich ohne es nicht auskomme."

„Man sollte nicht von solchen Leuten abhängig sein … Vielleicht in einer Wohnung – oder einem dieser kleinen Häuser in St. John's Wood –"

„Es wäre zu himmlisch. Aber was nützt es, darüber zu reden?“

„Du musst wissen, was ich für dich tun möchte, Elise. Ich möchte dich glücklich machen, dich vor all diesen erbärmlichen Sorgen schützen, mich um dich kümmern, Liebes. Du *wirst* mich lassen, nicht wahr?“

„Mein lieber Mr. Waddington – mein lieber Freund –“ Die dunklen Augen leuchteten auf. Sie sah eine klare Aussicht auf die Fünfhundert. Verglichen mit dem, was der alte Waddy vorschlug, bedeutete eine solche Summe und auch ein bloßes Darlehen Mäßigung. Der Moment war sehr glücklich gekommen, diese Frage erneut zu stellen. „Ich kann nicht zulassen, dass Sie etwas so – so Umfangreiches tun. Wirklich und wahrhaftig, alles, was ich will, ist nur ein vorübergehender Kredit. Wenn Sie mir wirklich diese fünfhundert leihen könnten. Sie sagten –“

„Ich habe nicht gesagt, dass ich es tun würde. Und ich habe nicht gesagt, dass ich es nicht tun würde. Ich habe gesagt, dass es darauf ankommt.“

„Ich weiß. Aber Sie haben nie gesagt, worauf. Wenn die Sicherheiten, die ich Ihnen angeboten habe, nicht gut genug sind, bleibt da noch das Erbe.“

Er schwieg. Er wusste jetzt, dass sein Zustand nichts mit den Wertpapieren zu tun hatte. Er muss wissen, er würde wissen, wo er steht.

„Meine Tante“, sagte Elise sanft, „ist sehr alt.“

„Ich würde nicht im Traum daran denken, Ihr armes kleines Erbe anzutasten.“ Er sagte es mit Leidenschaft. „Willst du dieses ganze schmutzige Gerede übers Geschäft nicht aufgeben und mir vertrauen?“

"Ich vertraue dir."

Die kleine weiße Hand hörte auf, das dunkle Fell zu streicheln und streckte ihre Hand nach ihm aus. Er nahm es und hielt es fest. Es hatte Mühe, sich zurückzuziehen.

„Du hast keine Angst vor mir?“ er sagte.

„Nein, aber ich habe Angst, dass Partridge hereinkommt und uns sieht. Er findet das vielleicht ziemlich seltsam.“

„Er wird nicht reinkommen. Es spielt keine Rolle, was Partridge denkt.“

„Oh, *nicht wahr*!“

„Er wird nicht reinkommen.“

Er trat ein wenig näher an sie heran.

„Er wird. Er *wird* . Er wird kommen und die Sachen wegräumen. Ich höre ihn kommen.“

Er stand auf und ging zur Tür des Rauchraums, zur anderen Tür, und schaute hinaus.

„Da ist niemand", sagte er. „Sie kommen erst um sechs und es ist noch nicht fünf … Elise – lenken Sie Ihre Gedanken einen Moment von Partridge ab. Wenn ich dieses kleine Haus in London bekomme, werden Sie dann darin wohnen?"

„Das kann ich nicht zulassen. Du machst mich beschämt, nach allem, was du für mich getan hast. Es ist zu viel."

„Ist es nicht. Wenn ich es annehme, lässt du mich dann zu dir kommen?"

„Oh ja. Aber –" Sie schrumpfte, soweit man Elise überhaupt sagen konnte, etwas weiter in ihre Ecke zurück.

„Es ist ziemlich weit von Wyck entfernt", sagte er. „Trotzdem könnte ich einmal in" – er wurde nachdenklich – „in etwa drei Wochen hochlaufen."

„Für den Tag – ich sollte mich freuen."

„Nein. *Nicht* für den Tag." Er war irritiert über diese künstliche Stumpfheit. „Für das Wochenende. Manchmal für die Woche, wenn ich es schaffe. Ich würde sagen, es geht ums Geschäft."

Sie wich zurück und zurück, als wäre sie von seinem Vorrücken abgeschreckt, legte den Kopf schief, ihre Augen funkelten ihn unter gesenkten Lidern an, sie nahm alles in sich auf und täuschte dennoch eine Lähmung der Unwissenheit vor. Sie wollte sehen – sehen, wie weit er gehen würde, bevor sie – sie wollte, dass er glaubte, dass sie ihn nicht einmal jetzt verstand.

Es war diese halb faszinierte, rückständige Geste, die ihn erregte. Er kam ganz nah heran.

„Elise, es hat keinen Sinn, so zu tun. Du weißt, was ich meine. Du weißt, dass ich dich will."

Er beugte sich über sie und bedeckte sie mit seiner großen Brust. Er legte seine Arme um sie.

„In meinen Armen. Du *weißt, dass du mich* willst –"

Sie spürte, wie sein Mund sich zu ihrem Mund drückte, als er sich zurückzog und versuchte, ihn zu bedecken und nach unten zu drücken. Sie schrie: „Oh – oh, du –" und wehrte sich, indem sie ihn mit einer Hand abwehrte, während die andere wie verrückt nach ihrem Taschentuch suchte. Sein Griff lockerte sich. Er stand auf. Aber er beugte sich immer noch über sie und drückte sie mit seinen ausgestreckten Armen ein, sein Gewicht stützte er auf seinen Händen, die auf der Sofalehne lagen.

„Du – alter – Idiot –", sprudelte sie hervor.

Sie konnte es sich leisten. In einem schnellen Geistesblitz war ihr klar geworden, dass sie diese fünfhundert Pfund, was auch immer passieren würde, niemals abbauen *würde* . Und sich ohne sie dem alten Waddy zu ergeben, sich dem alten Waddy überhaupt zu ergeben, wenn sie Freddy Markham heiraten könnte, wäre zu absurd. Selbst wenn es keinen Freddy Markham gegeben hätte, wäre es absurd gewesen.

In dem Moment, als sie es sagte, während er sie immer noch gefangen hielt und sie einander ins Gesicht starrten, sie spritzte und er keuchte, kam Barbara herein.

Er begann; richtete sich ruckartig auf. Frau Levitt erholte sich.

„Du dummer Kuckuck", sagte sie. „Du weißt nicht, wie lächerlich du aussiehst."

Sie hatte ihr Taschentuch gefunden und betupfte damit Augen und Mund, um die Unreinheit seines Aufpralls abzuwischen. „Wie lächerlich – Te-hee – Te-hee – te-hee!" Sie schüttelte sich vor Lachen.

Barbara tat so, als würde sie sie nicht sehen. Wäre sie sofort zurückgegangen und hätte die Tür vor ihnen geschlossen, hätte sie zugeben müssen, sie gesehen zu haben. Stattdessen ging sie schnell, aber geistesabwesend zum Schreibtisch, nahm die Fotos zur Hand und ging wieder hinaus.

Mr. Waddington hatte sich abgewandt und stand an den Schornstein gelehnt da, den Kopf („Armer alter Strauß!") in den Händen versteckt. Seine Haltung drückte eine würdevolle Trauer und eine verletzte Integrität aus. Barbara stand einen Moment lang gefasst an der Tür und sagte:

„Es tut mir leid, dass ich die Fotos vergessen habe." Als ob sie sagte: „Kopf hoch, altes Ding. Ich habe dich nicht wirklich gesehen."

Durch die geschlossene Tür hörte sie Mrs. Levitts Lachen loslassen, bösartig, schrill, hysterisch, ein schrecklicher Klang.

„Es tut mir leid, Elise. Aber ich dachte, du sorgst für mich."

„Du hattest nicht das Recht, darüber nachzudenken. Und es war unwahrscheinlich, dass ich es dir sagen würde."

„Oh, du hast es mir nicht gesagt, meine Liebe. Wie konntest du? Aber du hast mich glauben lassen, dass du mich wolltest."

„Gesucht? Glaubst du, ich wollte lächerlich gemacht werden?"

„Liebe ist nicht lächerlich", sagte Herr Waddington.

„Das ist es. Es ist *das* Lächerlichste, was es gibt. Und wenn *du* es schaffst ... Wenn du dein Gesicht hättest sehen können – Oh, mein Gott!"

„Wenn du nicht so laut lachen würdest. Die Diener würden dich hören."

„Ich meine, dass sie mich hören."

„Verdammt, Elise!"

„Das ist richtig, beschimpfen Sie mich. Beschimpfen Sie mich."

„Es tut mir leid, dass ich geschworen habe. Aber seien Sie ehrlich, es ist für mich genauso schlimm wie für Sie."

„Schlimmer noch, denke ich. Du brauchst nicht zu glauben, dass Miss Madden dich nicht gesehen hat, denn sie hat es gesehen."

„Es ist schade, dass Miss Madden nicht etwas früher gekommen ist."

„Früher? Ich denke, sie hat ihren Moment sehr gut gewählt."

„Wenn sie unser ganzes Gespräch gehört hätte, wäre ihr wohl klar geworden, dass es etwas für mich zu sagen gibt."

„Zu dir gibt es nichts zu sagen. Und bis du dich dafür entschuldigt hast, dass du mich beleidigt hast –"

„Du hast gehört, wie ich mich entschuldige. Was die Beleidigung angeht: Keine anständige Frau würde unter diesen Umständen jemals einem Mann sagen, dass seine Liebe sie beleidigt, selbst wenn sie es nicht erwidern kann."

„Und selbst wenn er der Ehemann einer anderen Frau ist?"

„Selbst wenn er der Ehemann einer anderen Frau ist, wenn sie ihm jemals das Recht gegeben hat –"

„Richtig? Glaubst du, du hast dir das Recht erkauft, mit mir zu schlafen?" Sie stand auf und konfrontierte ihn.

„Nein. Ich dachte, du hättest es mir gegeben ... Ich habe mich geirrt."

Er half ihr beim Anziehen des Mantels, in den sie sich mit ungeschickten, gereizten Bewegungen hineinschlüpfte. Unbeholfen. Die Frau *war* ungeschickt. Er fragte sich, wieso er es noch nie gesehen hatte. Und vulgär. Laut und vulgär. Man wusste nie, wie eine Frau war, bis man sie wütend gesehen hatte. Er hatte ihr angemessen und mit bewundernswertem Taktgefühl geantwortet. Er hatte jeden Punkt erzielt; er punktete jetzt mit seiner kühlen, unerschütterlichen Höflichkeit. Er versuchte, nicht an Barbara zu denken.

„Dein Fell."

"Danke schön."

Er klingelte. Rebhuhn erschien.

„Sagen Sie Kimber, sie soll das Auto vorbeibringen und Mrs. Levitt nach Hause fahren."

„Danke, Herr Waddington, ich gehe lieber zu Fuß."

Partridge ist im Ruhestand.

Sie streckte ihre Hand aus. Mr. Waddington verbeugte sich abrupt und nahm es nicht an. Er schritt hinter ihr zur Tür, durch den Rauchraum, zur weiteren Tür. In der Halle schwebte Partridge. Er überließ sie ihm.

Und als sie Partridge über den weiten, von Lampen erleuchteten Raum folgte, bemerkte er zum ersten Mal, dass Elise in ihrer Aufregung watschelte. Wie eine Ente – eine gierige Ente. Wie ihre schreckliche Schwester Bertha Rickards.

Dann dachte er an Barbara Madden.

3

Als Ralph nach Barbara rief, erzählte er ihr als Erstes, dass er von Mackintyres, dem Verleger, von seinem Buch gehört hatte. Er hatte es ihnen zu zwei Dritteln fertig geschickt, und Grevill Burton – „Grevill *Burton* , Barbara!" – hatte es gelesen und sehr positiv darüber berichtet. Mackintyres hatte zugestimmt, es zu veröffentlichen, wenn das Ende dem Anfang und der Mitte entsprach.

Es waren diese aufregenden Neuigkeiten, die ihr über den Kopf geworfen wurden, bevor sie ihren Hut aufsetzen konnte, die Barbara dazu gebracht hatten, Mr. Waddingtons Fotos und Mr. Waddingtons Buch und Mr. Waddington völlig zu vergessen, bis sie und Ralph auf halbem Weg zwischen Wyck-on waren -the-Hill und niedrigere Geschwindigkeit. Dann blieb uns nichts anderes übrig, als weiterzugehen und darauf zu achten, dass wir rechtzeitig zurückkamen, um die Fotos zu Pyecraft zu bringen, bevor der Laden schloss. Es war nicht viel Zeit gewesen, aber Barbara sagte, sie könnte es einfach tun, wenn sie sich beeilen würde, und es war die Bemühung, die sie machte, die sie auf den Schauplatz von Mr. Waddingtons Affäre brachte.

Ralph wartete am weißen Tor auf sie.

„Wir müssen sprinten", sagte sie, „wenn wir rechtzeitig sein wollen."

Sie sprinteten.

Als sie langsam zurückgingen, wurde Barbara nachdenklich.

Ihr Leben lang würde sie sich an Waddington erinnern: die ausgestreckten Arme, der kopflastige Körper, der sich der Liebkosung beugte; das entzündete und erschrockene Gesicht starrte sie über Mrs. Levitts Schulter an wie ein seltsamer Fisch, der Mund klappte auf, als riefe er ihr zu: „Geh zurück!" In welche Tiefe der Einfältigkeit muss er gesunken sein, bevor er dazu hätte gelangen können! Und die traurige Gestalt, die am Kaminsims lehnte, ausgepeitscht und geschlagen von Mrs. Levitts Gelächter – dem hohen, rauen, bösartigen Gelächter, das sie dazu gebracht hatte, zur Tür des Rauchraums zu rennen, um ihn zu beschützen und ihm den Garaus zu machen.

Was hätte Ralph nicht darum gegeben, ihn gesehen zu haben!

Für Ralph war es völlig in Ordnung, davon zu sprechen, eine „Studie" über ihn zu machen; er war nicht weiter als bis zum äußersten Rand seines großen Fachgebiets gekommen. Er kannte Waddington nicht einmal in den Grundzügen. Auch er hatte brillante Eindrücke gehabt, aber keinen sicheren Blick auf die Realität. Und es war ihr, Barbara, gegeben worden, es auf einmal zu sehen. Sie war mit einem Satz mitten in ihn eingedrungen. Sie hatten sich gefragt, wie weit er gehen würde; und er war so weit, so unglaublich weit über sich selbst hinausgegangen, dass alle ihre Schätzungen verfälscht wurden.

Und sie erkannte, dass ihr Sehen das Ende bedeutete – das Ende ihres Spiels, ihres und Ralphs, das Ende ihres Pakts, das Ende des Unentschiedens, das sie verband. Sie war mit Waddington eingesperrt; Das Geheimnis, das sie mit ihm teilte, schloss Ralph aus. Es war unerträglich, dass all dieses reichhaltige, aufregende Material in ihren Händen blieb und nutzlos bei ihr blieb, wenn sie darüber nachdachte, was sie und Ralph gemeinsam daraus hätten machen können.

Wenn sie es ihm nur hätte geben können. Aber das konnte sie natürlich nicht. Sie hatte immer gewusst, dass es Dinge geben würde, die sie ihm nicht geben konnte. Sie würde immer mehr von ihnen sehen.

Seltsam, dass sie keinerlei moralische Empörung empfand. Es war zu lustig gewesen, als würde man ein Kind bei einer amüsanten Frechheit erwischen; und wie die Augen und der offene Mund des armen Waddy angedeutet hatten, hatte sie nichts damit zu tun, ihn zu fangen, etwas darüber zu erfahren, nichts damit zu tun, dort zu sein.

„Ralph", sagte sie, „du musst mich aus der Puderdose lassen."

Er drehte sich lachend um. „Warum, hast du etwas gesehen?"

„Es spielt keine Rolle, ob ich es habe oder nicht."

„Es war ein heiliger Vertrag."

„Aber wenn ich es nur behalten kann, indem ich ein perfektes Schwein bin –
"

Er schaute auf ihr Gesicht, ihr besorgtes, unnatürlich ernstes Gesicht.

„Natürlich, wenn du so denkst –"

„So würdest du dich fühlen, wenn du seine vertrauliche Sekretärin wärst und seine gesamte Korrespondenz hättest."

„Ja, ja. Ich verstehe, Barbara, das wird nicht funktionieren. Ich lasse dich von der   Paktdose   los. Wir können trotzdem mit ihm weitermachen."

„Das können wir nicht."

„Was? Ihn nicht studieren?"

„Nein. Wir wissen nicht, was wir tun. Es ist nicht sicher. Wir können jeden Tag auf Dinge stoßen."

„Wie das Ding, auf das du gerade gekommen bist."

„Ich habe nicht gesagt, dass ich auf irgendetwas mitkomme."

„In Ordnung, das hast du nicht. Er soll unser unvollendetes Buch sein, Barbara."

„Er wird *dein* unvollendetes Buch sein. Ich habe meines schon fertig. Alles andere wird nur Anhang sein."

„Glaubst du, du hast ihn komplett?"

„Ziemlich vollständig."

„Oh, Barbara –"

„Führe mich nicht in Versuchung, Ralph."

„Schließlich", sagte er, „haben wir nur mit ihm gespielt."

„Nun, wir dürfen es nicht noch einmal tun."

„Nie mehr?"

„Nie mehr. Ich weiß, es ist ein Spiel für Götter; aber es ist ein grausames Spiel. Wir müssen es aufgeben."

„Du meinst, wir müssen ihn aufgeben?"

„Ja, wir haben ihn genug gejagt und gehetzt. Wir müssen ihn gehen lassen."

„Das ist die Kompaktdose, oder?"

"Ja."

„Wir werden es brechen, Barbara; sehen Sie, ob wir es nicht schaffen. Wir können ihn nicht aufhalten."

4

Mr. Waddington war der Meinung, dass es ihm schließlich dank seines vollendeten Taktgefühls gelungen war, den unangenehmen Abschied von Mrs. Levitt herbeizuführen. Aber als er an Barbara, die kleine Barbara, dachte, stieg ihm die Röte ins Gesicht, in die Ohren, auf die Stirn; er konnte es spüren – eine Welle heißer, unangenehmer Scham nach der anderen.

Er ging langsam zurück in die Bibliothek und schloss sich mit dem Teetisch, dem Sofa und den Kissen ein, die durch den großen Druck von Elise tief zerdrückt und ausgehöhlt waren. Er fragte sich, wie viel Barbara aufgenommen hatte und in welchem Moment sie aufgetaucht war. Er versuchte, die Szene zu rekonstruieren. Er hatte sich über Elise gebeugt; Er konnte sehen, wie er sich über sie beugte und sie umschloss, und wie Elises Kopf sich versteifte und sich von seinem Kuss zurückzog. Schlimmer als der Schmerz ihres Abscheus war der Gedanke, dass Barbara es gesehen hatte, und seine Haltung, seine wirklich sehr kompromittierende Haltung. Hatte sie? Hatte sie? Die Tür stand nun im rechten Winkel zum Sofa; Vielleicht hatte Barbara ihn nicht fair erwischt. Er ging zur Tür und kam herein, um sich zu vergewissern. Ja. Ja. Von diesem Zeitpunkt an war es sinnlos, so zu tun, als wäre er nicht zu sehen.

Aber Barbara war wie ein kleiner Wirbelwind hereingestürmt und direkt zum Schreibtisch gegangen, dem sie den Rücken gekehrt hatte. Sie hätte keine Zeit gehabt, es zu erfassen. Er war am Schornstein, bevor sie sich wieder umgedreht hatte, bevor sie ihn hätte sehen können. Er musste sich erholt haben, als er sie kommen hörte. Sie konnte nicht so hineinstürmen, ohne gehört zu werden. Als Barbara hereinkam, musste er aufgestanden sein, weit entfernt von Elise, und sich nicht über sie gebeugt haben.

Er versuchte sich daran zu erinnern, was Barbara gesagt hatte, als sie hinausgegangen war. Sie hatte etwas gesagt. Er konnte sich nicht erinnern, was es war, aber es hatte beruhigend geklungen. Nun, wenn Barbara etwas gesehen hätte, wäre sie sicherlich nicht an der Tür stehengeblieben, um etwas zu sagen. Ohne ein Wort wäre sie direkt hinausgegangen. Tatsächlich wäre sie überhaupt nicht reingekommen. Sie wäre in dem Moment zurückgewichen , in dem sie es gesehen hätte. Sie wäre einfach nie bis zum Schreibtisch vorgedrungen. Er erinnerte sich, wie kühl sie die Fotos aufgenommen und wieder hinausgegangen war, als wäre nichts passiert.

Wahrscheinlich war also für Barbara nichts passiert.

Dann erinnerte er sich an das schreckliche Lachen von Elise. Barbara muss das gehört haben; sie muss sich gefragt haben. Sie hätte ihn vielleicht nur mit dem Augenwinkel erwischt, nicht genug, um darauf zu schwören, aber genug, um sich zu wundern; und danach hätte sie das und das zusammengefügt.

Und er würde an diesem Abend allein mit ihr speisen müssen, um ihren jungen, klaren, offenen Augen ins Gesicht sehen zu können.

Er wusste nicht, wie er damit durchkommen sollte, und doch kam er durch.

Zunächst einmal kam Barbara sehr spät zum Abendessen.

Sie hatte daran gedacht, zu spät zu kommen, um Mr. Waddington leichter im Stich zu lassen. Sie würde hereinkommen, lächelnd und entschuldigend, offensichtlich im Unrecht, da sie ihn warten ließ, und er würde gnädig sein und ihr vergeben, und seine Gnade und Vergebung würden dazu beitragen, ihn wieder einzusetzen. Er würde eine Menge Wiedereingliederung brauchen, überlegte sie. Barbara war der Meinung, dass er in Sachen Strafe genug hatte. Mrs. Levitt mit ihrem „Du alter Idiot!“ hatte ihm alles und mehr als alles getan, was die Gerechtigkeit verlangen konnte; Es gab einen Punkt der Demütigung, jenseits dessen kein menschliches Geschöpf mehr leiden sollte. Beim Liebesspiel mit Mrs. Levitt erwischt zu werden und als alter Idiot beschimpft zu werden! Und dann mit unanständigem Gelächter beworfen zu werden. Und es war sowieso nicht ihre Aufgabe, Barbara, ihn zu bestrafen oder zu verurteilen. Sie hatte nichts damit zu tun, ihn zu fangen, und es hatte zunächst nichts damit zu tun, die Fotos zu vergessen.

Da sie wirklich wollte, dass er nicht erfuhr, dass sie ihn ertappt hatte, verhielt sie sich weiterhin so, als sei nichts geschehen. Während des gesamten Abendessens lenkte sie das Gespräch auf Themen, die ihn in ein günstiges oder interessantes Licht rückten. Sie vermied das Thema Fanny. Sie stellte ihm alle möglichen Fragen über seine Arbeit im Krieg.

„Erzählen Sie mir“, sagte sie, „einige der Dinge, die Sie getan haben, als Sie Hilfspolizist waren.“

Und er erzählte ihr seine großartige Geschichte. Natürlich kannte sie den besten Teil davon schon, denn Ralph hatte ihn ihr erzählt – es war einer seiner Siege über sie –, aber sie wollte, dass er sich daran erinnerte. Sie war der Meinung, dass es genau die Art von Erinnerung war, die ihn schneller wieder ins Gleichgewicht bringen würde als alles andere. Denn er hatte tatsächlich eine beträchtliche Rolle gespielt.

„Nun“, man sah an seinem Gesicht, dass er zufrieden war, „eines der Dinge, die wir tun mussten, war, nach Einbruch der Dunkelheit durch die Dörfer und Bauernhöfe zu fahren, um sicherzustellen, dass dort keine Lichter zu sehen waren. Es war neunzehn – ja.“ – neunzehn-sechzehn, im Winter muss es Winter gewesen sein, weil ich meine britische Jacke mit Pelzkragen trug und regelmäßig Angst hatte.

"Luftangriffe?"

„Nein. Landstreicher. Wir wurden von einer üblen, gefährlichen Sorte Landstreicher ziemlich terrorisiert. Die Polizei suchte nach zwei dieser Kerle – entlassenen Soldaten. Wir hatten einen Haftbefehl gegen sie ausgestellt. Raub und Körperverletzung.“

„Mit Gewalt?“

„Nun, man könnte es Gewalt nennen. Einer von ihnen hatte einen Pint-Topf auf den Wirt des King's Head geworfen und ihn verletzt. Und sie waren mit zwei Flaschen Bier und einer Dose Player's Navy Cut davongerannt. Das taten sie Wir haben sie, weiß Gott, nicht gefunden.

„Ich fuhr in einer sehr schrecklichen, stockfinsteren Nacht nach Daunton. Weißt du, wie schrecklich dunkel es zwischen den Wäldern von Byford Park ist? Nun, ich war gerade dort angekommen, als ich an zwei Kerlen vorbeikam, die unter der Mauer entlangschlichen. Sie Ich trat zurück – ohne richtiges Licht – und richtete meine elektrische Taschenlampe auf sie. Wäre das nicht genau der Kerl, nach dem wir suchten. Und ich hätte sie irgendwie reinschmeißen können , ganz allein. Und zwei zu eins war es kein Scherz, ich kann dir sagen, was für böse Messer und Dinge sie bei sich gehabt haben könnten.

"Was *hast* du gemacht?"

„Machst du das? Ich fuhr fünfzig Meter weiter und hielt den Wagen vor der Pförtnerloge in Byford an. Dann stieg ich aus und kam ihnen entgegen. Sie versuchten, in den Wald zu flüchten, als ich meine Taschenlampe wieder auf sie richtete und schrie „Halt!“ mit Paradestimme.

„Sie blieben stehen und hoben die Hände zum Gruß. Ich dachte, die Angewohnheit wäre zu viel für sie, als sie das Befehlswort hörten. Ich sagte: ‚Du musst mitkommen.‘ Ich wusste nicht, wie ich es mit ihnen aufnehmen sollte, wenn sie nicht gingen. Also versuchte ich es noch einmal: „Halt!“ Normaler Parade-Stunt. Und dann hielt ich sie an und sagte: „Meidet euch, ich bin ein Sonderpolizist, und ich habe hier einen Haftbefehl.“

„Das hatte ich nicht. Ich hatte nichts weiter als ein Inland Revenue Income Tax-Formular. Aber ich zog es aus meiner Brusttasche und richtete mein Licht auf das königliche Wappen oben. Das reichte ihnen. Dann schrie ich erneut mit meiner Paradestimme: „Richtig, schneller Marsch!“

„Und ich habe sie zum Marschieren gebracht. Ich habe sie die zwei Meilen von Byford durch Lower Speed und den Hügel hinauf nach Wyck und in die Polizeistation marschieren lassen. Und wir haben sie wegen Raubüberfalls und Körperverletzung angeklagt.“

„Das war klug von dir.“

„Nein, nichts als Geistesgegenwart und Bluff und der Beweis, dass du keinen Unsinn ertragen würdest. Aber ich glaube nicht, dass Corbett oder Hawtrey oder einer dieser Kerle daran gedacht hätten.“

Barbara fragte sich: „Angenommen, ich würde ihn anmachen und sagen: ‚Du alter Schwindel, du weißt, dass ich kein Wort davon glaube. Du weißt, dass du sie nicht hundert Meter weit marschiert hast.‘ Oder „ *Ich* habe dich heute Nachmittag gesehen.“ Wie würde er aussehen? Es war unvorstellbar, dass sie diese Dinge sagen sollte. Wenn sie ihr Studium nur über ihn fortsetzen würde, würde sie in dem Geist weitermachen, in dem sie und Ralph begonnen hatten. Dieser Geist ließ nichts als grenzenloses Vergnügen, grenzenlose Freude in sich zu. Moralische Empörung wäre falsch gewesen; es wäre eine völlige Respektlosigkeit gegenüber dem Gott gewesen, der ihn geschaffen hat.

Was wäre, wenn er nicht erwähnen würde, dass es sich bei den fiesen, gefährlichen Kerlen um zwei schwache Jugendliche handelte, halb schwachsinnig mit Schock und halb betrunken, und dass es Mr. Hawtrey war, der gerade rechtzeitig in seinem Auto ankam und sie über die Straße brachte? Letzte Meile zur Polizeistation? Zufälligerweise hatte Herr Waddington diese Einzelheiten offen gesagt vergessen, da sie für seine Geschichte unwesentlich waren. (Er *hatte* sie eine Meile marschiert.)

Nachdem er es erzählt hatte, war sein Selbstwertgefühl so weit wiederhergestellt, dass er ihnen vorschlug, nach dem Abendessen bei den Ramblings zusammenzuarbeiten. Er befahl sogar, in der Bibliothek Kaffee zu servieren, als wäre dort nichts passiert. Leider trugen die Kissen aufgrund eines schuldhaften Versehens von Annie Trinder immer noch den Aufdruck von Elise. Eine schreckliche Erkenntnis kam ihm, als Barbara mit einem Blick auf das Sofa ablehnte, sich darauf zu setzen. Er hatte sich gerade noch rechtzeitig umgedreht, um das Aufblitzen ihres scherzhaften Lächelns zu erhaschen, wie er sie einmal als „barbarisches Lächeln“ bezeichnet hatte. Schließlich hätte sie vielleicht etwas gesehen. Nicht Mrs. Levitts Lachen, sondern der Gedanke daran, was Barbara gesehen haben könnte, war seine Strafe – das und das Alleinsein mit ihr, wissend, dass sie es wusste.

5

Das alles geschah an einem Mittwoch, und Fanny würde erst am Samstag zurück   sein
. Er hatte drei ganze Tage Zeit, mit Barbara allein zu sein.

Er hatte geglaubt, dass keine Strafe schlimmer sein könnte, aber als die drei Tage vergingen und Barbara sich weiterhin so verhielt, als wäre nichts passiert, gewöhnte er sich daran. Es war an einem Freitagabend, als er wach lag und die Situation zum hundertsten Mal Revue passieren ließ, als ihm sein Gewissen zeigte, wie es ihm wirklich ging. Es gab eine schlimmere Strafe als Barbaras Wissen.

Wenn Fanny es wüsste –

Es gab viele Möglichkeiten, wie sie es kennenlernen konnte. Barbara könnte es ihr sagen. Die beiden waren dick wie Diebe. Und wenn das Kind eifersüchtig und hysterisch wurde – sie hatte Elise nie gemocht. Oder sie erzählte es Ralph Bevan und er erzählte es Fanny, oder er erzählte es jemandem, der es ihr erzählte. Es gab immer viele Leute, die es für ihre Pflicht hielten, solche Dinge zu melden.

Natürlich wusste er, dass sie es halten würde, wenn er sich Barbaras Gnade auslieferte und von ihr das Versprechen verlangte, es nicht zu verraten. Aber angenommen, sie hätte die ganze Zeit nichts gesehen oder geahnt? Angenommen, ihre ruhige Art entsprang einem Geist, der nichts sehen und ahnen kann? Dann hätte er sich umsonst verraten.

Außerdem gab es Elise, auch wenn Barbara nie etwas sagte. Keine Ahnung, was Elise in ihrer vulgären Wut tun oder sagen würde. Sie könnte es Toby oder Markham erzählen, und die beiden könnten sich verdammt unangenehm machen. Die Geschichte würde sich in kürzester Zeit in der ganzen Grafschaft verbreiten.

Und da waren die Diener. Angenommen, eine der Frauen hätte es sich in den Kopf gesetzt, wegen „Vorgängen“ zu kündigen?

Er konnte nicht in Frieden leben, solange alle oder einige dieser Dinge möglich waren.

Die einzige Möglichkeit bestand darin, vorher bei Barbara und Bevan und Elise und Toby und Markham und den Dienern zu sein; um es Fanny selbst zu sagen, bevor einer von ihnen zuerst reinkommen konnte. Je mehr er darüber nachdachte, desto mehr wurde er davon überzeugt, dass dies das einzig Richtige, das einzig Geradlinige und Männliche war; gleichzeitig kam ihm der Gedanke, dass er durch die Unterdrückung einiger unwichtiger Einzelheiten die ganze Angelegenheit wirklich sehr zufriedenstellend schildern könnte. Es wäre zum Beispiel nicht nötig, Fanny zu sagen, was seine Absichten gewesen waren, falls er überhaupt welche gehabt hatte. Denn während er die ganze dumme Angelegenheit immer wieder durchging, sanken seine Absichten – diejenigen, die das kleine Haus in Cheltenham oder St. John's Wood betrafen – tendenziell wieder in den Traumzustand zurück, aus dem sie hervorgegangen waren, und reinigten sein Gewissen mehr und mehr von jeder tatsächlichen Straftat. Tatsächlich hatte er nichts zu erklären außer seiner Haltung, der eher kompromittierenden Haltung, in der Barbara ihn gefunden hatte. Und das lässt sich sehr leicht erklären. Fanny war keine dieser anspruchsvollen, eifersüchtigen Frauen; Sie wäre bereit, für alles eine vernünftige Erklärung zu akzeptieren. Und mit ein wenig Aufmerksamkeit konnte man sie immer besänftigen.

Also fuhr Mr. Waddington am Freitagnachmittag persönlich mit dem Auto zum Bahnhof Wyck und traf Fanny auf dem Bahnsteig. Er kochte ihr selbst Tee und bediente sie, wobei er sich eifrig bewegte und ein liebevolles, aber eher bewusstes Lächeln auf den Lippen hatte. Zu diesen Taten drängte ihn spontan die Sanftheit und Zärtlichkeit gegenüber Fanny, die ihn schon allein durch den bloßen Gedanken an Elise zu inspirieren vermochte.

Dadurch, dass er den ganzen Abend in Fannys Nähe blieb, sorgte er dafür, dass Barbara keine Gelegenheit hatte, ihr etwas zu sagen. Und in der letzten Stunde vor dem Schlafengehen, als sie allein im Wohnzimmer waren, begann er.

Er schloss vorsichtig die Tür hinter Barbara und kehrte zu seinem Platz zurück, mit einem finsteren Blick, als wäre er von ängstlichen Gedanken überwältigt. Er hat diesen Gesichtsausdruck absichtlich übertrieben, damit Fanny es bemerkte und ihm seine Öffnung öffnete, was sie auch tat.

„Na, altes Ding, warum siehst *du* denn so deprimiert aus?“

„Sehe ich niedergeschlagen aus?“

„Düster. Was ist das?“

Er stand aufrecht vor dem Kaminsims, sein Gewissen wurde durch diese Haltung der Rechtschaffenheit gestärkt.

„Ich habe es bei Barbara nicht ganz leicht“, sagte er.

„Barbara? Was zum Teufel hat *sie* gemacht?“

„Sie hat nichts getan. Es ist eher das, was sie tun könnte, wenn Sie sie nicht aufhalten.“

„Ich möchte sie nicht aufhalten“, sagte Fanny, „wenn Sie an Ralph Bevan denken.“

„Ralph Bevan? Ich denke ganz sicher nicht an ihn. Sie auch nicht.“

„Na dann, was?“

„Ich habe an mich selbst gedacht.“

„Meine Liebe, du glaubst doch sicher nicht, dass Barbara an dich denkt?“

„Nicht – nicht in der Art und Weise, wie Sie es andeuten. Tatsache ist, ich wurde neulich in eine – eine ziemlich unangenehme Szene mit Mrs. Levitt hineingelassen.“

„Ich dachte immer", sagte Fanny, „diese Frau würde dich auf etwas hereinlassen. Na?"

„Nun, ich weiß kaum, wie ich dir davon erzählen soll, meine Liebe."

„Warum war es so schlimm? Vielleicht sollte ich es besser nicht wissen."

„Ich möchte, dass du es weißt. Ich versuche es dir zu sagen – wegen Barbara."

„Ich kann nicht sehen, wo Barbara ins Spiel kommt."

„Sie kam in die Bibliothek, während es passierte –"

Fanny lachte und es beunruhigte ihn.

„Währenddessen, was ist passiert?" Sie sagte. „Du solltest es mir besser direkt sagen. Ich glaube nicht, dass es annähernd so schlimm war, wie du denkst."

„Ich habe nur Angst davor, was Barbara denken könnte."

„Oh, du kannst darauf vertrauen, dass Barbara nichts denkt. Das tut sie nie."

Liebe Fanny. Bei jeder anderen Frau wäre es für ihn schrecklich schwierig gewesen, etwas zu erklären. Jede andere Frau hätte ihn immer fester verstrickt; Aber er konnte sehen, dass Fanny versuchte, es klarzustellen und ihm mit all seiner Ehre, Selbstachtung und Würde zu helfen. Jede Wendung, die sie dem Gespräch gab, begünstigte ihn.

„Meine Liebe, ich fürchte, sie hat etwas gesehen, von dem ich sagen muss, dass es zu Fehlinterpretationen führen konnte. Es war nicht meine Schuld, aber –"

Nein. Je besser er sich daran erinnerte, desto deutlicher wurde ihm klar, dass es Elises Schuld war, nicht seine. Und er konnte sehen, dass Fanny dachte, es sei Elises Schuld. Dies deutete auf den nächsten Schritt in diesem Kurs hin, der nur deshalb kein Meineid war, weil er so rein instinktiv war, sondern die Ausflucht der verängstigten Eitelkeit. Es schien ihm, als hätte er keinen Plan; dass er Fanny folgte.

„Bei meinem Wort würde ich es dir direkt sagen, Fanny, nur dass ich die arme Frau nicht gerne verrate."

„Frau Levitt?" sagte Fanny. „Es braucht dir nichts auszumachen. Du kannst ganz sicher sein, dass sie *dich* verraten wird, wenn du es nicht tust."

Sie gab ihm einen klaren Hinweis.

Als er anfing, hatte er wirklich daran gedacht, zuzugeben, dass er zu diesem Zeitpunkt den Kopf verloren hatte; aber als es zur Sache kam, erkannte er, dass dieses Eingeständnis unnötig weltfremd war und dass er weitaus sicherer wäre, wenn er andeutete, Elise habe ihr Eingeständnis verloren. Tatsächlich war es Fanny, die es überhaupt erst vorgeschlagen hatte. Das war vielleicht keine ganz faire Unterstellung, aber verdammt noch mal, es war die einzige, die Fanny wirklich besänftigen konnte, und er musste an Fanny denken und nicht an Elise. Er war es ihr schuldig. Ihr zuliebe muss er auf den persönlichen Luxus verzichten, die Wahrheit zu sagen. Mit Fanny würde die Sache nicht weitergehen, und es war nur das, was Fanny ohnehin selbst geglaubt hatte und immer glauben würde. Für Fanny wäre Elise nicht schlechter dran. Also ließ er sich ziemlich gehen.

„Man weiß nicht, was sie tun wird", sagte er. „Sie war in einem durch und durch hysterischen Zustand. Sie kam mit ihren üblichen Problemen zu mir – sie konnte ihre Miete nicht bezahlen und so weiter – und während des Redens wurde sie sehr aufgebracht und ähm – verlor den Kopf und nahm mich mit völlig überraschend."

„Das", dachte er, „das hat sie auf jeden Fall getan."

„Du meinst, du hast deines auch verloren?" sagte Fanny sanft.

„Ich habe nichts dergleichen getan. Aber ich war ziemlich beunruhigt. Bevor man ‚Messer' sagen konnte, hatte sie einen heftigen Anfall von Hysterie bekommen, und ich versuchte gerade, sie wieder zu sich zu bringen, als Barbara hereinkam." Seine Erklärung war so viel plausibler als die Realität, dass er es fast selbst geglaubt hätte. „Ich glaube", sagte er nachdenklich, „sie *muss* gesehen haben, wie ich mich über sie beugte."

„Und sie hat ihre Hilfe nicht angeboten?"

„Nein, sie stürmte hinein und wieder hinaus. Sie hat vielleicht nichts gesehen, aber falls doch, dann wünschte ich, meine Liebe, du würdest es mir erklären."

„Ich denke, das sollte ich besser nicht tun", sagte Fanny, „für den Fall, dass sie es nicht tat."

„Nein. Aber es macht mir jedes Mal Sorgen, wenn ich daran denke. Sie kam direkt ins Zimmer. Außerdem", sagte er, „müssen wir an Mrs. Levitt denken."

„Frau Levitt?"

„Ja. Versetzen Sie sich in ihre Lage. Es würde ihr nicht gefallen, wenn ich mit ihr schlafen würde. Sie könnte denken, dass die ganze Sache sie genauso lächerlich aussehen ließ wie mich."

„Ich hatte Mrs. Levitts Standpunkt vergessen. Sie haben mir lieber klar gemacht, dass es das war, was sie wollte."

„So etwas habe ich nie gesagt." Da die Erklärung so gut lief, konnte er es sich leisten, großmütig zu sein.

„Ich muss es mir eingebildet haben", sagte Fanny. „Sie hat sich wohl erholt, und du hast sie losgeworden?"

„Ja, ich habe sie schon losgeworden."

„Nun", sagte Fanny und richtete sich auf, um zu Bett zu gehen, „ich sollte mir darüber keine Sorgen mehr machen. Ich werde es mit Barbara klarstellen."

Sie ging hinauf in Barbaras Schlafzimmer, wo Barbara, immer noch angezogen, am Feuer saß und las.

„Komm rein, du Liebling", sagte Barbara. Sie stand auf, hockte sich auf den Kaminvorleger und überließ ihren Stuhl Fanny.

Fanny kam herein und setzte sich.

„Barbara", sagte sie, „was ist das mit Horatio und Mrs. Levitt?"

„Ich weiß es nicht", sagte Barbara rundheraus und mit plötzlicher Geistesgegenwart.

„Ich habe gesagt, dass du es nicht getan hast. Aber das arme alte Ding redet immer weiter. Er glaubt, dass du neulich etwas gesehen hast. Etwas, das du nicht verstanden hast. Hast du?"

Barbara sagte nichts. Sie starrte von Fanny weg.

"Hast du?"

„Natürlich habe ich das nicht getan."

„Natürlich hast du das. Er sagt, du hättest es gesehen. Und es macht ihm große Sorgen."

„Ich habe etwas gesehen. Aber er braucht sich keine Sorgen zu machen. Ich habe es schon verstanden."

"Was hast du gesehen?"

„Nichts. Nichts, was von Bedeutung wäre."

„Es ist mir am wichtigsten."

„Ich glaube nicht, dass das nötig ist", sagte Barbara.

„Aber es *tut es* . In gewisser Weise macht es mir nichts aus, was er tut, und in gewisser Weise tue ich es auch. Das liegt mir immer noch genug am Herzen."

„Ich glaube nicht, dass es irgendetwas gab, das du so dringend brauchst."

„Ja, aber da *war* etwas. Er sagte, dass es etwas gab. Er hatte Angst, dass du es missverstehen würdest. Er sagte, er beugte sich über sie, als du hereinkamst.“

„Nun, er *hat* sich ein wenig gebeugt.“

"Was hat *Sie* gemacht?"

„Sie hat gelacht.“

„In Hysterie?“

Sie hat alles gesehen.

„Ich nehme an, man könnte es hysterisch nennen. Es waren allerdings keine netten Hysteriker. Sie ist keine nette Frau.“

„Nein. Aber er hat mit ihr geschlafen und sie hat ihn ausgelacht. Dafür war sie nett genug.“

„Wenn das schön ist.“

„Warum, was könnte die arme Frau sonst tun, wenn sie ehrlich ist?“

dieser Hinsicht ist sie ziemlich ehrlich “, sagte Barbara.

„Und er konnte es nicht sehen. Er ist so auf seine eigene schöne Postlethwaite-Nase fixiert, dass er nichts sehen kann, was sich darunter abspielt … Dennoch, ob ehrlich oder nicht ehrlich, sie ist ein Biest, Barbara. Als sie es gewesen waren Solche Kumpels und er hatten ihr geholfen, dass sie das arme Ding so angegriffen hätte. Sie hätte ihm genauso gut die Postlethwaite-Nase ziehen können.

„Oh, ich denke, er wird darüber hinwegkommen.“

mir nicht mehr wehtun können .“

„Sie *ist* ein Biest“, sagte Barbara. „Ich wette, alles, was dir gefällt, ist ihre Schuld. Sie hat ihn dazu getrieben.“

„Nein, Barbara, es war *meine* Schuld. *Ich* habe ihn gefahren. Ich lache immer über ihn, und er kann es nicht ertragen, ausgelacht zu werden. Dadurch kommt er sich ganz spießig und mittelalt vor. Er geht nur aus Leidenschaft ein, weil Dadurch fühlt er sich jung.“

„Es ist nicht wirklich Leidenschaft“, sagte Barbara.

„Nein, du Kluger, das ist es nicht. Wenn es so wäre, könnte ich ihm verzeihen. Ich könnte es verzeihen, wenn er sich wirklich jung fühlen würde. Es ist diese grässliche Geste, die ich nicht ertragen kann … Aber es ist meine Schuld, Barbara, meine Schuld.“ .Ich hätte ihn jung halten sollen…“

Sie saßen schweigend da, Barbara zu Fannys Füßen. Jetzt zog Fanny den Kopf des Mädchens in ihren Schoß.

„Du wirst nie alt sein, Barbara", sagte sie. „Und Ralph wird es nicht tun."

„Was hat dich an Ralph denken lassen, Fanny?"

„Horatio, natürlich."

XII

1

Wenn irgendein Gerücht in Wyck-on-the-Hill kursierte, musste es früher oder später die alte Dame im Dower House erreichen. Das Dower House war das Umverteilungszentrum für die Nachrichten des Bezirks.

So hörte Herr Waddington, dass Frau Levitt davon sprach, das Weiße Haus möblieren zu lassen; dass sie bei allen Händlern des Ortes Schulden hatte; dass ihre Miete bei Mrs. Trinder noch geschuldet war; dass ihre Verluste bei Bridge nie bezahlt wurden. Er hörte, dass Major Markham, wenn er an Mrs. Levitt gedacht hätte, seine Meinung geändert hätte; Es gab sogar eindeutige Gerüchte über eine geplatzte Verlobung. Wie auch immer, Major Markham schenkte der jüngsten Miss Hawtrey von Medlicott jetzt unverkennbare Aufmerksamkeit. Aber da seine Aufmerksamkeit gegenüber Mrs. Levitt, ob verlobt oder nicht, unverkennbar war, bedurfte ihr Bruch einer Erklärung. Es wurde angenommen, dass der Brief, den die Mutter des Majors, die alte Mrs. Markham aus Medlicott, von ihrer Tochter, Mrs. Dick Benham aus Tunbridge Wells, erhielt, dies sehr ausführlich erläuterte. Es gab „Dinge" in diesem Brief, die Mrs. Markham nicht wiederholen konnte, aber aus ihrer einzigartigen Zurückhaltung konnte man schließen, dass sie etwas mit Dick Benham und Mrs. Levitt zu tun hatten und dass sie schlüssig zeigten, dass Elise das nicht hatte was die alte Mrs. Waddington „eine nette Frau" nannte.

„Man sagt, sie hätte Frank Levitt ein schreckliches Leben geführt. Die Benhams, mein Lieber, wollen sie nicht im Haus haben."

Aber das alles war trivial im Vergleich zu der Korrespondenz, die jetzt zwischen Mr. Waddington und Elise geführt wurde. Er gab jetzt zu, dass der alte Corbett gewusst hatte, wovon er sprach, als er ihn gewarnt hatte, dass er gelandet werden würde – gelandet, wenn er nicht aufpasste, mit einem Gewicht von fünfhundertfünfundfünfzig Pfund. Seine Briefe an Mrs. Levitt, diktiert an Barbara Madden, zeigten, wie vorsichtig er sein musste. Aus Beweggründen, die ihm ritterlich vorkamen, hatte er darauf verzichtet, ihm Barbara Mrs. Levitts Briefe zu zeigen. Er überließ es ihr, aus seinen bewundernswerten Antworten die grobe Substanz zu entnehmen.

„'MEINE LIEBE FRAU LEVITT:

„Ich fürchte, ich muss Ihnen raten, den Plan aufzugeben, wenn er von meiner Mitarbeit abhängt. Ich dachte, ich hätte meine Position definiert –'

„Definiert, meine Position ist gut, denke ich."

„Das hört sich gut an", sagte Barbara.

„„Diese Position bleibt, wie sie war. Und da Ihre außergewöhnlich feine Intelligenz sie nur verstehen kann, muss nichts mehr gesagt werden.

„„Zumindest hoffe ich, dass es so ist. Es würde mir leid tun, wenn unsere sehr angenehmen Beziehungen in einer Enttäuschung enden würden –'"

Für einen Moment konnte sie ihn lächeln sehen und die scharfe, helle Schärfe seines Wortes wollüstig spüren, bevor es ihn schnitt. Er zog sich zurück und runzelte die Stirn, als ihm plötzlich düstere Erinnerungen in den Sinn kamen.

„Enttäuschung –", sagte Barbara und gab ihm sein Zeichen.

„Enttäuschung ist nicht ganz das richtige Wort. Ich möchte etwas – etwas Ritterlicheres."

Sein Blick wandte sich von ihr ab und tat so, als würde er danach suchen.

„Ah – jetzt habe ich es. ‚Sehr angenehme Beziehungen endeten mit einer Note – mit einer Note – mit einer unerwarteten Note.

„Mit freundlichen Grüßen, ganz aufrichtig,

„„HORATIO BYSSHE WADDINGTON.'

„Sie werden sehen, Barbara, dass ich genau das Gleiche sage, aber ganz harmlos, wie es sich für einen Gentleman gehört."

Achtundvierzig Stunden später diktierte er:

„'LIEBE FRAU LEVITT:

„Nein, ich habe keinen Vorschlag zu machen, außer dass Sie Ihre sehr beträchtlichen Ausgaben kürzen. Im Übrigen glauben Sie mir, es ist für mich genauso unangenehm, gezwungen zu sein, Ihren Antrag abzulehnen, wie es sicher für Sie sein muss, ihn zu stellen –'

„Hm. Ruhe – Bitte. Das geht nicht. ‚So unangenehm für mich, ablehnen zu müssen, wie es für dich sein muss, darum zu bitten.'

„Einfacher, das. Benutzen Sie niemals einen ausführlichen Satz, wo ein einfacher ausreicht."

„Sie sind so gut zu sagen, dass ich in der Vergangenheit so viel für Sie getan habe. Ich habe getan, was ich konnte; aber Sie werden mir verzeihen, wenn ich sage, dass es eine Grenze gibt, über die ich nicht hinausgehen kann.'

„'Mit freundlichen Grüßen,

„HORATIO B. WADDINGTON.'

„Ich habe ihr bereits einen Scheck über fünfundfünfzig Pfund geschickt. Das hätte sie beruhigen sollen."

„Hast du sie abgerechnet? Willst du nicht sagen, dass du ihr einen *Scheck geschickt hast?* “

"Ich tat."

„Du hättest ihr überhaupt nichts schicken sollen.“

„Aber ich hatte es versprochen, Barbara –“

„Das ist mir egal. Du hättest warten sollen.“

„Ich wollte das Konto schließen und habe mit ihr Schluss gemacht.“

„So schließt man es nicht ab, indem man Schecks verschickt. Der Scheck muss über Parson’s Bank gehen. Angenommen, Toby sieht ihn?“

„Was ist, wenn er es tut?“

„Er könnte Einwände erheben. Er könnte sogar einen Streit darüber auslösen.“

„Was könnte ich tun? Ich musste sie bezahlen.“

„Sie hätten den Scheck auf mich auszahlen lassen können. Er wäre als mein Quartalsgehalt durchgegangen. Ich hätte ihn einlösen können, und Sie hätten ihr Scheine geben können.“

„Und wenn Toby sich an ihre Nummern erinnern würde?“

„Man hätte sie in Cheltenham gegen Zehn-Schilling-Scheine eintauschen können.“

„All diese aufwändigen Vorsichtsmaßnahmen!“

„Man darf nicht allzu vorsichtig sein, wenn man es mit so einer Frau zu tun hat ... Ist das alles, was Sie ihr gegeben haben?“

"Alle?"

„Ja. Hast du ihr sonst jemals etwas gegeben?“

„Nun – vielleicht – von Zeit zu Zeit –“

„Haben Sie eine Vorstellung von der Gesamtsumme?“

„Das kann ich nicht ohne weiteres sagen. Und ich verstehe auch nicht, was das damit zu tun hat.“

„Es hat alles damit zu tun. Kannst du es herausfinden?“

„Sicherlich, wenn ich in meinen alten Scheckbüchern nachschaue.“

„Das solltest du jetzt besser tun.“

Er wandte sich düster seinem Schreibtisch zu. In den Scheckbüchern für das laufende Jahr und das Jahr davor waren verschiedene Kleinkredite an Mrs. Levitt aufgeführt, die sich insgesamt auf etwa einhundertfünfzig Pfund beliefen.

„Oh mein Gott", sagte Barbara, „das alles spricht gegen dich. Trotzdem – es ist alles vor Mittwoch. Wie schade, dass du ihr diese fünfundfünfzig nicht vor deinem Vorstellungsgespräch gezahlt hast."

"Wie meinen Sie?"

„Es ist ziemlich sicher, dass sie Ihre Zahlung jetzt so früh falsch interpretiert hat."

„Nach dem Interview? Glaubst du wirklich, dass sie mich missverstanden hat,
Barbara?"

„Ich glaube, sie möchte, dass du denkst, dass sie es getan hat."

„Du denkst, sie versucht – versucht – –"

„Um dir ihr Schweigen zu verkaufen? Ja, das tue ich."

„Guter Gott! Daran habe ich nie gedacht. Erpressung."

„Ich nehme nicht an, dass sie eine Minute lang denkt, dass sie dich erpresst. Sie probiert es nur aus … Und vielleicht erhöht sie auch ihren Preis. Sie wird nicht ruhen, bis sie die fünfhundert aus dir herausgeholt hat."

Mrs. Levitts nächste Mitteilung schien Barbaras Verdacht bestätigt zu haben, denn Mr. Waddington sah sich gezwungen, darauf zu antworten:

„LIEBE FRAU LEVITT:

„Du sagst, du hättest ‚richtig' gehabt und meine ‚Versprechen' seien ‚an Bedingungen geknüpft'"—

(Man konnte an der beißenden Stimme seines Tons erkennen, woher die Anführungszeichen kamen.)

– „Ich verstehe den Sinn dieser Anspielung nicht. Ich kann mir nicht vorstellen, auf welche Bedingungen Sie sich beziehen .

"Mit freundlichen Grüßen,

„HORATIO BYSSHE WADDINGTON."

Sein letzter Brief, einen Tag später, erhielt nie seine Unterschrift.

"SEHR GEEHRTE FRAU:

„Meine Entscheidung wird durch den von Ihnen vorgeschlagenen Notfall nicht beeinflusst. Es steht Ihnen völlig frei, zu sagen, was Sie wollen. Niemand wird Ihnen glauben.“

„Ich denke, das ist alles, was ich tun kann.“

„Viel zu weit“, sagte Barbara.

„Und das bedeutet, sie zu ernst zu nehmen.“

„Viel. Du darfst diesen Brief nicht abschicken.“

"Warum nicht?"

„Weil es dich verrät.“

„Verrät mich? Es scheint mir sehr zurückhaltend zu sein.“

„Ist es nicht. Es impliziert, dass es Dinge *gibt* , die sie sagen könnte. Selbst wenn es Ihnen nichts ausmacht, dass sie sie sagt, dürfen Sie es nicht schriftlich festhalten.“

„Ah-h. Da ist etwas dran. Natürlich könnte ich ihr mit einem Anwaltsbrief drohen. Aber irgendwie – Tatsache ist, Barbara, wenn du ein anständiger Mann bist, bist du im Umgang mit einer Dame behindert. Delikatesse.“ Es gibt Dinge, die man sagen könnte – die wichtigsten für den Fall, aber ich kann sie nicht sagen.

„Nein. Du kannst sie nicht sagen. Aber ich kann. Ich glaube, ich könnte die ganze Sache in fünf Minuten beenden, wenn ich Mrs. Levitt sehen würde. Überlassen Sie es mir?“

„Komm – ich weiß nicht –“

„Warum nicht? Ich versichere Ihnen, es wird alles gut.“

„Nun ja. Vielleicht. Es ist eine Geschäftssache. Eine reine Geschäftssache.“

„Das ist es auf jeden Fall. Es gibt keinen Grund, warum Sie es nicht Ihrer Sekretärin übergeben sollten.“

Er zögerte. Er hatte immer noch Angst davor, was Elise Barbara sagen würde.

„Sie werden verstehen, dass sie sich in einem sehr unausgeglichenen Zustand befindet. Erregbar. Eine Frau in diesem Zustand neigt dazu, die unschuldigsten – ähm – Taten zu interpretieren.“

„Wenn ich mit ihr fertig bin, wird sie keine mehr anbringen können. Wenn es dazu kommt, kann ich auch Interpretationen anbringen.“

Anschließend schrieb Mr. Waddington auf Barbaras Diktat hin eine kurze Nachricht an Mrs. Levitt, in der er sie aufforderte, ihn am Nachmittag um drei Uhr anzurufen und zu sehen.

2

Um drei Uhr war Barbara für sie bereit.

Für diesen Anlass hatte sie sich wie im Kriegsministerium verhalten, jene feste Freundlichkeit, mit der sie zwischen aufdringlichen Interviewern und ihrem Chef zu stehen pflegte. Es hatte sie zur Freude ihrer Abteilung gemacht.

„Herr Waddington bedauert außerordentlich, dass er Sie nicht persönlich sehen kann. Er ist im Moment mit seinem Agenten verlobt.“

Herr Waddington hatte dieses Engagement tatsächlich ins Leben gerufen.

„Verlobt? Aber ich habe einen Termin.“

„Ja. Es tut ihm sehr leid. Er sagte, wenn ich irgendetwas für dich tun könnte –“

„Vielen Dank, Miss Madden. Wenn es Ihnen egal ist, würde ich Mr. Waddington viel lieber persönlich sehen. Ich kann warten.“

„Das würde ich Ihnen nicht raten. Ich fürchte, es wird noch lange dauern. Er hat gerade ein sehr wichtiges Geschäft zu erledigen.“

„ *Mein* Geschäft“, sagte Frau Levitt, „ist sehr wichtig.“

„Oh, wenn es nur ums Geschäft geht“, sagte Barbara, „ich denke, wir können es sofort regeln. Ich habe den größten Teil der Korrespondenz in meinen Händen und denke, dass ich alle Umstände kenne.“

„Sie hatten die Korrespondenz in Ihren Händen?“

„Nun, wissen Sie, ich bin Mr. Waddingtons Sekretärin. Dafür bin ich hier.“

„Ich wusste nicht, dass er seine Privatangelegenheiten seiner Sekretärin anvertraut.“

„Er ist dazu verpflichtet. Er hat so viel davon. Du erwartest doch nicht, dass er seine eigenen Briefe abschreibt?“

„Ich erwarte nicht, dass er meine Briefe anderen Menschen zur Lektüre aushändigt.“

„Ich habe Ihre Briefe nicht gelesen, Mrs. Levitt. Ich habe lediglich seine Antworten notiert, um sie zu kopieren und als Referenz aufzubewahren.“

„Dann, meine liebe Miss Madden, kennen Sie nicht alle Umstände."

„Jedenfalls kann ich Ihnen sagen, was Mr. Waddington vorhat und was nicht. Sie wollen ihn wohl wegen des Darlehens für die Investition sprechen?"

Mrs. Levitt war zu tiefst beunruhigt, um zu antworten.

Barbara fuhr mit ihrer festen Sanftmut fort. „Ich weiß, dass es ihm sehr leid tut, nicht mehr tun zu können, aber wie Sie wissen, hat er die Investition nicht empfohlen und kann dafür unmöglich mehr als die fünfzig Pfund, die er Ihnen bereits gezahlt hat, vorschießen."

"Da Sie so viel darüber wissen", sagte Mrs. Levitt mit einer gewissen ruhigen, gedämpften Trotzigkeit, "können Sie auch gleich alles wissen. Sie irren sich völlig, wenn Sie annehmen, dass Mr. Waddington mir nicht zu der Investition geraten hat. Im Gegenteil, ich habe mich aufgrund seiner Angaben zu der Investition entschlossen. Und aufgrund der von ihm angebotenen Sicherheiten haben mir meine Anwälte das Geld vorgestreckt. Er ist für das ganze Geschäft verantwortlich; er hat mich Verpflichtungen eingehen lassen, die ich ohne ihn nicht erfüllen kann, und wenn ich ihn bitte, seine Zusagen einzuhalten, lässt er mich im Stich."

„Ich glaube nicht, dass Mr. Waddington weiß, dass Ihre Anwälte das Geld vorgestreckt haben. In der Korrespondenz finden sich keine Hinweise darauf."

Akten durchsehen oder wenn Mr. Waddington seine durchsieht, werden Sie feststellen, dass Sie sich irren."

„Ich kann Mr. Waddington erzählen, was Sie mir erzählt haben, und Sie wissen lassen, was er sagt. Wenn es Ihnen nichts ausmacht, eine Minute zu warten, kann ich es Ihnen jetzt sagen."

Sie suchte Mr. Waddington in seinem Büro auf – glücklicherweise befand es sich im Küchenflügel, der am weitesten von der Bibliothek entfernt war. Sie fand ihn allein darin (der Agent war gegangen) auf einem harten Windsor-Stuhl sitzend. Er wusste, dass Elise ihn nicht in sein Büro verfolgen konnte; es war sogar zweifelhaft, ob sie wusste, wo es war. Er hatte sich hineingezogen wie in eine uneinnehmbare Stellung.

Nicht, dass er sicher aussah. Sein Gesicht sackte mehr denn je herab, als ob die Postlethwaite-Nase dem bleichen Funkenfleisch den Halt entzogen hätte. Wenn es überhaupt eine klare Bedeutung hatte, drückte es die schreckliche Erwartung einer Erpressung aus. Sein Schnurrbart und sein Haar hingen kläglich herab.

„Sind Sie außer Gefecht gesetzt?" Sie sagte.

„Ja. Aber um Himmels willen, sag ihr das nicht."

„Es ist alles in Ordnung. Sie weiß, dass sie dich nicht sehen wird.“

"Also?"

Sie spürte, wie sich sein Geist auf seltsame, erbärmliche Weise an sie klammerte, als würde ihm bewusst, dass sie seine Ehre und Fannys Glück in ihren Händen hielt.

„Sie wird diese fünfhundert nicht ohne Kampf hergeben.“

„Das ist sie nicht. Mit welcher Begründung behauptet sie das?“

„Sie sagt, Sie hätten ihr geraten, eine bestimmte Investition zu tätigen, und Sie hätten versprochen, ihr die Hälfte des Betrags zu leihen, den sie wollte.“

„Ich habe kein Versprechen gegeben. Ich sagte: ‚Vielleicht kommt diese Summe noch.‘ Ich habe sehr deutlich gemacht, dass es von den Umständen abhängt.“

„Unter Umständen, die sie verstand – wusste?“

„Ähm – unter Umständen, die – Nein. Sie wusste nichts davon.“

„Trotzdem hast du Bedingungen gestellt?“

„Nein. Ich habe – eine mentale Reservierung gemacht.“

„Sie scheint sich der Umstände bewusst zu sein, die Sie beeinflusst haben. Sie glaubt, dass Sie Ihr Wort gebrochen haben.“

„Ich habe nichts zurückgenommen. Mein Wort ist heilig. Die Frau lügt.“

„Sie hält daran fest, dass das Versprechen gegeben wurde, dass sie aufgrund dessen einen bestimmten Geldbetrag über ihre Anwälte investiert hat, dass sie das Geld für diese Sicherheit vorgeschossen haben und dass Sie die Investition beraten haben.“

„Ich habe es nicht empfohlen. Ich habe ihr geraten, es aufzugeben. Ich habe ihr geschrieben. Du hast den Brief notiert ... Nein, das hast du nicht. Ich habe den Brief selbst kopiert.“

„Hast du es? Ich zeige es ihr besser.“

„Ja. Es ist – es ist – verdammt, es liegt in meiner privaten Schublade.“

„Kann ich es nicht finden?“

Er zögerte. Ihm gefiel die Idee nicht, dass irgendjemand, nicht einmal die kleine Barbara, in seiner Privatschublade wühlte, aber er musste sich für das kleinere von zwei Übeln entscheiden, und dieser Brief würde die Sache zweifelsfrei klären.

„Hier ist der Schlüssel", sagte er und gab ihn ihr. „Es ist vom dreißigsten oder einunddreißigsten Oktober datiert. Aber es ist alles Humbug. Ich habe Grund zu der Annahme, dass überhaupt kein Geld investiert wurde. Es sind alles Schulden. Sie hat kein Standbein. Kein Bein."

„Kein Baumstumpf", sagte Barbara. „Überlass sie mir."

Sie ging zurück in die Bibliothek. Mrs. Levitts Gesicht hob sich zu einer aufgeregten Frage.

„Einen Moment, Frau Levitt."

Nach einer etwas längeren Suche in Mr. Waddingtons Privatschublade fand sie den Brief vom 31. Oktober und kehrte damit ins Büro zurück. Es war sehr kurz und klar:

„MEINE LIEBE ELISE:

„Ich kann nichts versprechen – es hängt von den Umständen ab. Aber wenn Sie mir den Namen und die Adresse Ihrer Anwälte schicken würden, könnte es helfen."

„Nimm es", sagte er, „und zeig es ihr."

3

Barbara ging zurück in die Bibliothek und zu ihrem letzten Kampf mit Elise.

Diesmal hatte sie sich mit den Scheckbüchern bewaffnet.

Mrs. Levitt begann: „Nun –?"

„Mr. Waddington sagt, es tut ihm sehr leid, wenn es zu Missverständnissen kommt. Ich weiß nicht, ob Sie sich erinnern, diesen Brief von ihm erhalten zu haben?"

Mrs. Levitt blinzelte heftig, als sie den Brief las.

"Natürlich erinnere ich mich."

„Sie sehen, er hätte seinen Standpunkt kaum klarer zum Ausdruck bringen können."

„Aber – dieser Brief ist vom 31. Oktober datiert. Das Versprechen, auf das ich mich beziehe, wurde lange danach gegeben."

„Aus seinen Briefen geht das nicht hervor – alles, was ich notiert habe. Wenn Sie mir etwas Schriftliches zeigen können –"

„Schreiben? Mr. Waddington ist ein Gentleman und er war mein Freund. Ich hätte nie im Traum daran gedacht, ihn schriftlich an Versprechen zu binden Er ist fertig."

Barbaras Augenbrauen hoben sich sanft und unschuldig. „ *Hat* er dich kompromittiert?“

"Er hat."

"Wie?"

„Egal wie. Genug, um alle möglichen unangenehmen Geschichten anzufangen.“

„Man sollte nicht auf sie hören. Die Leute werden Geschichten erzählen, ohne dass sie irgendetwas anfangen könnten.“

„Das macht sie nicht weniger unangenehm. Ich hätte gedacht, dass Mr. Waddington das Mindeste tun könnte –“

„Wäre es, Ihnen eine Entschädigung zu zahlen?“

„In einem Fall dieser Art kann es keine Entschädigung geben, Miss Madden. Ich spreche nicht von Entschädigung. Mr. Waddington muss erkennen, dass er mich nicht gefährden kann, ohne sich selbst zu gefährden.“

„Ich glaube, er würde es merken, wissen Sie.“

„Dann sollte ihm klar sein, dass er nicht gerade in der Lage ist, seine Verpflichtungen aufzukündigen.“

„Glauben Sie, dass *Sie* – genau – in der Lage sind, ihn an Verpflichtungen zu halten, die er nie eingegangen ist?“

„Ich habe Ihnen bereits gesagt, dass er mich zu Verpflichtungen zugelassen hat, die ich nicht erfüllen kann, wenn er sein Wort bricht.“

„Ich verstehe. Und du willst es ihm unangenehm machen. So unangenehm wie möglich?“

„Ich kann es für ihn noch unangenehmer machen, Miss Madden, als es für mich ist.“

„Was, nach all den Kompromissen?“

„Ich denke schon. Wenn ich zum Beispiel jemandem erzählen würde, was neulich passiert ist, was du selbst gesehen hast.“

„ *Habe* ich etwas gesehen?“

„Sie können nicht leugnen, dass Sie etwas gesehen haben, das Sie nicht sehen sollten.“

„Sie meinen Mittwochnachmittag? Nun, wenn Mr. Waddington sagen würde, dass ich Sie in einem schlimmen Anfall von Hysterie gesehen habe, sollte ich *das* nicht leugnen .“

„Ich verstehe. Sie sind gut aufgestellt, Miss Madden.“

„Das bin ich eher. Aber wenn du allen an dem Ort erzählen würdest, dass er beim Liebesspiel mit dir erwischt wurde, was würde dir das nützen?“

„Entschuldigung, wir reden hier nicht über den Nutzen, den es mir bringen würde, sondern über den Schaden, den es ihm zufügen würde.“

„Das Gleiche“, sagte Barbara. „Angenommen, Sie hätten es allen erzählt und niemand hätte Ihnen geglaubt?“

„Jeder wird mir glauben. Sie vergessen, dass diese Geschichten schon lange vor Mittwoch im Umlauf waren.“

„Umso besser für Mr. Waddington und umso schlimmer für Sie. Sie wurden vor Mittwoch kompromittiert. Warum, wenn Sie nicht gerne kompromittiert wurden, haben Sie dann zugestimmt, mit ihm allein zum Tee zu kommen, wenn seine Frau weg war?“

Wie Sie wissen , bin ich geschäftlich hierhergekommen .“

„Sie sind gekommen, um Geld von einem Mann zu leihen, der Sie kompromittiert hat? Wenn Sie so auf Ihren Ruf achten, hätte ich gedacht, dass das das Letzte gewesen wäre, was Sie getan hätten.“

„Sie vergessen meine Freundschaft mit Mr. Waddington.“

„Sie sagten gerade Geschäftliches. Freundschaft oder Geschäft, oder Geschäft *und* Freundschaft, ich glaube nicht, dass Sie eine sehr gute Argumentation für sich selbst machen, Mrs. Levitt hat am Mittwoch den Kopf verloren und mit dir *geschlafen* , *kannst du dir vorstellen, dass die Leute hier deine* Partei gegen *ihn* ergreifen werden ?“

„Er ist in Wyck nicht so beliebt.“

„Vielleicht ist er das nicht, aber seine Kaste schon. Er ist in der Grafschaft äußerst beliebt, und das ist wohl das Einzige, was Sie interessiert. Sie müssen bedenken, Mrs. Levitt, dass er Mr. Waddington of Wyck ist; Sie kämpfen nicht gegen einen Mr . Waddington, aber dreihundert Jahre Waddingtons. Du trittst gegen alle seine Vorfahren an.

Das ist mir bei seinen Vorfahren egal “, sagte Frau Levitt mit einer Daumenbewegung.

„Vielleicht nicht. Das tue ich bestimmt nicht. Aber andere Leute schon. Major   Markham,   die Hawtreys, die Thurstons, sogar die Corbetts, glauben Sie, dass sie sich alle gegen ihn wenden werden, weil er an einem Mittwoch für eine Minute den Kopf verloren hat? ? Zehn zu eins werden sie alle denken und *sagen* : „Du hast ihn dazu gebracht.“

„Ich habe ihn gemacht? Absurd!“

„Nicht so absurd, wie Sie sich vorstellen. Sie müssen Rücksicht auf die Vorurteile der Menschen nehmen. Wenn Sie klar bleiben wollten, hätten Sie ihm nicht das ganze Geld wegnehmen sollen.“

„In der Tat so viel Geld! Ein Kredit, ein bloßer vorübergehender Kredit, für eine Investition, die er empfohlen hat.“

„Nicht nur dieser Kredit, sondern ...“ Barbara zog die Scheckbücher mit ihren verdammten Gegenblättern hervor. „Sehen Sie hier – 25 Pfund am 31. Januar. Und hier – Oktober letzten Jahres und Juli und Januar davor – insgesamt mehr als 150 Pfund. Wie wollen Sie das erklären?

„Und wer wird glauben, dass Mr. Waddington das alles umsonst bezahlt hat, wenn eine besonders böse Person aufsteht und sagt, dass er es nicht getan hat? Sie sehen, in was für einer schrecklichen Lage Sie wären, nicht wahr?“

Frau Levitt antwortete nicht. Ihr Gesicht verzog sich leicht und bekam eine schreckliche Röte. Ihre Nerven waren am Ende.

Barbara sah zu, wie es ging. Sie nutzte ihren Vorteil. „Und wenn ich jedem – sagen wir seinem Freund, Major Markham – sagen würde, dass Sie ihn unmittelbar *nach der Affäre vom Mittwoch unter Androhung der Enthüllung* um die fünfhundert Dollar gedrängt hätten , würde das dann nicht sehr nach Erpressung aussehen?“

„Erpressung? *Wirklich* , Miss Madden –“

„Ich nehme nicht an, dass Sie es als Erpressung *meinen* ; ich zeige nur, wie es aussehen wird. Es wird nicht *gut aussehen* ... Es ist viel besser, den Tatsachen ins Auge zu sehen. Sie *können* Mr. Waddington keinen wirklichen Schaden zufügen .“ , ohne seine Frau zu einer Trennung zu zwingen.

In Mrs. Levitts Augen war ein schwarzer Glanz. „Genau. Und angenommen – denn wir *nehmen* an –, ich hätte Mrs. Waddington von seinem Verhalten erzählt?“

„Zu spät. Mr. Waddington hat es ihr selbst gesagt.“

„Seine eigene Version.“

„Sicherlich seine eigene Version.“

„Und angenommen, ich hätte meins gegeben?“

„Tu es. Was auch immer du sagst, es steht dein Wort gegen unseres und sie wird dir nicht glauben. Wenn sie es täte, würde sie denken, es sei alles deine Schuld ... Und denken Sie daran, ich habe die Beweise für Ihre Erpressungsversuche.

„Ich glaube nicht", sagte Barbara, ging zur Tür und öffnete sie, „da gibt es nichts mehr zu sagen."

Mrs. Levitt ging aufgeregt und watschelnd hinaus. Barbara folgte ihr freundlich zur Haustür. Dort leistete Elise ihren letzten Widerstand.

„ *Guten* Tag, Miss Madden. Ich gratuliere Herrn Waddington – zu der Partnerschaft."

Barbara eilte den Belagerten in seiner Büroschanze zu Hilfe.

"Es ist alles vorbei!" sie schrie ihn freudig an.

Herr Waddington antwortete nicht auf einmal. Er saß immer noch in seinem unruhigen Windsor-Stuhl und war in Meditation versunken. Er hatte einen kleinen Zettel aus seiner Innentasche hervorgeholt und als er ihn betrachtete, lächelte er.

Es begann so und sein Datum war der Samstag nach diesem schrecklichen Mittwoch:

„MEIN LIEBER HERR WADDINGTON:

„Nach der Art und Weise, wie Sie mir in der Vergangenheit zur Seite gestanden und mir geholfen haben, kann ich nicht glauben, dass alles vorbei ist und ich zu Ihnen kommen kann, mein großzügiger Freund, und zurückgewiesen werden kann –"

Er schaute auf. „Wie hat sie sich verhalten, Barbara?" „Oh – sie wollte unbedingt beißen; aber ich zog alle ihre Zähne, ganz sanft, einen nach dem anderen." Zähne. Elises Zähne – gezeichnet von Barbara.

Er zerriss den Zettel in kleine Stücke, und als er zusah, wie sie in den Papierkorb flatterten, seufzte er. Er erhob sich schwer.

„Lass uns gehen und Fanny alles erzählen", sagte Barbara.

XIII

1

„Ich hoffe, dir ist klar, Horatio, dass es Barbara war, die dich aus diesem Schlamassel herausgeholt hat?“

„Barbara hat viel Intelligenz bewiesen; aber Sie müssen mir ein gewisses Maß an Fingerspitzengefühl und Diskretion zutrauen“, sagte Mr. Waddington, als er den Salon verließ.

„ *War* er taktvoll und diskret?“

„Seine ersten Briefe“, sagte Barbara, „waren Meisterwerke des Taktgefühls und der Diskretion. Bevor er die Gefahr erkannte. Ich denke, dass seine Nerven danach etwas nachgelassen haben. Wer würde das nicht tun?“

„Das *war* klug von dir, Barbara. Trotzdem muss es ziemlich schrecklich gewesen sein, so auf sie loszugehen.“

"Ja."

Nachdem alles vorbei war, erkannte Barbara, dass es schrecklich gewesen war; eher wie ein Luftkampf. Sie war immer im Kreis herumgelaufen und hatte sich mit Mrs. Levitt im Schlamm gewälzt; So viel Schlamm, dass es aus reiner Sauberkeitsgründen kaum eine Rolle zu spielen schien, wer von ihnen im Ziel der Spitzenreiter war. Sie konnte nur sehen, dass es getan werden musste und es niemanden gab, der es tun konnte.

„Sehen Sie“, fuhr Fanny fort, „sie hatte eine Art Fall. Er *hat* mit ihr geschlafen und es gefiel ihr nicht. Es scheint nicht ganz fair, sich danach gegen sie zu wenden.“

„Sie hat alles gedreht. Ich hätte nichts gesagt, wenn sie nicht versucht hätte, die Schraube anzuziehen. Jemand musste es stoppen.“

„Ja“, sagte Fanny. „Ja. Trotzdem wünschte ich, wir hätten sie in Frieden gehen lassen können.“

„Es gab keine Ruhe für sie, hineinzugehen; und sie wäre nicht gegangen. Sie wäre jetzt hier gewesen, mit seinem armen Daumen in ihrer Schraube. Schließlich, Fanny, habe ich nur darauf hingewiesen, wie abscheulich es wäre.“ Sei für sie, wenn sie nicht ging. Und das habe ich nur getan, weil er dein Ehemann war, und es war eigentlich dein Daumen.

„Ja, Liebling, ja; ich weiß, wofür du es getan hast. … Oh, ich wünschte, es ginge ihr nicht so furchtbar schlecht.“

„Ich auch, dann wäre es nicht passiert. Aber wie kannst du so ein Engel für sie sein, Fanny?“

„Das bin ich nicht. Ich bin nur anständig. Ich hasse es, unsere Position auszunutzen, um ihr das arme Rückgrat zu brechen. Ihr zu sagen, dass wir Waddingtons of Wyck sind und sie nur Mrs. Levitt."

„Es war die handlichste Waffe. Und Sie haben sie nicht benutzt. *Ich bin* kein Waddington of Wyck. Außerdem ist es wahr; sie kann ihn in seiner eigenen Grafschaft nicht erpressen. Sie scheinen nicht zu begreifen, wie schrecklich sie ist." war und wie gefährlich.

„Nein", sagte Fanny, „ich bin mir der Abscheulichkeit der Menschen nicht bewusst. Was die Gefahr angeht, möchte ich deine Leistung nicht herabwürdigen, Barbara, aber sie scheint mir eine leichte Beute gewesen zu sein."

„Sie *verunglimpfen* mich", sagte Barbara.

„Das bin ich nicht. Mir gefällt nur der Gedanke nicht, dass du diesen fiesen Streit genießt."

„Ich habe es nur deinetwegen genossen."

„Und ich sollte dir deine Freude nicht gönnen, wenn wir davon profitieren. Ich weiß nicht, was Horatio ohne dich getan hätte. Ich schaudere, wenn ich an das Chaos denke, das er selbst daraus gemacht hätte."

„Er hat ziemlich viel Chaos angerichtet", sagte Barbara, „als ich es übernommen habe."

„Nun", sagte Fanny, „ich glaube, ich bin eine Gans. Vielleicht sollte ich Mrs. Levitt dankbar sein. Wenn er auf der Suche nach Abenteuern war, ist es gut, dass er eines gefunden hat, das ihn hält Sie wäre für die Zukunft *weitaus* tödlicher gewesen, wenn sie eine nette Frau gewesen wäre .

„Nur dann hätte er es nicht wirklich tun können", sagte Barbara.

„Oh, konnte er das nicht? Man kann nie sagen, was ein Mann tun wird, wenn er einmal angefangen hat", sagte Fanny.

2

In der Zwischenzeit blieb Frau Levitt, da sie ihr Haus nicht für den Winter vermieten konnte. Sie schien Barbaras Rat zu befolgen und jede bösartige Handlung zu unterlassen; denn bei den Teepartys und kleinen Abendessen in Wyck-on-the-Hill war noch kein Bericht über die Waddington-Affäre eingedrungen. Pünktlich jeden Freitagabend erschienen Mr. Thurston aus Elms und entweder Mr. Hawtrey oder der junge Hawtrey aus Medlicott im Weißen Haus zu ihrer Brücke. Wenn Mrs. Dick Benham beschloss, der alten Mrs. Markham giftige Briefe über Elise Levitt zu schreiben, war das kein Grund, warum sie eine sympathische Frau im Stich lassen sollten, deren

Gastfreundschaft Wyck-on-the-Hill so lange zu einem Wohnort gemacht hatte wie sie sich *vor* Ort anständig benahm. Sie machten bis nach Mitternacht weiter, da Mrs. Levitt die glückliche Idee hatte, um elf ein köstliches Abendessen zu servieren. (Sie hatte ihre Ehrenschulden mit Mr. Waddingtons fünf Pfund beglichen; die fünfzig hatte sie in der Fantasie für die Kosten für die Hühner, die Kleinigkeiten und die Sauterne reserviert.) Bei Mr. Thurston und den Hawtreys das Brückenkleid und das Abendessen Diese Gewohnheit, und was Billy Hawtrey die Levitty-Gewohnheit nannte, war so stark, dass sie ihr Gefühl der Loyalität gegenüber Major Markham außer Kraft setzte. Der Eindruck, den Mrs. Dick Benham hervorrief, verstärkte nur noch ihre Freude daran, jeden Freitag das zu tun, was Mrs. Thurston und Mrs. Hawtrey immer wieder als riskant betrachteten. „Es gab keinen Schaden bei Elise Levitt", sagten sie.

So wurden jeden Freitag nach Mitternacht angesehene Hausbesitzer, die auf beiden Seiten des Weißen Hauses schliefen, durch das plötzliche Öffnen ihrer Tür geweckt, durch schrille „Gute Nächte", die von der Schwelle aus gerufen und von Bassstimmen auf der Straße beantwortet wurden das Schließen der Tür und das Kreischen des Riegels, als er zugeschoben wurde.

Und der Rektor sagte auf seine freundliche Art, dass er Mrs. Levitt mochte, dass sie gute Beziehungen habe und dass es nichts Schlimmes an ihr gebe. Solange ein Gemeindemitglied regelmäßig in die Kirche ging, ein regelmäßiger Abonnent des Kohle- und Deckenclubs war und eine verlässliche Quelle für Suppe und Pudding für die Armen war, war es schwer, ihn davon zu überzeugen, dass darin etwas Schlimmes steckte. Fanny Waddington sagte über ihn, wenn Beelzebub seinem Kohle- und Deckenclub beitreten würde, würde er ihn zum Tee einladen. Er hatte ein steifes Gesicht gegenüber gemeinnützigen Menschen; Elise wurde im Pfarrhaus fast demonstrativ empfangen, um gegen die Skandalmache zu protestieren; und er legte Wert darauf, stehen zu bleiben, um mit ihr zu reden, als er sie auf der Straße traf.

Das hätte vielleicht die völlige Rehabilitierung von Elise bedeutet, aber die Freundlichkeit des Rektors war zu wahllos, zu oberflächlich, zu christlich, wie Fanny es ausdrückte, um irgendeinen vernünftigen sozialen Schutz zu gewährleisten; und letztendlich war die Zustimmung des Pfarrhauses für Elise katastrophal, da sie, wie sie sich später bitter beklagte, für Miss Gregg hereingelassen wurde. In der Zwischenzeit half es ihr bei Menschen wie Mrs. Bostock, Mrs. Cleaver und Mrs. Jackson, die barmherzig sein und dem Rektor gut zur Seite stehen wollten.

Dann, im Dezember nach der Waddington-Affäre, war Wyck erstaunt über die Freundschaft, die plötzlich zwischen Mrs. Levitt und Miss Gregg, der Gouvernante im Pfarrhaus, entstand.

Es gab einen Grund dafür – es gibt immer einen Grund für diese Dinge – und Mrs. Bostock nannte ihn, als sie dem jungen Billy Hawtrey den Namen gab. Die Freundschaft mit Mrs. Levitt bot Miss Gregg unbegrenzte Möglichkeiten, Billy zu treffen, der ständig von Medlicott zum Weißen Haus lief. Miss Greggs Leidenschaft für den jungen Billy hing an einem so dünnen, so nervösen und unsicheren Faden, dass sie der ständigen Unterstützung eines Gesprächs mit einem erfahrenen und mitfühlenden Freund bedurfte. Miss Gregg hatte noch nie jemanden gekannt, der so sympathisch und erfahren war wie Mrs. Levitt. Als sie das erste Mal allein waren, hatte sie an Elises Gesicht gesehen, dass sie ein Geheimnis wie ihr eigenes hatte (Miss Gregg meinte Major Markham) und dass sie es verstehen würde. Und ein strenges Vertrauen führte zum nächsten, und schon bald hatte Miss Gregg den Teil von Elises Geheimnis gelüftet, der Mr. Waddington betraf.

Durch Miss Greggs spätere Aktivitäten wurde in Wyck erstmals bekannt, dass Mrs. Levitt Mr. Waddington als „diesen schrecklichen alten Mann" bezeichnet hatte. Dies hätte Herrn Waddington sehr schaden können, wenn Annie Trinder im Manor ihrer Tante, Frau Trinder, nicht gesagt hätte, dass Herr Waddington von Frau Levitt als „dieser schrecklichen Frau" gesprochen habe, und ihr dies angeordnet hätte sollte nicht eingelassen werden, wenn sie anrief. Damals kam man zu dem Schluss, dass die Frage möglicherweise mehr als eine Seite haben könnte.

Dann kam nach und nach durch die wiederholten Indiskretionen von Miss Gregg die ganze Angelegenheit zwischen Mrs. Levitt und Mr. Waddington ans Licht. Es gelangte direkt von Miss Gregg zur jüngeren Miss Hawtrey aus Medlicott und erreichte schließlich Sir John Corbett über den alten Hawtrey, der es von seiner Frau hatte, die ihm kein Wort glaubte.

Auch Sir John glaubte kein Wort davon. Das jedenfalls sagte er zu Lady Corbett. Im Stillen fragte er sich, ob da nicht „etwas drin" sei. Er würde viel dafür geben, es zu wissen, und er nahm sich vor, es aus ihm herauszubekommen, wenn er Waddington das nächste Mal sah.

Er sah ihn gleich am nächsten Tag.

Seit diesem schrecklichen Mittwoch hielt Mr. Waddington ein unruhiges Gemüt davon ab, seine Nachbarn immer wieder aufzusuchen. Er wollte anhand ihres Verhaltens und ihrer Gesichter herausfinden, ob und wie viel sie wussten. Er lebte in ständiger Angst davor, was diese schreckliche Frau sagen oder tun könnte. Die Erinnerung an das, was *er* an diesem Mittwoch gesagt und getan hatte, störte seine vollkommene Zufriedenheit mit sich selbst nicht mehr. Er konnte sich Elise nicht als schrecklich vorstellen, ohne sich gleichzeitig als den reinen und ritterlichen Geist zu sehen, der sich ihr widersetzt hatte. Er hielt sich automatisch für rein und ritterlich. Und in den seltenen, aber schrecklichen Momenten, in denen er sich daran erinnerte, was er zu Elise getan und gesagt hatte und was Elise zu ihm getan und gesagt hatte, spürte er erneut, wie ihre Hand ihn schlug, und hörte ihre Stimme rufen: „Du alter Idiot!" " automatisch hielt er sie für kalt. Manche Frauen waren so – kalt. Mangel an natürlichem Gefühl. Nur eine ungewöhnliche Kälte hätte sie dazu bringen können, ihn so abzustoßen, wie sie es tat. Sie hatte ihm auf ihre unanständige Art ins Gesicht gesagt, dass Liebe *das* Lächerlichste sei. Er konnte beim besten Willen nicht begreifen, wie etwas, das für andere Frauen so entzückend war, für Elise lächerlich werden konnte; aber da war es.

Absolut unnormal, das. Seine Eitelkeit fand großen Trost darin, Elise für abnormal zu halten.

Sein Geist wanderte ohne einen Ruck oder eine Erschütterung von einer Überlegung zum anderen. Elise war kalt und er war normal und edel leidenschaftlich. Elise war schrecklich und er war ritterlich rein. Wie auch immer er es sah, er wurde getröstet.

Aber man konnte nicht sagen, in welchem schrecklichen Licht sich das Ding für andere Menschen präsentieren würde.

Es war dieser Zweifel, der ihn eines Nachmittags Anfang Januar nach Underwoods trieb, angeblich um seine Neujahrsgrüße zu überbringen.

Nach dem Tee lockte Sir John ihn zum Rauchen in seine Bibliothek. Das seltsame Lächeln und Funkeln auf seinem fetten Gesicht hätte Mr. Waddington vor dem warnen sollen, was ihm bevorstand.

Sie schnauften etwa zwei Minuten lang in freundschaftlichem Schweigen, bevor er begann.

„Haben Sie jetzt jemals etwas von Mrs. Levitt gesehen?"

Mr. Waddington zog die Augenbrauen hoch, als wäre er über diese Unverschämtheit überrascht. Er schien mit sich selbst darüber zu debattieren, ob er sich herablassen würde, darauf zu antworten oder nicht.

„Nein", sagte er plötzlich, „das tue ich nicht."

„Du hast meinen Rat befolgt und ihn fallen gelassen, oder?"

„Ich würde eher sagen: Es hat sich von selbst fallen lassen."

„Ich freue mich, das zu hören, Waddington. Ich freue mich sehr, das zu hören. Ich habe immer gesagt, weißt du, du würdest landen, wenn du nicht aufpasst."

„Mein lieber Corbett, ich habe aufgepasst. Du kannst dir nicht vorstellen, dass man mich öfter reinlassen würde, als ich verhindern konnte."

„Klug nach dem Ereignis, was?“

Mr. Waddington dachte: „Er versucht, mich zu überreden.“ Er war entschlossen, sich nicht aufregen zu lassen. Corbett sollte nichts aus ihm herausbekommen.

„Nach welchem Ereignis? Fanny hat mehrmals angerufen, aber sie hat keine Lust, so weiterzumachen. Ehrlich gesagt, ich auch nicht … Warum?“

Sir John zwinkerte ihm auf seine ärgerliche Art zu.

„Warum? Weil, mein Lieber, die Frau überall herumläuft und behauptet, sie hätte *dich* aufgegeben.“

„Es ist mir egal“, sagte Mr. Waddington, „was sie sagt. Für mich ist es völlig egal.“

„Es ist dir vielleicht egal, aber deinen Freunden schon, Waddington.“

„Das ist sehr gut von ihnen. Aber sie können sich die Mühe ersparen.“

Er dachte: „Er wird nichts aus mir herausbekommen.“

„Oh, komm, du glaubst doch nicht, dass wir ein Wort davon glauben.“

Sie sahen sich an. Sir John dachte: „Ich werde es aus ihm herausholen.“ Und Mr. Waddington dachte: „Ich werde es aus ihm herausholen.“

„Du könntest mir genauso gut sagen, wovon du sprichst“, sagte er.

„Mein lieber Freund, das ist es, worüber Mrs. Levitt spricht. Darum geht es.“

„Frau Levitt!“

„Ja. Sie ist eine gefährliche Frau, Waddington. Ich habe dir gesagt, dass es riskant wäre, so mit ihr umzugehen … Und da ist Hawtrey, der das Gleiche tut, genau das Gleiche … Aber er ist also ein Mann mittleren Alters Ich nehme an, er denkt, er wäre in Sicherheit … Aber wenn er zehn Jahre jünger wäre – wenn ich ein jüngerer Mann wäre, würde ich mich nicht sicher fühlen über sie. Da ist etwas.

„Ja“, sagte Herr Waddington, „da ist etwas.“

Etwas. Er würde nicht zulassen, dass Corbett ihn für so mittelalt hielt, dass er sich diesem Charme nicht entziehen konnte.

"Was ist es?" sagte Sir John. „Sie sieht nicht gut aus, aber sie bringt alle jungen Kerle dazu, hinter ihr herzulaufen. Da war Markham und Thurston, und da ist der junge Hawtrey. Es sind nur nüchterne alte Kerle wie ich, die nicht gelandet werden … Auf mein Wort, Waddington „Ich sollte es dir nicht verübeln, wenn du den Kopf verloren *hättest*.“

Mr. Waddington fühlte sich in seiner Entschlossenheit erschüttert, Corbett nicht aus sich herauskommen zu lassen. Es war auch klar, dass Corbett nichts Schlechteres von ihm denken würde, wenn er tatsächlich zugeben würde, auch nur für einen wilden Moment den Kopf verloren zu haben. Er würde dann mit Markham und dem jungen Billy gleichgesetzt werden, wohingegen er sich, wenn er dies leugnen würde, nur mit alten Fossilien wie Corbett einordnen würde. Und er konnte es nicht ertragen. Es gab so etwas wie sich selbst unnötig Unrecht zu tun.

Sir John beobachtete ihn, wie er um die Falle schwebte, die er ihm gestellt hatte.

„Absolut unter uns", sagte er. " *Hast* du?"

Unter Mr. Waddingtons eisengrauem Schnurrbart konnte man das rabelaisische Lächeln sehen, das auf das rabelaisische Funkeln antwortete. Er konnte ihm beim besten Willen nicht widerstehen.

„Nun – unter uns, Corbett, absolut – um ganz ehrlich zu sein, das habe ich getan. Da *ist* etwas an ihr … Nur für eine Sekunde, wissen Sie. Es hat sich nichts ergeben."

„Nicht wahr? Sie sagt, du hättest heftig mit ihr geschlafen."

„Ich würde nicht schwören, was ich nicht getan hätte, wenn ich mich nicht rechtzeitig hochgezogen hätte."

An diesem Punkt kam ihm der Gedanke, dass Elise, wenn sie das Geheimnis seines Liebesspiels verraten hätte, auch ihre eigene Geschichte von dessen Abstoßung erzählt hätte. Das musste berücksichtigt werden.

„Ich kann dir etwas Seltsames über diese Frau erzählen, Corbett. Sie ist kalt – kalt."

„Ach komm, Waddington –"

„Du würdest es nicht glauben –"

„Das tue ich nicht", sagte Sir John mit lautem Gelächter.

„Aber ich versichere Ihnen, meine liebe Corbett, sie ist einfach aus Holz. Apropos Liebe machen, Sie könnten genauso gut Liebe machen – mit einem Stuhl oder einem Schrank. Ich kann Ihnen sagen, dass Markham glücklich davongekommen ist."

„Ich glaube nicht, dass ihn das abgeschreckt hat", sagte Sir John. „Er wusste etwas."

„Was glaubst du, wusste er?"

„Etwas, das die Benhams ihnen erzählt haben, schätze ich. Sie hatten eine seltsame   Geschichte. Ich glaube eher, sie ist Dicky nachgelaufen, und Mrs. Benham gefiel das nicht."

„Ich weiß nicht, was sie von ihm wollte. Hätte nicht in ihn verliebt sein können, das sage ich für sie."

„Nun, sie scheint ihren Bungalow ihrem eigenen vorgezogen zu haben. Jedenfalls konnten sie sie nicht herausholen."

„Ich glaube diese Geschichte nicht. Wir müssen der Frau gegenüber fair sein, Corbett."

Er fand, dass er es wirklich sehr gut gemacht hatte. Er hatte nicht nur ehrenhaft für seine Abwehr Rechenschaft abgelegt, sondern auch Elise freigesprochen. Und er hatte sich von der grässlichen Anschuldigung befreit, mittelalter zu sein. Abstoßung hin oder her, er war stolz auf seinen jugendlichen Leidenschaftsschub.

Und im nächsten Moment hatte er sich eingeredet, dass sein Hauptmotiv der Wunsch gewesen war, fair zu Elise zu sein.

„Hm! Ich weiß nicht, wie man fair ist", sagte Sir John. „Jedenfalls gratuliere ich Ihnen zu Ihrer glücklichen Flucht."

Mr. Waddington stand auf, um zu gehen. „Natürlich – über das, was ich dir gesagt habe – lässt du es nicht weitergehen?"

Sir John lachte laut. „Natürlich werde ich das nicht tun. Ich wollte nur wissen, wie weit *du* gegangen bist. Wäre vielleicht weiter gegangen und hätte schlechter abgeschnitten, was?"

Auch er stand lachend auf. „Wenn jemand versucht, mich zu überreden, muss ich sagen, dass Sie sich sehr gut benommen haben. Das haben Sie getan, mein Lieber, das haben Sie getan. Wenn man die Provokation bedenkt."

Er konnte es sich leisten zu lachen. Er hatte es aus dem armen alten Waddington herausgeholt, wie er es versprochen hatte. Aber zur ewigen Ehre von Sir John Corbett ging es nicht weiter. Als die Leute versuchten, es aus ihm herauszuholen, sagte er einfach, dass nichts darin sei und dass sich Waddington seines Wissens nach sehr gut benommen habe. Wie Barbara es prophezeit hatte, glaubte niemand, dass er sich anders verhalten hatte. Nicht umsonst war er Mr. Waddington of Wyck.

Und als Folge der Enthüllungen, die sie ihrer Freundin, Miss Gregg, gemacht hatte, sah Elise sehr früh im neuen Jahr außer den Markhams und den Waddingtons noch andere Türen verschlossen. Und hinter den Türen auf beiden Seiten des Weißen Hauses konnten angesehene Hausbesitzer freitagabends in ihren Betten schlafen, ohne befürchten zu müssen, durch das Öffnen und Schließen von Mrs. Levitts Tür und durch das schrille „Gute Nacht", das von der Schwelle aus gerufen wurde, geweckt zu werden antwortete die Straße hinauf. Die lustigen Brückenpartys und die kleinen Abendessen gab es nicht mehr.

Sogar die Freundlichkeit des Rektors wurde immer christlicher und oberflächlicher, bis auch er aufhörte, mit Frau Levitt zu sprechen, als er sie auf der Straße traf.

3

Das Geständnis von Herrn Waddington gegenüber Sir John war so ziemlich die einzige Aussage im Zusammenhang mit der Waddington-Affäre, die nicht weiter ging. So erreichte Ralph Bevan durch Colonel Grainger einen sehr merkwürdigen und interessanten Bericht darüber, als er zum ersten Mal von der Rolle hörte, die Barbara darin gespielt hatte.

In der Geschichte, die Elise Miss Gregg streng vertraulich erzählt hatte, hatte Mr. Waddington tödliche Angst vor ihr gehabt und sich feige hinter Barbaras große Waffen zurückgezogen. Nicht, dass weder Elise noch Miss Gregg auch nur einen Moment zugegeben hätten, dass ihre Waffen groß waren; Colonel Grainger hatte lediglich aus der Demoralisierung des Feindes auf die Tödlichkeit ihres Feuers geschlossen.

„Ihre kleine Dame, Bevan", sagte er, „scheint bei dieser Begegnung am besten abgeschnitten zu haben."

„Um den Vertrag brauchen wir uns keine Sorgen mehr zu machen, Barbara, jetzt weiß ich es", sagte Ralph, als sie zusammen gingen. Schnee war gefallen. Die Cotswolds waren ganz weiß, durchzogen von den violett-braunen Filigranarbeiten der Bäume. Ihre Füße knirschten durch die pelzigen Schneekristalle.

„Nein. Das ist eine gute Sache, die sie getan hat."

„War es sehr lustig, dein Schrott?"

„Damals kam es mir lustiger vor als danach. Es war wirklich ziemlich scheußlich. Fanny gefiel es nicht."

„Das konnte man von ihr kaum erwarten. Fannys Sinn für Humor hat seine Grenzen."

„Für mich gibt es eine Grenze. Fanny hatte recht. Ich musste mit den schmutzigsten Waffen gegen sie kämpfen. Ich musste ihr sagen, dass sie nichts tun konnte, weil er Waddington of Wyck war und sie gegen alle seine Vorfahren antrat. Das hatte ich." um seine Vorfahren hereinzuziehen.

"Das war schlecht."

„Das weiß ich. Das hat Fanny gehasst. Und kein Wunder. Sie hat mir das Gefühl gegeben, ein so elender kleiner Snob zu sein, Ralph."

„Fanny hat es getan?"

„Ja. *Sie* hätte es nicht tun können. Sie hätte sie ihr Bestes geben lassen."

„Das liegt daran, dass Fanny eine unheilbare kleine Aristokratin ist. Sie hat mehr Waddington of Wyckedness in ihrem kleinen Finger als Horatio in seinem ganzen Ego; und sie verachtet Mrs. Levitt. Sie hätte sich nicht dazu herabgelassen, mit ihr zu streiten."

„Das Schreckliche ist, es ist wahr. Er kann tun und lassen, was er will, und ihm passiert nichts. Er kann die Ballingers aus ihrem Haus vertreiben, und nichts passiert. Er kann mit einer Frau schlafen, die nicht geliebt werden will." und nichts passiert. Weil er Waddington von Wyck ist.

„Er heißt Waddington of Wyck, aber er ist eigentlich kein so schlechtes altes Ding. Die Leute lachen über ihn, aber sie mögen ihn, weil er so lustig ist. Und sie haben Mrs. Levitts Maß ziemlich genau genommen."

„Du denkst also nicht, dass ich für sie ein zu großes Biest war?"

Ralph lachte.

„Jemand musste ihn retten, Ralph. Schließlich ist er Fannys Ehemann."

„Ja, schließlich ist er Fannys Ehemann."

„Du tust es also nicht – oder?"

„Natürlich nicht... Was macht er jetzt?"

„Oh, ich arbeite nur an seinem Buch herum. Es ist fast fertig."

„Hast du so weitergemacht?"

„Eher. Es gibt keinen Satz, den er nicht selbst geschrieben hätte. Ich denke, ich werde ihn auf der letzten Seite nach Lower Wyck zurückkehren lassen und dort enden lassen. In seinem Manor. Ich habe darüber nachgedacht, etwas hinzuzufügen Mit Stechpalmen geschmückte Hallen und Weihnachtsscheite auf dem Weihnachtsherd. Er wurde neulich im Schnee fotografiert.

"Wunderschön."

„Ich frage mich, ob er sich jetzt wirklich beruhigen wird. Oder ob er es eines Tages noch einmal mit jemand anderem machen wird."

„Das kannst du nicht sagen. Das kannst du unmöglich sagen. Er kann alles tun.“

„Das ist es, was wir für ihn empfinden“, sagte Barbara.

„Endlose Möglichkeiten. Dennoch könnte man meinen, dass er es nicht besser machen könnte als Mrs. Levitt.“

Auf der nächsten halben Meile stritten sie darüber, ob er in der Szene mit Mrs. Levitt wirklich lustig war oder nicht. Ralph neigte zu der Annahme, dass er einfach nur ekelhaft gewesen sein könnte.

„Du hast ihn nicht *gesehen*, Ralph. Du hast kein Recht zu sagen, dass er nicht lustig war.“

„Nein. Nein. Ich habe ihn nicht gesehen. Du brauchst es nicht zu betonen, Barbara.“

„Wir müssen abwarten und sehen, was er als nächstes tut. Sie können jeden Tag an der Reihe sein.“

„Wir können nicht erwarten, dass er für eine Weile viel leistet. Er muss von diesem letzten Stunt etwas erschöpft sein.“

„Ja. Und das Lustige ist, dass er Momente hat, in denen man nicht über ihn lacht. Momente der Ruhe, des schönen Friedens… Man begegnet ihm, als er durch seinen Garten geht und im Schnee nach Schneeglöckchen sucht. Oder er sitzt in seiner Bibliothek, beim Lesen von Buchans „Geschichte des Ersten Weltkriegs“. Glücklich. Ich denke überhaupt nicht an sich selbst. Dann tut es dir leid, dass du ihn jemals ausgelacht hast.

„Das bin ich nicht“, sagte Ralph. „Er ist es uns schuldig. Er tut nichts anderes, um seine Existenz zu rechtfertigen.“

„Ja. Aber er existiert. Er existiert. Und irgendwie ist es ziemlich mysteriös, wenn man darüber nachdenkt. Man fragt sich, ob man ihn nicht vielleicht völlig falsch gesehen hat. Ob er nicht immer nur ein einfaches altes Ding ist. Wenn man das Gefühl hat – seine Mysteriösität, Ralph –, ist man irgendwie fertig.“

„Ich hatte es noch nicht.“

„Oh, es ist da. Du wirst es eines Tages bekommen.“

„Siehst du, Barbara, wie recht ich hatte? Wir können ihn nicht fernhalten.“

XIV

1

Es war Sonntag, die letzte Woche von Horrys Ferien. Während des Abendessens hatte er davon gesprochen, nach Cirencester zu radeln, wenn der Frost anhielte, um auf dem Kanal Schlittschuh zu laufen.

Der Frost hielt, und am Morgen schnallte er ein Kissen auf den Träger seines Fahrrads und rief Barbara die Treppe hinauf.

„Komm mit, Barbara, lass uns nach Cirencester gehen.“

Barbara erschien bereit und trug ihre Schlittschuhe. Mr. Waddington hatte sie von den Ramblings entlassen, doch plötzlich wirkte sie deprimiert.

„Oh, Horry“, sagte sie, „ich war mit Ralph unterwegs.“

„Das bist du *nicht* “, sagte Horry. „Du gehst immer mit Ralph. Diesmal kommst du ganz bestimmt mit mir.“

„Aber ich habe es ihm versprochen.“

„Du hättest nicht das Recht, ihm etwas zu versprechen, wenn es die letzte Woche meiner Ferien ist. Das ist nicht fair.“

Fanny kam in die Halle.

„Entschuldigung“, sagte sie, „mach dir keine Sorgen, Barbara. Kannst du nicht sehen, dass sie mit Ralph gehen will?“

„Genau das“, sagte er, „worüber ich mich beschwere.“

Sie schüttelte den Kopf. „Du bist wieder dein Vater“, sagte sie.

„Ich schwöre, das bin ich nicht“, sagte Horry.

„Wenn du halb so höflich wärst wie dein Vater, wäre das keine schlechte Sache.“

Auf der Einfahrt waren Explosionen zu hören. „Da ist Ralph gekommen, um die Sache selbst zu regeln“, sagte Fanny. Und in diesem Moment kam Mr. Waddington plötzlich aus der Garderobe auf sie zu.

"Was ist das alles?" er sagte. Mit Abscheu blickte er auf die Schlittschuhe, die an Barbaras Hand baumelten. Er ging auf die Veranda und blickte angewidert auf Ralph und die Motorräder. Er dachte voller Bitterkeit an den Cirencester-Kanal. Er konnte nicht skaten. Selbst als er in Horrys Alter war, war er nicht Schlittschuh gelaufen. Er konnte nicht Motorrad fahren. Als er die abscheulichen Dinger betrachtete und an ihre komplizierte Maschinerie und ihre böse Faszination für Barbara dachte, hasste er sie. Er hasste es, dass

Horry und Ralph vor Barbara aufstanden, gutaussehend, voller Jugend, Gesundheit und Energie.

„Ich werde Barbara nicht auf dem Ding fahren lassen. Es ist nicht sicher. Wenn er auf dem Schnee ausrutscht, bricht er ihr das Genick.“

„Es ist viel wahrscheinlicher, dass er sich das Genick bricht“, sagte Horry.

In seinem wilden Inneren wünschte sich Mr. Waddington, er würde es tun, und Horry auch.

„Er wird nicht ausrutschen“, sagte Barbara; „Wenn er es tut, steige ich aus.“

„Wir kommen zurück“, sagte Ralph, „wenn wir uns nicht gut verstehen.“

Sie begannen mit einem Duett von Explosionen, die Motorräder zischten und knirschten durch den leichten Schnee. Barbara, die sich auf Ralphs Trage hin und her schwang, winkte Mr. Waddington unbeschwert mit der Hand zu. Er hasste Barbara; aber weit mehr als Barbara hasste er Horry, und weit mehr als Horry hasste er Ralph.

„Er hatte kein Recht, sie mitzunehmen“, sagte er. „Sie hatte kein Recht, dorthin zu gehen.“

„Du kannst sie nicht aufhalten, meine Liebe“, sagte Fanny; „Sie sind zu jung.“

„Nun, wenn sie mit gebrochenem Genick zurückkommen, haben sie es nur sich selbst zu verdanken.“

Es bereitete ihm große Freude, an Horry, Ralph und Barbara mit gebrochenem Genick zu denken.

Fanny starrte ihn an. „Ich frage mich, was ihn so wütend gemacht hat“, dachte sie. „Er sieht aus, als hätte er eine Erkältung an der Leber.“… „Horatio, hast du einen Schüttelfrost in der Leber?“

„Was zum Teufel hat dir das in den Sinn gebracht?“

„Dein Gesicht. Du siehst nur ein wenig verfärbt aus, Liebling.“

In diesem Moment begann Herr Waddington zu niesen.

„Da wusste ich, dass du dich erkältet hast. Du solltest nicht in der Zugluft herumstehen.“

„Ich habe mich nicht erkältet“, sagte Herr Waddington.

Aber er schloss sich in seiner Bibliothek ein und blieb dort, zusammengekauert in seinem Sessel. Von Zeit zu Zeit beugte er sich vor und beugte sich über den Herd, wobei er Brust und Bauch so nah wie möglich an das Feuer hielt. Immer wieder liefen ihm Schauer wie dünne Eiszapfen über den Rücken.

Zur Mittagszeit beklagte er sich darüber, dass er nichts zu essen hatte, und bevor das Essen zu Ende war, ging er zurück in seine Bibliothek und ans Feuer. Dort saß Fanny bei ihm.

„Ich wünschte, du würdest nicht in der Kälte herumstehen", sagte sie. Sie wusste, dass er am Samstag mehr als zehn Minuten im Schnee des Parks gestanden hatte, um fotografiert zu werden. Und er wollte seinen Mantel nicht tragen, weil er dachte, er sähe ohne ihn jünger und schlanker aus.

„Kein Wunder, dass du eine Erkältung hast", sagte sie.

„Ich habe es damals nicht bekommen. Ich habe es gestern im Garten bekommen."

Sie erinnerte sich. Er war nach der Kirche im Garten umhergewandert und hatte im Schnee nach Schneeglöckchen gesucht. Barbara hatte letzte Nacht die Schneeglöckchen auf der Brust ihres Kleides getragen.

Er nährte seinen Groll durch diese Erinnerung und durch den Gedanken, dass es ihm die Nerven gekostet hatte, Schneeglöckchen für Barbara zu pflücken.

Zur Teezeit trank er ein wenig Tee, konnte aber nichts essen. Ihm wurde schlecht und sein Kopf schmerzte. Zum Abendessen ging er auf Fannys Rat hin zu Bett und Fanny maß seine Temperatur.

Ein hundert eins. Er drehte das Thermometer in seiner Hand und blickte ernst auf den dünnen Silberfaden. Er war erfreut, als er erfuhr, dass er Fieber hatte und dass Fanny Angst hatte und nach dem Arzt geschickt hatte. Er hatte ein merkwürdiges, zufriedenes, erhabenes Gefühl, jetzt, wo es ihm bevorstand. Wenn Barbara zurückkäme, würde sie wissen, was auf ihn zukam, und auch Angst haben. Er wäre noch zufriedener gewesen, wenn er gewusst hätte, dass das Abendessen ohne ihn eine miserable Angelegenheit wäre. Fanny zeigte, dass sie Angst hatte, und ihre Angst dämpfte die gute Laune von Ralph, Barbara und Horry, die vom Schlittschuhlaufen zurückkamen.

„Siehst du, Barbara", sagte Ralph, als sie Fanny und Horry beim Arzt zurückgelassen hatten, „wir können nicht ohne ihn leben."

Sie lauschten an der Tür des Rauchraums und warteten auf Dr. Ransomes Weggang, und Ralph wartete, während Barbara zurückging und ihm das Urteil überbrachte.

„Es ist Grippe und eine leichte Verstopfung der Lunge."

Sie sahen sich traurig an, so traurig, dass sie lächelten.

„Dennoch können wir lächeln", sagte er.

„Weißt du", sagte Barbara, „er hat es im Schnee stehen lassen, während Pyecraft ihn fotografiert hat."

„Es ist die Art und Weise", sagte Ralph, „er würde es bekommen."

Und Barbara lachte. Dennoch verspürte sie jedes Mal einen deutlichen Stich im Herzen, wenn sie in ihr Schlafzimmer ging und in dem Glas auf ihrem Frisiertisch den Strauß Schneeglöckchen sah, den Mr. Waddington für sie im Schnee gepflückt hatte. Sie schufen ein Muster in ihrem Kopf; weiße Zapfen hängen herab; scharfe grüne Klingen durchdringend; grüne Stängel, die im Kristall des Wassers gehalten werden.

2

„Niemand außer einem Narren", sagte Horry, „hätte in seinem Alter in den Schnee gestanden, um fotografiert zu werden."

„Nicht, Horry."

Barbara war im Frühstücksraum und rührte etwas schwarzes, klebriges Zeug in einem Topf über dem Feuer. Das schwarze, klebrige Zeug sollte auf Mr. Waddingtons Brust geklebt werden. Horry sah zu, wie er ungeduldig neben ihr stand. Ein Paar Stiefel mit daran befestigten Schlittschuhen hingen an den Schnürsenkeln von seinen Schultern. Er hielt seine Verärgerung für berechtigt, denn Barbara hatte sich geweigert, mit ihm Schlittschuhlaufen zu gehen.

„Warum ‚nicht'?" sagte Horry. "Es ist offensichtlich."

„Sehr. Aber er ist krank."

„Mit ihm kann nicht viel los sein, sonst würde die Mutter nicht so munter aussehen."

„Sie mag es, ihn zu stillen."

„Nun", sagte Horry, „ *du* kannst ihn nicht stillen."

„Nein. Aber ich kann das Zeug umrühren", sagte Barbara.

„Ich nehme an", sagte Horry, „würden Sie mich für ein schreckliches Tier halten, wenn ich gehen würde?"

„Ich wünschte, du *würdest* gehen. Du bist ein viel schrecklicheres Tier, wenn du da stehst und Dinge über ihn sagst und mir in die Quere kommst."

„In Ordnung. Ich komme da raus. Das ist ganz einfach."

Und er ging. Aber er fühlte sich krank und wund. Er hatte versucht, sich einzureden, dass sein Vater nicht krank sei, weil er den Gedanken nicht ertragen konnte, wie krank er war; es beeinträchtigte seine Freude am Skaten. „Wenn", sagte er sich, „wenn er es nur aufschieben würde, bis das Eis nachgibt. Aber es war einfach seine Art, sich für einen harten Frost zu entscheiden."

Seine Wut befreite ihn von der widerlichen Angst, die er verspürte, wenn er an seinen Vater und die Temperatur seines Vaters dachte. Es war zurückgegangen, aber nicht auf den Normalwert.

Mr. Waddington lag in seinem Bett in Fannys Zimmer. Barbara, die mit ihrem Topf an der offenen Tür stand, erblickte ihn.

Er wurde von seinen Kissen gestützt. Auf seinen Schultern, über einem dieser gestreiften Pyjamaanzüge, die Barbara einst in den Geschäften bestellt hatte, trug er wie einen Schal einen wolligen, rehbraunen Motorschal von Fanny. Seine Arme wurden vor ihm auf die Bettdecke gelegt, in einer Geste der völligen Hingabe an seine Krankheit. Fanny versteckte sie immer unter der Bettdecke, aber wenn jemand hereinkäme, würde er sie behalten. Er saß aufrecht und wartete mit entzückender Geduld darauf, dass etwas für ihn getan würde. Sein Gesicht hatte den ruhigen, glücklichen Ausdruck einer völlig besänftigten und resignierten Erwartung. Es war dieser Blick, der Barbara Angst machte; es ließ sie denken, dass Mr. Waddington sterben würde. Angenommen, seine Verstopfung hätte sich in eine Lungenentzündung verwandelt? Es gab so viele von ihm, die krank waren, und diese großen Männer starben immer, wenn sie eine Lungenentzündung bekamen.

Mr. Waddington konnte hören, wie Barbaras leise Stimme etwas zu Fanny sagte; er konnte ihr unglückliches, besorgtes Gesicht sehen. Er genoss Barbaras Angst. Er genoss den Grund dafür, seine Krankheit. Solange er tatsächlich lebte, genoss er sogar den Gedanken, dass er tatsächlich sterben könnte, wenn sich seine Stauung in eine Lungenentzündung verwandeln würde. Es gab eine Würde, ein Prestige, tot zu sein, das ihn reizte. Sogar sein hohes Fieber, seine Kopfschmerzen, seine stechenden Schmerzen und seine Schwierigkeiten beim Atmen konnten seine Freude an der köstlichen Sorge aller um ihn herum und an seiner exquisiten Gewissheit, dass Fanny jeden Moment auf seine Seite ziehen würde, nicht völlig verderben . Er war der Einzige im Haus, der zählte. Er hatte es schon immer gewusst, aber er hatte es noch nie so intensiv gespürt wie jetzt. Die Gedanken aller Menschen im Haus waren jetzt auf ihn konzentriert, wie sie es noch nie zuvor getan hatten. Er hielt sie alle in einer Anspannung aus Sorge und Angst. Er entschuldigte sich liebevoll für die Mühe, die er allen bereitete, und erklärte, dass es ihm sehr unangenehm sei; aber selbst Fanny konnte sehen, dass er zufrieden war.

Und als es ihm schlechter ging – bevor er zu krank wurde, um überhaupt darüber nachzudenken – hatte er das benommene, aber angenehme Gefühl, dass jeder in Wyck-on-the-Hill und im Umkreis von Meilen an ihn dachte. Er wusste, dass Corbett und Lady Corbett und Markham und Thurston und die Hawtreys sowie der Rektor und die Frau des Rektors und Colonel Grainger wiederholt angerufen hatten, um sich nach ihm zu erkundigen. Er war besonders erfreut über Graingers Berufung. Er wusste, dass Hitchin Horry auf der Straße angehalten hatte, um nach ihm zu fragen, und darüber war er besonders erfreut. Die alte Susan-Nanna war aus Medlicott hergekommen, um ihn zu sehen. Und Ralph Bevan rief jeden Tag an. Auch das hat ihn gefreut.

Die einzige Person, die nichts über seine Krankheit wissen durfte, war seine Mutter, denn Mr. Waddington war sich sicher, dass sie daran sterben würde. Jeden Abend zur Medizinzeit stellte er die gleichen Fragen: „Meine Mutter weiß es noch nicht?" Und: „Hat heute jemand angerufen?" Und Fanny würde ihm die Botschaften überbringen, und er würde sie mit sanfter, feierlicher Zärtlichkeit empfangen. Du hättest nicht geglaubt, sagte sich Barbara, dass Selbstgefälligkeit eine so herzzerreißende Form annehmen kann.

Und unter all dem lag ein tieferes Glücksgefühl in der Vorstellung, dass Barbara an ihn dachte, sich Sorgen um ihn machte und wahrscheinlich zehnmal unglücklicher über ihn war als Fanny. Nachdem sie so lange an seiner Seite gearbeitet hatte, wäre ihre Trennung von ihm für Barbara unerträglich; Unerträglich, sehr wahrscheinlich, der Gedanke, dass es nun an Fanny war, an seiner Seite zu sein. Jeden Tag brachte sie ihm einen Strauß Schneeglöckchen, und jeden Tag, wenn sich die Tür vor ihrem kleinen, ängstlichen Gesicht schloss, tat es ihm leid, dass Barbara aus seinem Zimmer ausgeschlossen war. Arme kleine Barbara. Manchmal, wenn es ihm gut genug ging, rief er ihr zu: „Komm herein, Barbara." Und sie kam herein, schaute ihn an, drückte ihm ihre Blumen in die Hand und sagte, sie hoffe, dass es ihm besser gehe. Und er antwortete: „Nicht viel besser, Barbara. Mir geht es sehr schlecht."

Er erlaubte sogar Ralph, zu ihm zu kommen und ihn anzusehen. Er hielt seine Hand absichtlich in einer möglichst schlaffen Umklammerung und sagte mit künstlich geschwächter Stimme: „Mir geht es sehr schlecht, Ralph."

Dr. Ransome sagte, das sei nicht der Fall; aber Mr. Waddington wusste es besser. Es stimmte, dass er sich von Zeit zu Zeit so weit zusammenraffte, dass er sich die Haare kämmte, bevor Barbara mit ihren Schneeglöckchen hereingelassen wurde, und dass er Partridge mit lauter, fester Stimme Befehle erteilen konnte; aber er war zu krank, um mehr zu tun, als Barbara und Fanny heiser zuzuflüstern.

Dann, als es ihm etwas besser ging, kam die ausgebildete Krankenschwester, und vor lauter Aufregung über ihr Kommen stieg Mr. Waddingtons Fieber wieder an, und der Arzt gab zu, dass ihm das nicht gefiel.

Und Barbara fand Fanny weinend in der Bibliothek. Sie hatte seinen Schreibtisch aufgeräumt, alle seine Papiere mit einem Federpinsel durchgesehen und war auf das unvollendete Manuskript der Ramblings gestoßen.

„Fanny –"

„Barbara, ich weiß, dass ich eine Idiotin bin, aber ich kann es einfach nicht ertragen. Solange ich ihn stillen konnte, war alles gut, aber jetzt, wo die Frau da ist, kann ich nichts mehr für ihn tun … Ich habe – ich Ich habe mein ganzes Leben lang nie etwas für ihn getan. Und ich habe ihn achtzehn Jahre lang immer ausgelacht Ich habe ihn geheiratet … Ich glaube, er wird sterben, nur um mich zu bestrafen.

„Das ist er nicht", sagte Barbara empört, als hätte sie es selbst nie geglaubt. „Der Arzt sagt, er sei nicht wirklich sehr krank. Der Stau breitet sich nicht aus. Gestern war es besser."

„Heute Nacht wird es schlimmer, darauf können Sie sich verlassen. Der Arzt *mag es nicht* , wenn seine Temperatur so hoch und runter schwankt."

„Es wird wieder sinken", sagte Barbara.

„Du weißt nicht, was es bewirken wird", sagte Fanny düster. „Hast du jemals so ein Lamm gesehen, so ein *Lamm* , wie es ist, wenn es krank ist?"

„Nein", sagte Barbara; „Er ist ein Engel."

„Das ist nur", sagte Fanny, „was mir das Gefühl gibt, dass er sterben wird … Ich wünschte, ich wäre du, Barbara."

"Mich?"

„Ja. Du hast ihm wirklich geholfen. Ohne dich hätte er sein Buch nie schreiben können. Sein schlechtes Buch."

Sie saß da und streichelte es. Und plötzlich überkam sie eine schreckliche Erinnerung und sie schrie:

„Oh mein Gott! Und darüber habe ich auch gelacht!"

Barbara legte ihren Arm um sie. „Das hast du nicht, Liebling. Na ja, wenn ja – es ist ein bisschen komisch, weißt du. Ich fürchte, ich habe ein bisschen gelacht."

„Oh, *du* – das spielt keine Rolle. Du hast beim Schreiben mitgeholfen."

Dann brach Barbara aus. „Oh, nicht, Fanny, nicht, rede *nicht* über sein schlechtes Buch. Ich kann es nicht *ertragen* .“

„Wir sind beide Idioten“, sagte Fanny. „Idioten.“

Sie hielt inne und trocknete ihre Augen.

„Er mochte die Schneeglöckchen, die du ihm gebracht hast“, sagte sie.

Barbara dachte: „Und die Schneeglöckchen hat er *mir gebracht* .“ Er hatte sich an diesem Tag beim Pflücken erkältet. Sie waren im Glas in ihrem Schlafzimmer verdorrt.

Sie verließ Fanny, nur um Horry in seinem Todeskampf zu treffen. Horry stand am Fenster des Esszimmers, starrte hinaus und blickte finster auf den Schnee.

„Verdammter Schnee!“ er sagte. „Es hat ihn getötet.“

„Das ist nicht der Fall, Horry“, sagte sie; „Es wird ihm besser gehen.“

„Es wird ihm nicht besser gehen. Wenn dieser schreckliche Frost anhält, hat er keine Chance.“

„Tut mir leid, Schatz, der Arzt sagt, dass es ihm besser geht.“

„Das tut er nicht. Er sagt, dass seine Temperatur nicht steigen darf.“

"Alles das selbe-"

„Angenommen, er hält ihn für etwas Besseres. Angenommen, er weiß es nicht. Angenommen, er ist ein meckernder Idiot ... Ich gehe davon aus, dass der liebe alte Pater besser weiß, wie lustig er ist, als irgendjemand ihm sagen kann ... Und Sie wissen, dass Sie sich Sorgen machen über ihn selbst. Das ist die Sache. Sie hat geweint.

„Sie ist eifersüchtig auf die Krankenschwester. Das ist mit ihr los.“

„Eifersüchtig? Tosh! Diese Krankenschwester ist ein Idiot. Sie hat seine Temperatur als Erstes in die Höhe getrieben.“

„Entschuldigung, altes Ding, du musst dich zusammenreißen. Du darfst deine Nerven nicht so verlieren lassen.“

„Nerv? An deiner Stelle würdest du die Nerven verlieren. Ich sage dir, Barbara, es wäre mir völlig egal, ob er krank wäre – ich meine, es wäre mir völlig egal, wenn ich anständig zu ihm gewesen wäre. ... Aber Du hattest Recht, ich war ein Idiot, ein Schwein, das ihn auslachte.

„Ich auch, Horry. Ich habe ihn ausgelacht. Ich würde alles dafür geben, es nicht zu haben.“

„Du warst egal…“

Er schwieg einen Moment. Dann drehte er sich zu ihr um. Sein Gesicht brannte, in seinen Augen blitzten Tränen; Er hielt seinen Kopf hoch, um zu verhindern, dass sie fielen.

„Barbara – wenn er stirbt, bringe ich mich um.“

An diesem Abend stieg die Temperatur von Herrn Waddington um einen weiteren Punkt. Als Ralph gegen neun Uhr anrief, fand er Barbara allein in der Bibliothek, zusammengekauert in einer Ecke des Sofas, ihr Taschentuch daneben, zu einem engen, feuchten Ball zusammengerollt. Sie zuckte zusammen, als er hereinkam.

„Oh“, sagte sie, „ich dachte, du wärst der Arzt.“

"Willst du ihn?"

„Ja, das tut Fanny. Sie hat Angst.“

„Soll ich gehen und ihn holen?“

„Nein. Nein. Sie haben Kimber geschickt. Oh, Ralph, ich habe auch Angst.“

„Aber er kommt gut zurecht. Das ist er wirklich. Ransome sagt es.“

„Ich weiß. Das habe ich ihnen gesagt. Aber sie werden es nicht glauben. Und das tue *ich* auch jetzt nicht. Er wird sterben: Du wirst sehen, dass er sterben wird. Nur weil wir so Schweine für ihn waren.“ ."

„Unsinn; das würde ihn nicht dazu bringen –“

„Ich bin mir nicht so sicher. Es ist schrecklich, ihn da liegen zu sehen, wie ein Lamm – so gut – wenn man bedenkt, wie wir ihn gejagt und gehetzt haben.“

„Er wusste es nicht, Barbara. Wir haben es ihm nie gesagt.“

„Sie wissen nicht, was er wusste. Er muss es gesehen haben.“

„Er sieht nie etwas.“

„Ich sage dir, du weißt nicht, was er sieht … Ich würde alles dafür geben, es nicht getan zu haben.“

„Das würde ich auch tun.“

„Es ist eine Lektion für mich“, sagte sie, „solange ich lebe, nie wieder über jemanden zu lachen. Niemals grausame Dinge zu sagen.“

„Wir haben keine grausamen Dinge gesagt.“

„Unfreundliche Dinge.“

„Nicht sehr unfreundlich."

„Das haben wir. Das habe ich. Ich habe alle wirklich abscheulichen gesagt."

„Nein. Nein, das hast du nicht. Nicht halb so abscheulich wie ich und Horry."

„Das ist es, was Horry jetzt denkt. Er ist darüber fast verrückt."

„Schau mal, Barbara, du bist einfach nur sentimental, weil er krank ist und dir leid tut … Das ist nicht nötig. Ich sage dir, er genießt seine Krankheit. … Ich glaube nicht", sagte Ralph nachdenklich. „Er hat seit dem Krieg alles so sehr genossen."

„Zeigt das nicht, wie brutal wir waren, dass er krank sein muss, um Spaß zu haben?"

„Oh nein. Er genießt die ganze Zeit – sich selbst, Barbara. Er kann nicht anders, als seine Krankheit zu genießen. Er mag es, wenn sich alle um ihn kümmern und an ihn denken."

„Das ist es, was ich meine. Wir haben nie an ihn gedacht. Nicht im Ernst. Wir haben nichts getan – nichts außer Lachen. Nun, du lachst jetzt. … Es ist schrecklich von dir, Ralph, wenn er vielleicht im Sterben liegt. … Es würde uns allen sehr gut tun, wenn er sterben würde.

Zu ihrer Überraschung und Empörung begann Barbara zu weinen. Der harte, feuchte Klumpen Taschentuch war kein bisschen gut, und bevor sie danach greifen konnte, schlang Ralph seine Arme um sie und küsste ihr eine nach der anderen die Tränen ab.

„Liebling, ich dachte nicht, dass es dir wirklich etwas ausmacht –"

„Was hast du denn gedacht?" sie schluchzte.

„Ich dachte, du spielst. Eine Art Variation des Spiels."

„Ich habe dir gesagt, dass es ein grausames Spiel war."

„Macht nichts. Es ist alles vorbei. Wir werden es nie wieder spielen. Und in einer Woche wird es ihm wieder gut gehen. … Schau mal, Barbara, kannst du nicht eine Minute aufhören, an ihn zu denken? Du weißt, dass ich dich liebe." , sehr schrecklich, nicht wahr?"

„Ja. Jetzt weiß ich es schon."

"Und *ich* weiß."

"Woher weißt du das?"

„Weil du, altes Ding, nie aufgehört hast, mich am Halsband festzuhalten, seit ich dich gepackt habe. *Das* kannst du nicht mehr zurücknehmen ."

„Ich möchte nicht noch einmal darauf eingehen … Ich sage, wir haben immer gesagt, dass er uns zusammengebracht hat, und dieses Mal *hat er es getan.*"

Als Ralph Fanny später am Abend von ihrer Verlobung erzählte, war das erste, was sie sagte: „Du darfst es ihm nicht sagen. Nicht, bis es ihm wieder gut geht. Eigentlich wäre es mir lieber, wenn du es ihm erst kurz vorher sagst." verheiratet."

„Warum überhaupt nicht?"

„Es könnte ihn verärgern. Wissen Sie", sagte sie, „er mag Barbara sehr."

Am nächsten Tag sank die Temperatur von Herrn Waddington auf den Normalwert; und als Ralph das nächste Mal anrief, stürzte sich Barbara mit der Neuigkeit geradezu auf ihn.

„Er sitzt aufrecht", rief sie, „und isst ein Stück Seezunge."

„Hurra! Jetzt können wir glücklich sein."

Das Geräusch von Fannys Summen drang durch die Tür zum Wohnzimmer.

XV

Mr. Waddington saß in seinem Sessel vor dem Schlafzimmerfeuer. Indem er seinen Kopf ein wenig nach rechts drehte, konnte er durch das lange Glas am Fenster einen perfekten Blick auf sich selbst erlangen. Aufzustehen und sich selbst in diesem Glas zu betrachten, war der erste Akt seiner Genesung gewesen. Er hatte kaum zu glauben gewagt, welche Veränderungen seine Krankheit bei ihm bewirkt haben könnte. Er erinnerte sich an den schrecklichen Anblick, den Corbett letztes Jahr nach *seiner Grippe* geboten hatte .

Als er sich ernsthaft im Spiegel betrachtete, stellte er fest, dass sein Aussehen sich, wenn überhaupt, verbessert hatte. Umrisse, die ihm in den letzten zehn Jahren entgangen waren, tauchten wieder auf. Die Nase des Postlethwaite war sauberer geschnitten. Er war fast schlank und nicht halb so schwach, wie Fanny sagte, er hätte sein sollen. Die Unbeweglichkeit im Bett, seine geistige Haltung selbstgefälliger Nachgiebigkeit und die Befreiung seines gesamten Organismus von der Belastung eines ruhelosen Geistes hatten ihn mehr aufgemuntert, als seine Grippe ihn niedergeschlagen hatte; und es war ein deutlich raffinierterer und jugendlicherer Waddington, den Barbara im Sessel sitzend vorfand, bekleidet mit einem königsblauen Morgenmantel aus wattierter Seide und Fannys Motorradschal, mit einem grauen Mohairschal über den Knien.

Mr. Waddingtons Genesung war für ihn überaus erfreulich, auch wenn er bewies, dass er eine anhaltende Freundschaft mit Barbara pflegte. Sobald es das Sesselstadium erreicht hatte, saß sie stundenlang mit ihm zusammen. Sie hatte die Ramblings beendet und las sie ihm auf seine Bitte hin noch einmal von Anfang bis Ende vor. Mr. Waddington war sehr erfreut über den Eindruck, den sie mit Barbaras bezaubernder Stimme vortrugen; die Stimme, die hin und wieder ein wenig zitterte mit einer Emotion, die ihr zur Ehre gereichte.

„,Komm mit mir in das kleine geschützte Tal des Speed. Lass uns dem Bachforellenbach folgen, der durch das üppige grüne Gras der Wiesen fließt —‹‹‹

„Ich hätte keine Ahnung", sagte Mr. Waddington, „es war auch nur annähernd so gut, wie es ist. Wir können uns selbst gratulieren, dass wir Ralph Bevan losgeworden sind."

Und im Februar, als der Frost brach und das Frühlingswetter kam und die grünen, rosa und violetten Felder wieder durch den Nebel an den Hängen auftauchten, fuhr er mit Barbara in seinem Auto los. Er wollte sich die Orte seiner *Streifzüge noch einmal ansehen* , und er wollte, dass Barbara sie mit ihm ansah. Es war die Belohnung, die er ihr für ihre, wie er es nannte, triste, mechanische Arbeit des Abschreibens und Abschreibens versprochen hatte.

Barbara bemerkte den neugierigen, erhabenen Ausdruck seines Gesichts, als er sich im Auto neben sie setzte und edel aussah. Sie führte dies zum Teil auf die ewige Selbstzufriedenheit zurück, die sein inneres Glück ausmachte, und zum Teil auf das reine körperliche Hochgefühl, das die Geschwindigkeit hervorrief. Sie selbst spürte etwas Ähnliches, als sie in Serpentinen die Hügel hinauf und hinunter rasten: eine Aufregung, die zu dem tiefen Glück aufstieg, das der Gedanke an Ralph mit sich brachte. Und es gab kaum einen Moment, in dem sie nicht an ihn dachte. Es ließ ihre Augen strahlen und ihr Mund bebte mit einem besonders glückseligen Lächeln.

Und Mr. Waddington sah Barbara an, die zusammengekauert neben ihm saß. Er bemerkte das Leuchten und Zittern und dachte – was er immer an Barbara gedacht hatte. Erst jetzt war er sich sicher.

Das Kind liebte ihn. Von der ersten Stunde an, in der sie ihn kannte, war sie von ihm fasziniert und verängstigt, verängstigt und fasziniert gewesen. Aber sie hatte keine Angst mehr vor ihm. Sie hatte aufgehört zu kämpfen. Sie gab sich wie ein Kind diesem Gefühl hin, dessen Natur sie in ihrer kindlichen Unschuld noch nicht kannte. Aber er wusste es. Er hatte es schon immer gewusst.

So viel gab die eine Hälfte von Mr. Waddingtons Verstand zu, während die andere Hälfte leugnete, dass er es mit Sicherheit gewusst hatte. Es sagte sich immer wieder: „Blind. Blind. Und doch hätte ich es wissen können", als ob er es nicht gewusst hätte.

Er hatte es natürlich als Möglichkeit vor Augen gehalten (kein Teil von ihm bestritt das). Und er hatte Fingerspitzengefühl bewiesen. Er hatte eine heikle Situation mit vollendetem Feingefühl gemeistert. Er hatte alles getan, was ein ehrenhafter Mann tun konnte. Aber da war es. Dort war es seit dem Tag gewesen, an dem er das Haus betreten und sie dort gefunden hatte. Und das Ding war zu stark für Barbara. Das arme Kind hätte es vielleicht gewusst. Und es war zu stark für Mr. Waddington. Es war nicht seine Schuld. Es war Fannys Schuld, das Mädchen dort zu haben und sie zu dieser gefährlichen Intimität zu zwingen.

Vor seiner Krankheit hatte Herr Waddington jeder noch so kleinen Neigung, die Situation auszunutzen, erfolgreich widerstanden. Er stellte sich vor, dass sein Innenleben in den letzten neun Monaten aus einer Reihe von Widerständen bestand. Er betrachtete die Episode von Elise als ein natürliches, aber unangenehmes Sicherheitsventil für die von Barbara hervorgerufenen Emotionen: die Ersetzung eines zulässigen durch einen unzulässigen Fehler. Es war für ihn unglaublich gewesen, dass er mit Barbara schlafen sollte.

Aber eine Auswirkung seiner Grippe war offensichtlich. Es hatte seinen Widerstand verringert und dadurch auch seine gesamte moralische Sichtweise und seine Werteskala verändert, bis ihm eines Morgens im April, als er mit Barbara durch den Garten spazierte, der nach Mauerblümchen und Veilchen duftete, bewusst wurde, dass Barbara genau das Richtige war für ihn, wie er für Barbara war.

In einer Ecke des Rasens stand ihre Staffelei mit einer unvollendeten Aquarellzeichnung des Hauses darauf. Er blieb davor stehen und lächelte sein zärtliches, sentimentales Lächeln.

„Eines bereue ich, Barbara – dass ich deine Zeichnungen für mein Cotswold-Buch nicht hatte.“

Die *Ramblings* waren zu diesem Zeitpunkt dank der unangekündigten Aktivitäten von Ralph Bevan in der Presse.

„Warum solltest du“, sagte sie, „wenn sie dir egal waren?“

„Es ist unvorstellbar, dass es mir egal gewesen wäre. … Ich war blind. Blind. … Nun, eines Tages, wenn wir jemals eine *édition de luxe haben* , werden sie darin erscheinen.“

"Irgendwann mal!"

Sie brachte es nicht übers Herz, ihm zu sagen, dass die Zeichnungen einen anderen Zweck hatten, denn die Existenz von Ralphs Aufnahmen war noch ein Geheimnis. Sie waren sich einig, dass nichts Mr. Waddingtons Freude an der Veröffentlichung seiner Ramblings – seiner armen Ramblings – stören sollte.

„Man muss für Blindheit auf dieser Welt bezahlen“, sagte er.

„Bei diesem Tempo werden viele Leute reingelassen. Ich glaube nicht, dass sich fünf Leute einen Scherz um meine Zeichnungen scheren werden.“

„Ich habe nicht nur an deine Zeichnungen gedacht, meine Liebe.“ Er überlegte.   …
„Fanny hat mir erzählt, dass du Geburtstag hast. Du bist ein ziemlich kleines April-Mädchen, nicht wahr?“

2

Es war Barbaras vierundzwanzigster Geburtstag und der Tag ihrer Adoption. Es hatte ungünstigerweise mit einer Art Streit zwischen Horatio und Fanny begonnen.

Mr. Waddington war am Tag zuvor nach London gefahren und mit einem Perlenanhänger für Fanny, einer Halskette aus grüner Jade für Barbara (noch nicht geschenkt) und einer kanariengelben Weste für sich zurückgekehrt.

Und nicht nur die Weste –

Am Geburtstagsmorgen hatte Fanny Barbara zugerufen, als sie an ihrer Schlafzimmertür vorbeikam:

„Barbara, komm her."

Fanny starrte fasziniert auf vier Paar Seidenpyjamas, die vor ihr auf dem Bett ausgebreitet waren. Bemerkenswerter Pyjama in grellem Magenta mit gegabelten orangefarbenen Blitzen, die überall darüber laufen.

„Guter Gott, Fanny!"

„Sie können durchaus ‚Guter Gott' sagen. Was würdest du sagen, wenn du …?
Ich bin keine nervöse Frau, aber –"

„Es ist eine Gnade, dass er sie nicht vor achtzehn Jahren bekommen hat", sagte   Barbara,   „sonst wäre Horry vielleicht als Idiot geboren worden."

„Gelbe Westen sind doch schön und gut", sagte Fanny. „Aber woran *könnte* er gedacht haben?"

„Ich weiß es nicht", sagte Barbara. Irgendwie rief das Muster unwiderstehlich das Bild von Mrs. Levitt in mir wach.

„Vielleicht", sagte sie, „denkt er, er sei Jupiter."

„Nun, ich bin nicht Wie heißt sie, und ich will nicht verarscht werden. Also werde ich sie irgendwo hinlegen, wo er sie nicht finden kann."

In diesem Moment hatten sie Mr. Waddington durch sein Ankleidezimmer kommen hören und Barbara war durch die Tür in den Flur gerannt.

„Wer hat diese Sachen aus meinem Kleiderschrank geholt?" er sagte. Er blickte verträumt, fast liebevoll, auf den Pyjama.

"Ich tat."

„Und wofür?"

„Um sie anzusehen. Kannst du dich fragen? Horatio, wenn du sie trägst, werde ich eine Trennung beantragen."

„Du brauchst dir keine Sorgen zu machen."

Sein Gesicht hatte einen seltsamen Ausdruck, bedeutungsvoll und verstohlen. Und Fannys Gedanken schossen mit einem ihrer rasanten Höhenflüge aus dem Schlafanzug.

„Was wirst du wegen Barbara tun?" Sie sagte.

„ *Wie geht* es ihr?"

„Ja. Du weißt, dass wir sie adoptieren würden, wenn wir sie genug mögen würden. Und wir mögen sie doch genug, nicht wahr?"

„Ich habe keine väterlichen Gefühle für Barbara", sagte Herr Waddington. „Die elterliche Beziehung erscheint mir weder wünschenswert noch angemessen."

„Ich hätte denken sollen, dass es in Anbetracht ihres und Ihres Alters wirklich sehr passend ist."

„Nicht, wenn es Verpflichtungen mit sich bringt, die ich bereuen könnte."

„Du wirst für sie sorgen, nicht wahr? Das ist sicher keine Verpflichtung, das wirst du bereuen?"

„Ich kann für sie sorgen, ohne sie zu adoptieren."

„Wie? Es hat keinen Sinn, ihr einfach etwas in deinem Testament zu hinterlassen."

„Ich werde ihr die Hälfte ihres Gehalts weiterbezahlen", sagte Herr Waddington, „als Zulage."

„Ja. Aber wirst du ihr einen Heiratsanteil geben, wenn sie heiratet?"

Er schwieg. Sein Verstand schwankte unter dem Schlag.

„Wenn sie heiratet", sagte er, „mit meiner Zustimmung und meiner Zustimmung – ja."

„Wenn das keine elterliche Einstellung ist! Und angenommen, sie hat keine?"

„Sie denkt nicht ans Heiraten."

„Du weißt nicht, woran sie denkt."

„Ich wage es auch nicht zu sagen, Sie auch nicht."

„Nun – ich sehe nicht ein, wie ich sie adoptieren kann, wenn du es nicht tust."

„Ich habe nicht gesagt, dass ich sie nicht adoptieren würde."

"Dann wirst du?"

Er fuhr sie mit unglaublicher Heftigkeit an.

„Ich schätze, das muss ich tun. Mach mir keine *Sorgen* !“

Dann nahm er den Pyjama vom Bett und trug ihn in sein Ankleidezimmer. Durch die offene Tür sah sie, wie er auf einem Stuhl saß und den Pyjama behutsam auf dem obersten Regal des Kleiderschranks ausbreitete: als ob er ihn für einen geheimnisvollen und romantischen Zweck aufbewahrte, an dem Fanny nicht beteiligt war.

„Vielleicht“, dachte sie, „hat er sie doch nur gekauft, weil er sich dadurch jung fühlt.“

Den ganzen Morgen, an dem Barbaras Geburtstag und Adoption stattfand, blieb Mr. Waddingtons nachdenkliche Niedergeschlagenheit bestehen. Und am Nachmittag schloss er sich in seiner Bibliothek ein und gab den Befehl, ihn nicht zu stören.

3

Barbara war im Morgenzimmer.

Sie hatten ihr das Morgenzimmer als Arbeitszimmer zur Verfügung gestellt, und sie war allein darin und vergnügte sich mit ihrem Taschenskizzenbuch.

Das Skizzenbuch war Barbaras und Ralphs Geheimnis. Manchmal lebte es tagelang bei Ralph im White Hart. Manchmal wohnte es bei Barbara, in ihrer Manteltasche oder in ihrem verschlossenen Schreibtisch. Sie war besessen von der Angst, dass sie es eines Tages herumliegen lassen würde und Fanny es finden würde, oder Mr. Waddington. Oder jeden Moment könnte Mr. Waddington über sie herfallen und sie damit erwischen. Es wäre schrecklich, wenn sie erwischt würde. Denn diese bemerkenswerte Sammlung enthielt mehrere Federzeichnungen von Mr. Waddington, und Barbara fügte ihre Zahl täglich hinzu.

Aber im Moment, in der langen Zeitspanne zwischen einem ungewöhnlich frühen Geburtstagstee und einem ungewöhnlich späten Geburtstagsessen, war sie in Sicherheit. Fanny war mit dem Auto nach Medlicott gefahren. Herr Waddington saß versteckt in seiner Bibliothek und las in vollkommener Unschuld, Einfachheit und Ruhe. Es war nicht einmal wahrscheinlich, dass Ralph auftauchen würde, denn er war nach Oxford gegangen, und seinetwegen wurde das Geburtstagsessen auf halb acht verschoben. Es würde Stunden und Stunden geben.

Sie hatte gerade die letzte von drei Zeichnungen von Mr. Waddington fertiggestellt: Mr. Waddington stand in seinem neuen Pyjama vor dem langen Spiegel; Mr. Waddington erscheint als Jupiter in der Tür von Fannys Schlafzimmer, während gegabelte Blitze im Zickzack aus ihm heraus in jede Ecke schießen; Mr. Waddington bückt sich, um in sein Bett zu klettern, eine weite Rückansicht mit herausblitzenden Blitzen.

Und in diesem Moment beschloss Herr Waddington, hereinzukommen, um die Halskette aus grüner Jade zu präsentieren. Er trug seine kanariengelbe Weste.

Barbara klappte hastig ihr Skizzenbuch zu und legte es auf den Tisch. Sie hielt einen Arm darüber, während sie das Lederetui entgegennahm und öffnete, in dem die grüne Halskette auf dem weißen Kissen lag.

„Für *mich* ? Oh, es ist zu himmlisch. Wie furchtbar süß von dir.“

„Gefällt es dir, Barbara?“

"Ich liebe es."

Sie bekam Gewissensbisse, als sie an ihre Zeichnungen dachte, besonders an die, auf der er gerade ins Bett ging. Sie sagte sich: „Ich werde es nie wieder tun. Nie wieder … Und ich werde es Ralph nicht zeigen.“

„Zieh es an“, befahl er, „und lass mich dich darin sehen.“

Sie nahm es aus dem Koffer. Sie hob die Arme und schlang es um ihren Hals; sie ging zum Spiegel. Und nach dem ersten Augenblick voller Bewunderung nahm Mr. Waddington das aufgedeckte Skizzenbuch in Besitz. Barbara sah ihn im Spiegel. Sie drehte sich mit einem Schrei um:

„Das darfst du nicht! Du darfst es nicht ansehen.“

"Warum nicht?"

„Weil ich niemanden meine Skizzen sehen lasse.“

„Du wirst *mich lassen* .“

„ *Das werde ich nicht* !“ Sie stürzte auf ihn zu, umklammerte seinen Arm und stützte ihr ganzes Gewicht darauf. Er schüttelte sich los und hob das Skizzenbuch hoch über ihren Kopf. Sie sprang auf und zerrte daran, aber sein Griff hielt stand.

Er freute sich über seine Macht. Er lachte.

„Gib es mir sofort“, sagte sie.

„Aha! Sie hat ihre kleinen Geheimnisse, oder?“

„Ja. Ja. Sie sind alle da. Du hast nicht das Recht, sie dir anzusehen.“

Er karakolte heftig, wich ihrem Angriff aus und genoss die jugendliche Heftigkeit des Kampfes.

„Komm“, sagte er, „frag mich nett.“

„Dann bitte. *Bitte* gib es mir.“

Er reichte es und verneigte sich tief über ihre Hand, als sie es entgegennahm.

„Um nichts in der Welt würde ich mich mit deinen lieben kleinen Geheimnissen befassen“, sagte er.

Sie setzten sich freundschaftlich zusammen.

„Du lässt mich eine Weile bei dir bleiben?“

„Bitte tun Sie es. Möchten Sie nicht eine meiner Zigaretten haben?“

Er nahm eins, drehte es in seinen Fingern und lächelte es an – ein anhaltendes, sentimentales Lächeln.

„Ich glaube, ich kenne dein Geheimnis“, sagte er plötzlich.

"Tust du?" Ihre Gedanken wanderten zu Ralph.

„Ich denke schon. Und ich denke, du kennst meine.“

"Dein?"

„Ja. Meins. Wir können nicht weiter so leben, so nah beieinander, ohne es zu wissen. Wir versuchen vielleicht, Dinge voreinander zu verbergen, aber wir können es nicht. Ich habe das Gefühl, als hättest du alles gesehen.“ "

Sie sagte sich: „Er denkt an Frau Levitt.“

„Ich glaube nicht, dass ich etwas Wichtiges gesehen habe“, sagte sie.

„Du hast gesehen, wie mein Leben hier aussieht. Du wirst nicht umhin zu sehen,   dass
Fanny und ich uns nicht besonders gut verstehen.“

„Fanny ist ein Engel.“

„Du liebes kleines treues Ding… Ja, sie ist ein Engel. Zu sehr ein Engel für einen einfachen Mann. Ich habe meinen großen Fehler gemacht, Barbara, als ich sie geheiratet habe.“

„Das glaubt sie jedenfalls nicht.“

„Ich bin mir nicht so sicher. Fanny weiß, dass sie etwas in der Hand hat, das zu groß für sie ist. Das Problem mit Fanny ist, dass sie Dinge nicht begreifen kann. Sie hat Angst davor. Und sie kann ernste Dinge nicht ernst nehmen.“ . Es hat keinen Sinn, von ihr zu erwarten.

„Du verstehst Fanny kein bisschen.“

„Mein liebes Kind, ich bin seit mehr als siebzehn Jahren mit ihr verheiratet und ich bin kein Dummkopf. Du hast selbst gesehen, wie sie die Dinge aufnimmt. Wie sie mit ihrem ewigen Lachen, Lachen, Lachen alles herabwürdigt Mal geht es einem auf die Nerven.

„Das würde es", sagte Barbara, „wenn du nicht den Spaß daran siehst."

„Sie können nicht erwarten, dass ich den Spaß meiner eigenen Beerdigung sehe."

„Beerdigung? Ist das alles so schlimm?"

„Es war so schlimm – Barbara."

Er grübelte.

„Und dann kamst du mit deiner Süße. Und deinem kleinen ernsten Gesicht –"

„ *Ist* mein Gesichtsausdruck ernst?"

„Sehr. Für mich. Andere Leute denken vielleicht, dass du frivol und amüsant bist. Ich wage zu behaupten, dass du amüsant bist – für sie."

"Ich hoffe es."

„Du hoffst es, weil du dein wahres Ich vor ihnen verbergen willst. Aber du kannst es nicht vor mir verbergen. Ich habe es die ganze Zeit gesehen, Barbara."

"Bist du sicher?"

„Ganz, ganz sicher."

„Ich wünschte, ich wüsste, wie es aussieht."

„Das ist die Schönheit und der Charme von dir, meine Liebe, die du nicht kennst."

„Was für eine schöne Weste du hast", sagte Barbara.

Er sah zufrieden aus. „Ich freue mich, dass es dir gefällt. Ich habe es zu deinem Geburtstag angezogen."

„Du meinst", sagte sie, „mein Adoptionstag."

Er zuckte zusammen.

„Es *ist* gut", sagte sie, „dass du und Fanny mich adoptieren. Aber es wird nicht mehr lange dauern. Und ich möchte trotzdem meinen eigenen Lebensunterhalt verdienen."

„Ich kann mir nicht vorstellen, dich das tun zu lassen."

„Das muss ich. Es wird keinen Unterschied für meine Adoption machen."

Er runzelte die Stirn. Dieses Thema war ihm so zuwider, dass er annahm, es würde Barbara ebenso zuwider sein.

„Es war Fannys Idee“, sagte er.

"Ich dachte es wäre."

„Du hast nicht erwartet, dass ich väterliche Gefühle für dich hege, Barbara?“

„Ich habe nicht *erwartet* , dass du überhaupt irgendwelche Gefühle hast.“

Die Wunde ließ ihn zusammenzucken. „Mein armes Kind, was für eine schreckliche Sache das du sagst.“

„Warum schrecklich?“

„Weil es zeigt – es zeigt – und es ist nicht wahr. Glaubst du, ich weiß nicht, was in dir vorgeht? Ich war mir selbst gegenüber blind, mein Lieber, aber ich habe dich durchschaut.“

„Mich durchschaut?“ Sie dachte wieder an Ralph.

"Durch und durch."

„Ich wusste nicht, dass ich so transparent bin. Aber ich sehe nicht, dass es viel ausmacht, wenn du es wüsstest.“

Er lächelte über ihre köstliche Naivität.

„Nein. Nichts ist wichtig. Nichts ist wichtig, Barbara, außer unserer Fürsorge. Zumindest sind wir klug genug, das zu wissen.“

„Ich hätte nicht denken sollen“, sagte sie, „dafür wäre viel Weisheit nötig.“

„Mehr als du denkst, mein Kind; mehr als du denkst. Du musst nur für dich selbst weise sein. Ich muss für uns beide weise sein.“

Sie dachte: „Schwere Eltern. Das kommt von der Adoption.“

„Wenn es auf den Punkt kommt“, sagte sie, „kann man nur sich selbst weise sein.“

„Ich freue mich, dass du das siehst. Es macht es für mich viel einfacher.“

„Das stimmt. Du darfst nicht denken, dass du für mich verantwortlich bist, nur weil du mich adoptiert hast.“

„Sprich nicht mit mir über Adoption! Wenn du genau weißt, wofür ich es getan habe.“

„Warum – wofür *hast* du es getan?“

„Um die Dinge für uns sicher zu machen. Um zu verhindern, dass Fanny es erfährt. Um mich selbst davon abzuhalten, Barbara. Um dich zu bewahren ... Aber es ist zu spät, es zu verbergen. Wir wissen, wo wir jetzt stehen.“

ich nicht .“

„Das tust du. Das tust du.“

Mr. Waddington warf seine Zigarette mit einer leidenschaftlichen Geste der Hingabe ins Feuer. Er kam zu ihr. Sie sah ihn kommen. Sie sah darin vor allem die Annäherung an eine kanariengelbe Weste. Sie richtete ihre Aufmerksamkeit auf die Weste, als wäre sie der Mittelpunkt ihres eigenen geistigen Gleichgewichts.

Die Weste hatte eine Biegung. Mr. Waddington beugte sich über sie und blickte ihr ins Gesicht. Sie saß regungslos da, von Neugier und Angst unter seinem Gesicht gehalten. Das ganze Phänomen kam ihr unglaublich vor. Noch zu unglaublich, um zum Protest aufzurufen. Es war, als ob es nicht passieren würde; als würde sie nur darauf warten, dass es passierte, bevor sie aufschrie. Dennoch hatte sie Angst.

Dieser Zustand dauerte einen Augenblick. Das nächste Mal war sie in seinen Armen. Sein Mund, der unter dem großen, rauen Schnurrbart hervorgestreckt war, fuhr über ihr Gesicht, wie – als – während sie ihre Hände fest gegen die kanariengelbe Weste drückte und ihn abstieß, löste sich ihr Geist aus dem Kampf und berichtete – wie ein Staubsauger. Das war es. Staubsauger.

Er gab etwas zurück. Es war keine böse Gewalt in ihm und sie stand auf.

"Wie konntest du?" Sie weinte. „Wie konntest du so ein perfektes Schwein sein?“

„ Sag das *nicht* zu mir, Barbara. Auch nicht zum Spaß... Du weißt, dass du mich liebst.“

„Das tue ich nicht. Das tue ich nicht.“

„Das tust du. Du weißt, dass du es tust. Du weißt, dass du willst, dass ich dich in meine Arme nehme. Warum bist du so grausam zu dir selbst?“

„Für mich selbst? Ich würde mich umbringen, bevor ich es zulasse... Warum, ich würde dich umbringen.“

„Nein. Nein. Nein. Das glaubst du nur, du kleiner Spießer.“

Er hatte völlig nachgegeben und lehnte nun an den Kaminsims, nicht geschlagen, nicht beschämt, sondern lächelte sie in triumphierender Gewissheit an. So lange hielt ihn der Glanz seiner Illusion fest.

„Nichts, was du sagen kannst, Barbara, wird mich davon überzeugen, dass ich dir egal bin.“

„Dann müssen Sie verrückt sein. Verrückt wie ein Hutmacher.“

„Alle Menschen werden manchmal verrückt. Sie müssen Rücksicht nehmen. Hören Sie –"

„Ich werde nicht zuhören. Ich möchte kein weiteres Wort hören."

Sie ging.

Er sah ihre Absicht; aber er war näher an der Tür als sie, und durch eine schnelle, wenn auch schwerfällige Bewegung gelangte er als Erster dorthin. Er stand mit dem Rücken zur Tür vor ihr. (Er hatte den wilden Gedanken, es zu verschließen, aber die Ritterlichkeit verbot es ihm.)

„Sie können in einer Minute gehen", sagte er. „Aber du musst mir zuerst zuhören. Du musst fair zu mir sein. Ich mag verrückt sein, aber wenn ich dich nicht magst – verrückt –, hätte ich nicht einen Moment geglaubt, dass du es bist sich um mich gekümmert hätte. Daran hätte ich nicht gedacht.

„Aber das *tue ich nicht* , das sage ich dir."

„Und ich sage dir, das tust du. Glaubst du, nach allem, was du für mich getan hast –"

„Ich habe nichts getan."

„Fertig? Schauen Sie sich an, wie Sie für mich gearbeitet haben. So etwas wie Ihre Hingabe habe ich noch nie erlebt, Barbara."

„Oh, *das* ! Es war nur mein Job."

„War es deine Aufgabe, mich vor dieser schrecklichen Frau zu retten?"

„Oh ja, es war alles Teil der Tagesarbeit."

„Meine liebe Barbara, keine Frau erledigt jemals eine solche Tagesarbeit für einen Mann, es sei denn, sie kümmert sich um ihn. Und es sei denn, sie möchte, dass er sich um sie kümmert."

„Zufällig war es Fanny, die mir am Herzen lag. Ich habe die ganze Zeit an Fanny gedacht ... Wenn *du* mehr an Fanny und weniger an Mrs. Levitt und andere Menschen denken würdest, wäre das eine gute Sache."

„Jetzt ist es zu spät, an Fanny zu denken. Das ist nur deine Süße und Güte."

„Bitte lügen Sie nicht. Wenn Sie mich wirklich süß und gut finden würden, würden Sie nicht erwarten, dass ich ein Ersatz für Mrs. Levitt bin."

„Sprechen Sie nicht über Mrs. Levitt. Glauben Sie, dass ich im selben Satz an Sie denke? Das war etwas ganz anderes."

„War es? War es so ganz anders?"

Er sah, dass sie sich erinnerte. „Das war es. Ein Mann kann zehnmal den Kopf verlieren, ohne auch nur ein einziges Mal sein Herz zu verlieren. Wenn Sie an Mrs. Levitt denken, können Sie das für immer aus Ihrem Kopf verbannen.“

„Es ist nicht nur Mrs. Levitt. Da ist auch Ralph Bevan. Sie haben Ralph Bevan vergessen.“

„Was hat Ralph Bevan damit zu tun?“

„Einfach das, dass ich mich mit ihm verlobt habe.“

„Heiraten? Mit Ralph Bevan verheiratet sein? Oh, Barbara, warum hast du es mir nicht gesagt?“

„Ralph wollte nicht, dass ich das tue, bis die Zeit näher rückte.“

„Die Zeit…. Ist es soweit gekommen?“

„Das hat es“, sagte Barbara.

Er verließ die Tür und begann, im Zimmer auf und ab zu gehen. Sie wäre jetzt vielleicht ausgegangen, aber sie ist nicht gegangen. Sie *musste* sehen, was er daraus machen würde.

Als er zum letzten Mal an die Reihe kam, stand er ihr gegenüber und blieb stehen.

„Armes Kind“, sagte er, „dazu habe ich dich also getrieben?“

Erstaunen hielt sie zum Schweigen.

„Setzen Sie sich“, sagte er, „wir müssen das gemeinsam durchstehen.“

Erstaunt ließ sie sich hinsetzen. Sicherlich müssen sie es durchgehen, um zu sehen, wie er am Ende aussehen würde. Er war unübertrefflich. Sie darf ihn nicht vermissen.

„Schau her, Barbara.“ Er sprach in einem Ton gezwungener, unnatürlicher Ruhe. „Ich glaube nicht, dass Sie die Situation ganz verstehen. Ich bin mir sicher, dass Ihnen nicht einen Moment bewusst ist, wie ernst sie ist.“

„Das tue ich nicht. Du darfst nicht erwarten, dass ich es ernst nehme.“

„Das liegt daran, dass du dich selbst nicht ernst genug nimmst, Liebes. In mancher Hinsicht bist du besonders bescheiden. Ich glaube nicht, dass du wirklich weißt, wie tief diese Sache bei mir gegangen ist, sonst hättest du nicht über Mrs. gesprochen. Levitt….

„… Es geht um Leben und Tod, Barbara. Leben und Tod… Ich werde ein Geständnis ablegen. Zuerst war es nicht ernst. Es war keine Liebe auf den ersten Blick. Aber dafür ist es umso tiefer gegangen. Ich habe es nicht getan.

Ich wusste bis neulich nicht, wie tief es war. Und ich musste an so viele Behauptungen denken.

„Ja. Vergiss Fanny nicht.“

„Ich werde sie nicht vergessen. Fanny wird sich nicht so sehr darum kümmern, wie du denkst, dass es ihr etwas ausmacht. So wie du es tun würdest, wenn du an ihrer Stelle wärst. Bei Fanny geht es nicht so tief. Ich werde mich nicht gegen meinen Willen festhalten.

Barbara saß still und lauschte. Sie würde ihn bis ans Ende seiner Kräfte gehen lassen.

„Ich gebe es zu. Am Anfang hatte ich nicht an eine Scheidung gedacht. Ich konnte den Gedanken nicht ertragen, all diese Unannehmlichkeiten durchzumachen. Aber ich würde es lieber zehnmal durchmachen, als dass du Ralph Bevan heiraten solltest.“ …. Warte jetzt…. Bevor ich mit dir gesprochen habe, hatte ich beschlossen, Fanny zu bitten, sich von mir scheiden zu lassen Ihr Einverständnis, dass wir zusammen irgendwohin fahren, nach Italien oder an die Riviera. Ich habe alles vorbereitet, als ich in London war.

Sie sah gegabelte Blitze auf einem magentafarbenen Waddington.

„Worüber lachst du, Barbara?“

Er stand verzweifelt über ihr. Würde *Barbara* ihn in einen hysterischen Anfall versetzen?

„Lache nicht. Sei nicht albern, Kind.“

Aber Barbara lachte weiter, ihr Gesicht in den Kissen, ganz ihrer Vision überlassen. Von weit oben im Park hörten sie das Geräusch von Kimbers Hupe und dann das Knirschen des Autos mit Fanny darin auf dem Kies draußen. Barbara setzte sich plötzlich auf und trocknete ihre Augen.

Sie starrten einander an, der Blick von Komplizen.

„Komm, Kind“, sagte er, „reiß dich zusammen.“

Barbara stand auf, schaute in das Glas und sah die grüne Jadekette an ihrem Destillierapparat hängen. Sie nahm es ab und legte es neben dem vergessenen Skizzenbuch auf den Tisch.

„Ich denke“, sagte sie, „Sie müssen das für Mrs. Levitt gemeint haben. Aber Sie können Ihren Sternen danken, dass es dieses Mal nur ich bin.“

Er tat so, als hörte er sie nicht, als sah er die Halskette nicht, als wüsste er nicht, dass sie ihn verließ. Sie blieb einen Moment mit dem Rücken zur Tür stehen und sah ihn an. Jetzt war sie an der Reihe, dort zu stehen und sich anhören zu lassen.

„Mr. Waddington“, sagte sie, „manche Leute halten Sie vielleicht für böse. Ich finde Sie nur witzig.“

Er richtete sich auf und sah edel aus.

„Komisch? Wenn das Ihre Vorstellung von mir ist, sollten Sie besser Ralph Bevan heiraten.“

„Ich glaube fast, das hätte ich.“

Und sie lachte wieder. Nicht Mrs. Levitts Lachen, das vor lauter Erfahrung so rau war. Das hatte er ohne große Schmerzen ertragen. Es war das Lachen eines Mädchens, jung und unschuldig und rein, und zehnmal grausamer.

„Du weißt es nicht“, sagte sie, „du weißt nicht, wie lustig du bist“, und verließ ihn.

Mr. Waddington nahm die Halskette und küsste sie. Er rieb es an seiner Wange und küsste es. Ein Zettel war vom Tisch auf den Boden gefallen. Er wusste, was darauf stand: „Von Horatio Bysshe Waddington bis zu seinem kleinen Aprilmädchen.“ Er nahm es auf und steckte es in seine Tasche. Er nahm das Skizzenbuch zur Hand.

„Das kleine Ding“, dachte er. „Wenn da nicht ihre lächerliche Eifersucht auf Elise gewesen wäre – wenn Fanny nicht gewesen wäre – wenn das kleine Ding nicht so süß und gut gewesen wäre –“ Ihre Güte. Sie war eine Heilige. Ein Heiliger. Es war Barbaras Tugend, nicht Barbara, die ihn abgestoßen hatte.

Das war die einzig glaubwürdige Erklärung für ihr Verhalten, die einzige, mit der er leben konnte.

Er öffnete das Skizzenbuch.

Es war Fanny, die ihn in diesem Moment vor dem Schlimmsten rettete.

Als sie das Skizzenbuch wieder in der Kommode verstaut und eingeschlossen hatte, wandte sie sich an ihn.

„Horatio“, sagte sie, „da Ralph heute Abend zum Abendessen kommt, sage ich Ihnen besser, dass er und Barbara verlobt sind.“

„Sie hat es mir selbst gesagt... Dieses Kind, Fanny, ist eine Heilige. Eine kleine Heilige.“

„Wie hast du das herausgefunden? Glaubst du, es braucht einen Heiligen, um Ralph zu heiraten?“

„Ich denke, es braucht einen Heiligen, um – um Ralph zu heiraten, wie du es so ausdrückst."

4

„Liebste Fanny:

„Es tut mir leid, aber Mr. Waddington und ich haben uns gestritten. Das hat alles unmöglich gemacht, und ich gehe zu Ralph. Er wird sich für mich einsetzen, also wird es keinen Skandal geben."

„Du weißt, wie sehr ich dich liebe, deshalb wirst du mir verzeihen, wenn ich nicht zurückkomme.

„Du liebst immer

„Barbara."

„PS – es tut mir furchtbar leid wegen meines Geburtstagsessens. Aber ich fühle mich auch nicht wie ein Geburtstagskind oder ein Abendessen. Ich will Ralph. Nichts als Ralph."

Das würde Fanny denken lassen, dass es Ralph war, um den sie sich gestritten hatten.
Barbara legte diesen Zettel auf Fannys Frisiertisch. Dann ging sie zum White Hart, zu Ralph Bevan. Sie wartete in seinem Wohnzimmer, bis er aus Oxford zurückkam.

„Hallo, altes Ding, was machst *du* hier?"

„Ralph – macht es dir schrecklich etwas aus, wenn wir nicht im Manor essen?"

„Wenn wir es nicht tun – warum?"

„Weil ich sie verlassen habe. Und ich möchte nicht zurück. Glaubst du, ich könnte hier ein Zimmer bekommen?"

"Was ist los?"

„Ich hatte eine ganz schreckliche Auseinandersetzung mit Waddy, und ich kann es einfach nicht aushalten. Gemeinsam haben wir es unmöglich gemacht."

„Was hat er gemacht?"

"Vergiss es."

„Er hat mit dir geschlafen."

„Wenn man es Liebe machen nennt."

„Das alte Schwein!"

Als er das sagte, spürte er, dass die Worte und seine eigene Wut hinter der fantastischen Qualität Waddingtons zurückblieben.

„Nein. Das ist er nicht." (Barbara spürte es.) „Er war einfach lustiger, als Sie sich vorstellen können … Er trug eine kanariengelbe Weste."

Trotz seiner Wut lächelte er.

„Ich glaube, dafür hat er es gekauft."

„Oh, Barbara, wie er ausgesehen haben muss!"

„Ja. Wenn du ihn nur hättest sehen können. Aber das ist das Schlimmste von all seinen besten Dingen. Sie passieren nur, wenn du mit ihm allein bist."

„Erinnerst du dich – wir haben uns gefragt, ob er es noch einmal tun würde, ob er es noch besser machen würde?"

„Ja, Ralph. Wir hätten kaum gedacht, dass ich es sein würde."

„Wie er sich selbst übertrifft!"

„Das Lustigste war, dass er dachte, ich wäre in *ihn verliebt* ."

„Er hat es nicht getan!"

„Das hat er. Wegen der Art und Weise, wie ich für ihn gearbeitet habe. Er dachte, das sei der Beweis."

„Ja. Ja. Ich nehme an, er *würde* es denken... Schau mal – er hat nichts getan, oder?"

„Er hat mich geküsst. *Das* war nicht lustig."

„Der faule alte Sünder. Wenn er *nicht* so alt wäre, würde ich ihm den Hals umdrehen."

„Nein, nein. Das ist alles falsch. Wir haben uns nicht darauf geeinigt, ihn mitzunehmen. Wir fänden es komisch genug, wenn er es jemand anderem angetan hätte. Es ist reiner Zufall, dass ich es bin."

„Das ist zweifellos die richtige philosophische Sichtweise. Ich frage mich, ob Mrs.
Levitt sie vertritt."

„Ralph – es war überhaupt nicht wie sein Mrs. Levitt-Stunt. Das Schreckliche war, dass er es wirklich ernst meinte. Er hatte alles geplant. Wir sollten zusammen an die Riviera fahren, und er sollte seinen Kanarienvogel tragen Weste."

"Hat er das gesagt?"

„Nein. Aber man konnte sehen, dass er es gedacht hat. Und er wollte Fanny dazu bringen, sich von ihm scheiden zu lassen.“

„Guter Gott! So weit ist er gegangen?“

„Soweit das. Er war so selbstsicher, wissen Sie. Ich fürchte, es war ein kleiner Schock für ihn.“

„Nun, es ist eine überwältigende Freude, dass ich endlich einen Job habe.“

" *Hast* du?"

„Ja. Wir können übermorgen heiraten, wenn wir wollen. Blackadder hat mir die Redaktion der *New Review übertragen* .“

„Nein? Oh, Ralph, was für ein Topping.“

„Deswegen bin ich nach Oxford gerannt, um ihn zu sehen und alles zu regeln. Das ist ein recht ordentliches Problem. Das Ding hat endlose Probleme, und es liegt an mir, dafür zu sorgen, dass es durchhält.“

„Ich sage – Fanny, wird er sich freuen.“

Während sie darüber redeten, kam die Wirtin des White Hart herein und teilte ihnen mit, dass Mrs. Waddington unten sei und mit Miss Madden sprechen wolle.

„In Ordnung“, sagte Ralph. „Bringen Sie Mrs. Waddington her. Ich werde verschwinden.“

„Oh, Ralph, was soll ich ihr sagen?“

„Sag ihr die Wahrheit, wenn sie es will. Es wird ihr nichts ausmachen.“

„Das wird sie – furchtbar.“

„Nicht so schrecklich, wie du denkst.“

"Das ist was *er* gesagt hat."

„Nun, er ist genau da, das alte Biest.“

5

„Barbara , *meine Liebe* “, sagte Fanny, als sie allein waren, „was um alles in der Welt ist passiert?“

„Oh, nichts. Wir hatten nur einen kleinen Streit, das ist alles.“

„Über Ralph? Er hat mir gesagt, dass es Ralph war.“

„Man könnte sagen, es war Ralph. Er kam hinein.“

"In was?"

„Oh, die allgemeine Situation.“

„Unsinn. Horatio hat mit dir geschlafen. Ich konnte es an seinem Gesicht sehen   …
Es macht dir nichts aus, mir direkt zu sagen, dass ich es kommen sah.“

"Seit wann?"

„Ich weiß es nicht. Es muss begonnen haben, lange bevor ich es gesehen habe.“

„Wie lange denkst du?“

„Oh, vor Mrs. Levitt.“

„Frau Levitt?“

„Vielleicht war sie nur ein Sicherheitsventil. Deshalb habe ich ihn dazu gebracht, dich zu adoptieren.

„Nein. Es war seine Kanarienweste, Fanny.“

Der Geist toter Fröhlichkeit stieg in Fannys Augen auf.

„Du bringst Ursache und Wirkung durcheinander, meine Liebe. Er war nicht verliebt, weil er die Weste gekauft hat. Er hat die Weste gekauft, weil er verliebt war. Und diese anderen Dinge – die romantischen Pyjamas –, weil er dachte, sie würden funktionieren.“ er sieht jünger aus.“

„Na dann“, sagte Barbara, „es war ein Teufelskreis. Die Weste hat es ihm an diesem Nachmittag in den Kopf gesetzt.“

„Es spielt keine große Rolle, wie es passiert ist.“

„Es tut mir schrecklich leid, Fanny. Ich hätte es um nichts in der Welt zugelassen, wenn ich gewusst hätte, dass es passieren würde. Aber wer hätte das wissen können?“

„Meine Liebe, es war nicht deine Schuld.“

„Stört es dich furchtbar?“

Fanny schaute weg.

„Es kommt darauf an“, sagte sie. "Was hast du zu ihm gesagt?"

„Ich habe viel gesagt, aber es war kein bisschen gut. Dann habe ich leider gelacht.“

„Du hast ihn ausgelacht?“

„Ich konnte nicht anders, Fanny. Er war so lustig.“

"Oh!" Fanny hielt mit einem Schluchzen den Atem an. „Das ist es, was ich nicht ertragen kann, Barbara – dass er ausgelacht wird.“

„Ich weiß“, sagte Barbara.

„Übrigens, wenn du im Sterben stehst, wenn du jemals sterben solltest, wird es dir ein Trost sein zu wissen, dass er deine Zeichnungen nicht gesehen hat –“

"Hast *du* sie gesehen?"

„Nur den, den er angeschaut hat, als ich reinkam.“

„War es – war es der Ort, an dem er ins Bett ging?“

„Nein. Er war nur auf der Jagd.“

„Gott war damals freundlicher zu mir, als ich es verdiente.“

„Ich glaube, er war auch freundlicher zu ihm.“

Sie machte weiter. „Ich möchte, dass du das klar siehst. Verstehe. Es macht mir nichts aus, dass er in dich verliebt ist. Ich wusste, dass er es war. Hals über Ohren verliebt. Und es machte mir überhaupt nichts aus.“

„Ich glaube, damit hat er gerechnet. Er wusste, dass du ihm verzeihen würdest.“

„Ihm vergeben? Es ging nicht einmal um Vergebung. Ich war *froh* . Ich dachte: Wenn er nur ein echtes Gefühl haben könnte. Wenn er sich nur um etwas oder jemanden kümmern könnte, der nicht er selbst ist … Ich glaube, es kümmerte ihn.“ Für dich, Barbara. Es war nicht nur er selbst. Und ich habe ihn dafür geliebt.

„Du Liebling! Und du hasst mich nicht?“

„Du weißt, dass ich das nicht tue. Aber ich würde dich noch mehr lieben, wenn du ihn geliebt hättest.“

„Wenn ich ihn geliebt hätte?“

„Ja. Wenn du mit ihm weggegangen wärst und ihn glücklich gemacht hättest. Wenn du ihn nicht ausgelacht hättest, Barbara.“

„Ich weiß. Es war schrecklich von mir. Aber was könnte ich tun?“

„Was könnten Sie tun? Wir alle tun es. Ich tue es. Mrs. Levitt hat es getan.“

„Ich habe es nicht wie Mrs. Levitt gemacht.“

„Nein. Aber du warst nur einer mehr. Denk darüber nach. Sein ganzes Leben lang hat man ihn ausgelacht. Und als er auch Liebe gemacht hat; das

Schlimmste, was jemand tun kann, Barbara. Ich sage dir, ich kann nicht." Ich hätte es dir zuerst zehnmal gegeben.

„Dann", sagte Barbara, „müssen Sie *mir* vergeben."

„Wenn ich es nicht tue, liegt es daran, dass es meine eigene Sünde ist und ich mir selbst nicht vergeben kann …"

„…Außerdem habe ich es geschehen lassen. Weil ich dachte, es würde ihn heilen."

„Vom Verlieben?"

„Von dem Versuch, jung zu sein, obwohl er es nicht spürte. Ich dachte, er würde sehen, wie unmöglich das ist. Aber das ist das Traurige daran. Er *hätte* sich jung gefühlt, Barbara, wenn du ihn geliebt hättest. Wenn ich „Ich hätte ihn geliebt, ich hätte ihn jung halten können", sagte sie, „es war alles meine Schuld."

„Du hast mir gesagt, dass Ralph und ich niemals alt werden würden. Ist es das, was du meintest?"

"Ja."

Sie saßen einen Moment schweigend da und blickten durch Ralphs Fenster auf   den Marktplatz.

Und plötzlich sahen sie, wie Mr. Waddington an der Ecke des Rathauses vorbeikam und den weiten, offenen Platz zum Dower House überquerte.

„Du musst mit mir zurückkommen, Barbara. Wenn du es nicht tust, wird jeder wissen, was passiert ist."

„Das kann ich nicht, Fanny."

„Er wird nicht da sein. Du wirst ihn bis zu deinem Hochzeitstag nicht sehen. Er wird bei Oma bleiben. Er sagt, dass es ihr nicht sehr gut geht."

„Es tut mir leid, dass es ihr nicht gut geht."

„Es geht ihr vollkommen gut. Das ist nicht das, was er vorhat."

Auf der anderen Seite des Platzes konnten sie sehen, wie sich die Tür des Dower House öffnete und ihn empfing. Fanny lächelte.

„Er geht zurück zu seiner Mutter, um wieder jung zu werden", sagte sie.